SELECTED WORKS OF
CHIEN WEI-ZANG

钱伟长文选

第四卷

1987—1992

上海大学出版社
·上海·

图书在版编目(CIP)数据

钱伟长文选. 第4卷/钱伟长著. —上海：上海大学出版社，2012.9
ISBN 978-7-5671-0380-1

Ⅰ.①钱… Ⅱ.①钱… Ⅲ.①社会科学-文集②自然科学-文集 Ⅳ.①Z427

中国版本图书馆CIP数据核字(2012)第203804号

责任编辑　傅玉芳　江振新　王悦生
装帧设计　柯国富
技术编辑　章　斐　金　鑫

钱伟长文选
第四卷
(1987—1992)
上海大学出版社出版发行
(上海市上大路99号　邮政编码200444)
(http://www.shangdapress.com　发行热线 021-66135112)
出版人：郭纯生

＊

南京展望文化发展有限公司排版
上海叶大印务发展有限公司印刷　各地新华书店经销
开本787×960　1/16　印张20.5　字数257 000
2012年9月第1版　2012年9月第1次印刷
ISBN 978-7-5671-0380-1/Z·039　定价：68.00元

本书编委会

主　　　任　于信汇　罗宏杰　周哲玮
常务副主任　李友梅
副　主　任　徐　旭　戴世强
委　　　员　钱泽红　余　洋　吴嘉彦
　　　　　　陈志宏　曾文彪　程昌钧
　　　　　　郭兴明　郭纯生

序

今年10月9日,是我国著名的科学家、教育家,伟大的爱国主义者钱伟长先生诞辰100周年的纪念日。全国政协、民盟中央以及钱老的家乡江苏省将会以多种形式来纪念钱先生。作为他度过生命中的最后时光的单位,上海大学将重新收集、整理并出版钱老的文选、学术论文集、博士学位论文等书籍,以纪念这位让广大师生尊敬的老校长,的确是一项极有意义、极具价值的工作,也是值得称道的事情。

钱老出生于江苏无锡的一个书香世家,早年随四叔钱穆研习文史,打下了扎实的国学基础。1931年,他以历史和国学的优异成绩考入清华大学文学院。入学后不久,九一八事变爆发。日本人的入侵,民族危机的严重,促使他在一夜之间改变了想法,立志弃文从理,走科学救国之路。在名师众多、学风严谨的清华物理系,钱伟长的学术能力得到很好的锤炼与提升。1940年,钱老负笈海外,赴加拿大多伦多大学留学,师从辛吉教授研究弹性力学,仅用两年时间就通过了博士学位论文答辩。他和导师合作的弹性板壳的内禀理论的论文,发表于世界导弹之父冯·卡门的60岁祝寿文集内,由此奠定了钱老在国际学术界的地位。1943年,钱老进入美国加州理工学院冯·卡门教授主持的喷射推进研究所工作,从事火箭弹道、火箭的气动及传热设计、人造卫星的轨道计算等研究,成为世界火箭、宇航工程的先行者之一。

1946年,钱老放弃在美国的优厚待遇和舒适的工作环境,毅然决然返回国内,在清华园从事教学和科研工作。20世纪的50年代中期,由周恩来总理亲自主持的"十二年科学规划"工作中,钱老、钱学森和钱三强这三位科学家因具有超前的战略眼光,被周总理赞誉为"中国的三钱"。作为享誉中外的著名科学家,钱老在奇异摄动理论、圆环壳的一般解、广义变分原理的研究及应用等方面贡献卓著;还根据国家的需求,研制出超过国际水平的锌-空气电池;研究高速撞击问题并出版专著《穿甲力学》。1984年,他提出汉字宏观字形编码,简称"钱码",对中文信息处理技术的发展起到了极大的推动作用。

钱老作为杰出的教育家,他非常注重人的全面成长,既重视科学基础知识的教育,同时又强调人文科学对学生教育的影响。主张大学教育应以打好基础,培养学生的自学能力为主;大学专业不应分得过细,科学教育应与人文教育相结合。1983年,他被任命为上海工业大学校长,在上海又延续了对人才培养的持续探索。上任伊始,他就提出并推进了一系列的教育教学改革措施,提出"拆除四堵墙"(学校和社会之间的墙,教学与科研之间的墙,各学院与各专业之间的墙,教与学之间的墙),强调学科交叉,夯实基础,拓宽专业,注重科学教育与人文教育的相互融合,培养全面发展的人。1994年,新上海大学组建,钱老的教育理念有了更加广阔的实践空间,他提出为学首先要学会做人,重视通识教育,强调道德、艺术和文化的基本素养,应是人人必备的;强调文理渗透,理工科学生要具备人文素质修养,注重科学素质教育与人文素质教育的融合,引导学生在专业学习的同时,奠定人文知识的基础,成为一个全面发展的人。他多次在不同的场合中指出,科学教育与人文教育是人类文明发展的双翼,缺一不可。

我个人与钱老有过共事、交往27个春秋的经历。多少年过去后,我依然清晰地记得我们当初交往和一起工作的点点滴滴。1983年初,他履任上海工业大学校长,随后他到各系科调研时和我有了初次见面,不久我便出国。1984年秋,钱老赴丹麦哥本哈根出席世界力学大会时，我们再次见面，白天我请他去我所在的公司参观考察，晚上彻夜长谈。他热切地敦促我早点回国，希望我能协助他推进上海工业大学的教育改革和提高师资的科研水平。钱老深情地对我说："国家和学校都需要你，我也需要你回去帮我一起管理学校。"我深感此话的分量，国家正在快速发展，教育科研岗位需要我。于是我尽快结束了在国外的研究工作，提前回国，回到我魂牵梦绕的大学校园。1986年，我从国外回来后不久就被任命为上海工业大学副校长，几个月以后又被任命为常务副校长。在协助钱老管理学校的那几年里，钱老和我经常为了学校建设的方方面面开展持续的调研和座谈交流工作。钱老总是十分关心与教学、科研和服务社会等密切相关的事。从师资队伍的建设、高端人才的引进，到与大型企业的对接、大型项目的承接；从学校图书馆的建设、原版资料的选购，到实验室仪器设备的配置；从教导学生正确的学习方法，到鼓励教师学计算机、学外语，开展国际学术交流；从学校行政管理改革，到育人环境和制度建设，钱老都密切关注。正是有钱老的关注和督促，才有了学校教育理念的不断更新，管理队伍思想观念的不断进步。

1994年由上海科技大学、上海工业大学、原来的上海大学以及上海科技高等专科学校等四校合并组建新上海大学，德高望重的钱老再次领命就任校长。老骥伏枥，志在千里，在钱校长的带领和广大师生的努力下，1996年新组建的上海大学跻身"211工程"，1998年新校区建成投入使用，一个更加宽广的舞台铺开了，学校的发展与改革跨跃新台阶的序幕再次拉开。这个时期，我已经到上海市政府工作，对钱老为推进学校跃升，审时度势、抓住机遇、顺势而上所起到的奠基性的、他人无法替代的作用是非常清楚的。这些往事给我和学校其他同事都留下了深刻的印象。

钱老曾说，回顾这一辈子，他是一个科学工作者、教育工作者，但更是一个爱国主义者。他一辈子投身祖国的科教事业，并取得了卓越的成就,他始终以国家和民族利益为重的高尚品质,已经很好地诠释了他的话。晚年高龄时,他更是积极地参政议政,与共产党人共商国是,积极地推动祖国的和平统一大业。没有对祖国的真挚感情,哪有他的人生动力和远大目标。每每回忆起这些事,我都深深地为钱老的人格魅力和爱国情怀所感动,也深深地觉得当代学界更应该像老一辈科学家一样,将爱国作为自己追求事业成功的唯一动力。

钱老不仅身体力行爱国,他更是重视通过教育来培养具有爱国精神的一代又一代的莘莘学子。他说上海大学的校训光有"自强不息"四个字还不够,还要加上"先天下之忧而忧,后天下之乐而乐"。"所谓'忧',就是要忧国之所忧、忧民之所忧,把个人价值的实现同国家的强盛、民族的发展和人民的利益结合起来",要把百姓之忧、国家之忧、民族之忧时刻放在心上。今天,上海大学的校训因含有"先天下之忧而忧,后天下之乐而乐"而独具特色,彰显了这位科学大师的胸怀与境界。

纪念钱老百年诞辰,就是要缅怀他的伟大成就,就是要继承和发扬他的爱国精神。上海大学拟出版《钱伟长文选》、《钱伟长学术论文集》和他的博士学位论文《弹性板壳的内禀理论》(英文版)等系列书籍来纪念这位科学巨匠、教育大家,这是方便年青后学很好地阅读大师、传承大师,从而继续钱老未竟的事业。其中,《钱伟长文选》精心收录了钱老从1949年至2008年半个多世纪间有关教育、教学、科研等方面的重要文章和讲话稿,共280篇,按时间顺序分六卷出版。这些文章和讲话稿,涉及哲学、历史学、文学、自然科学、工程技术、区域经济、城市建设、管理学、教育学等,反映了钱老对祖国的科学教育事业的真知灼见和热诚实践,对国家和民族在社会、经济、科技、文化发展等方面的关注和投入,其中有许多文章是他前瞻性的思考与探索的结晶,文章的字里行间洋溢着他和中国共产党肝胆相照之情,充分体现了他的拳拳爱国之心以及丰富的学识和坦荡的胸怀。《钱伟长学术论文集》共收录108篇学术论文,内容包括板壳内禀理论、薄板大挠度问题、环壳理论及其应用、广义变分原理、汉字计算机输入编码等。我想,这些书籍的出版,对于我们进一步了解钱老的学术成就和贡献、了解其爱国奉献的一生是极有帮助的。

是为序。

徐匡迪

2012年9月1日

目 录

1987

关于中国留学生的一点历史反思 …………………………（1）
三个馒头的故事 ……………………………………………（4）
谈教书育人 …………………………………………………（6）
勇敢搏斗　抵达彼岸 ………………………………………（24）
D.伯努利——《中国大百科全书·物理学》词条 ………（26）
经典力学——《中国大百科全书·物理学》词条 ………（28）
力——《中国大百科全书·物理学》词条 ………………（36）
《现代应用动力学》中译本序 ……………………………（41）
关于滇西地区开发的若干建议 ……………………………（43）

1988

科学和人类 …………………………………………………（52）
《非线性力学新发展——稳定性、分叉、突变、浑沌》序 ……（62）
《甘肃省经济社会发展战略规划可行性定量分析》代序 …（64）
《〈贵州科学〉泛系理论及应用专辑》序言 ……………（66）
富裕的贫困和贫困的富裕——滇西地区开发初议 ………（68）
两岸同胞探亲　举国上下欢迎 ……………………………（78）
从课外读物说到国民教育 …………………………………（80）
《唯物中文字典》代序 ……………………………………（82）
区域规划的几个问题 ………………………………………（84）

弘扬中华文化实现祖国统一……………………………………（94）

1989

《非线性奇异摄动现象：理论和应用》中译本序言…………（96）
"书同文"是一份伟大的遗产……………………………………（98）
中国现代的语言文字问题和两岸关系…………………………（100）
《中国历史上的科学发明》（修订版）绪言……………………（134）
振兴教育　刻不容缓……………………………………………（137）
振兴中华，汉字大有可为………………………………………（144）
《钱伟长科学论文选集》自序…………………………………（150）
贺上海市价值工程协会成立……………………………………（158）

1990

怀念我的老师吴有训教授………………………………………（159）
没有一个独立富强的国家就没有个人的一切…………………（165）
在汉字现代化研究会上的讲话…………………………………（170）
重视发挥民主党派在地方经济建设中的作用…………………（174）
祝贺"首届中国学生营养日大会"召开…………………………（180）
群言兴邦——贺《群言》杂志创刊五周年……………………（181）
多党合作与发挥知识分子的作用——遂宁经验的启示………（183）
隔岸悼四叔………………………………………………………（186）
谈四叔钱穆………………………………………………………（187）

1991

《张佑启科学论文集》代序……………………………………（195）
《现代数学》序言………………………………………………（199）
在"汉字是科学、易学、智能型、国际性的优秀文字"座谈会上
　的发言…………………………………………………………（202）

在"海峡两岸汉字学术交流会"上的讲话 …………………… (212)
承前启后　继往开来　后继有人　求真务实 …………… (219)
数学、力学与实践的关系 ……………………………………… (221)
掌握武器,坚定方向,承担历史任务 …………………………… (236)

1992

《电机强度设计计算的基础理论》序 …………………………… (251)
《新科学技术革命》丛书代前言 ………………………………… (253)
《开发大西南》丛书评介 ………………………………………… (256)
关于我国社会主义建设问题 …………………………………… (262)
有代表性的科学论文简介 ……………………………………… (273)
"人立大江头"——深切怀念高崇民同志 ……………………… (392)
对开发黄河三角洲的几点思考 ………………………………… (295)
高科技与社会发展 ……………………………………………… (299)
忆旧事　祝周老师90寿辰 …………………………………… (304)
《湍流理论》序 …………………………………………………… (308)
肝胆相照　共展宏图 …………………………………………… (310)

后记 ……………………………………………………………… (313)

1987

关于中国留学生的一点历史反思[*]

中国有数千年光辉的文化历史。我们的文化是很独特的,曾是世界上最先进的文化。但是到了近代,我们落后了。鸦片战争、中日战争打了败仗。天朝皇帝本来关着门,自以为老子天下第一,与别人一打仗,人们就觉得整个国家都不行了。于是,掀起了一个留学高潮。留学生确乎也起了震惊时代的作用,从而搞出了一个中华民国。辛亥革命中牺牲的许多青年,大多是留学生。但是旧民主主义革命是一场不彻底的资产阶级革命,结果又革出了一批军阀,形成了军阀混战的局面。知识分子当然又不满了,说前一批留学生不行。于是,又涌起第二次"留学"风潮。这里说的"留学",我是借指求知的风潮。风潮中,把资产阶级的一些革命意识引进来了。"五四"运动初期,与科学并倡的"民主",虽然仍然是资产阶级的民主,但相对于封建社会来说,也是一大进步,同一时期,马克思主义也引了进来。引进这些革命意识的人,多数仍是留学生,其中有一些人现在还健在,如邓小平、聂荣臻同志等等。当然也有代表资产阶级的知识分子,如胡适之。"五四"运动迎来了中国共产

---

[*] 原载《方法》1987年第1期。

党的诞生，中国革命进入了新的历史阶段。由于帝国主义、封建势力的相对强大，革命一时间尚未能改变中国落后的现实。接着又有日本的侵华战争，这使一些知识分子仍然不满。三四十年代，又出现了大批知识分子出国留学的风潮，我就是在那股潮流中出洋的。不必隐瞒自己的缺点，那时我是一个科学救国论者。40年代战胜日本后，这批留学生陆续回国了，其中许多人参加了党的队伍。现在的学部委员中，就有不少是那时回来的。以后在党的领导下，革命成功了，我们也渐渐悟出单靠科学并不能救国的道理。然而，要促进生产，建立新的工业以至建设现代化的社会主义强国，又绝不能没有科学。因此，50年代初期，党又大量送人去苏联留学。我国工业大学各研究所的中坚分子，多数就是那时在苏联培养出来的。过去学英、日、法、德等外语的人，都纷纷转学俄文。我45岁开始，也自学俄文，否则许多资料都看不懂。可是，60年代，我们又关起门来，索性什么文也不学了。当时还有人说，留苏学生是"修正主义苗子"，我们这辈人不能叫"苗子"，叫什么"资产阶级反动学术权威"。直至1976年以后，党中央在小平同志的领导下，拨乱反正，在三中全会之后英明地决定对外开放，让大家看看国外是怎样的情形，从此，又掀起了第四次留学高潮。许多青年到英、美、德、法等国去留学，在学外文上人们叫做"俄转英"。

一个世纪以来，我们国家为什么会出现一次又一次留学高潮呢？这反映出一种民族意志。我们的民族只要一开门就发现，我们已落后于当时的时代，而我们又决不甘心落后。记得当年我们出洋的时候，好些人都立过誓言，说凡是我们每人出去所学的那门学科，回国后国家就再不用派人去学习。我们都有鲜明的目的，留学是为了将来无须再留学，并非为了拿一张绿卡，当"假洋鬼子"。因此，尽管当时在国民党统治下，留学生中的多数人都知道回来不会有什么好出路，又尽管在国外都获得好的工作条件，过着优裕的生活，但抗战一胜利，仍大批地回来了。我们不相信落后的中国不能改变,我们不改变它,谁改变它呢?外国人对这种行动颇不理解,因为他们不懂得中国的知识分子有强烈的民族自尊心、自豪感和责任感!我们承认落后,不甘落后,决心要解决落后的问题,所以宁愿牺牲在国外的舒适生活。我在国外就蛮不错,当过技术方面的"洋官",但我不稀罕。我想,我做出的火箭、导弹都是为美国用的,为什么要那样做呢?我觉得应该回来,我是1946年乘船到上海的。回来之后,第一个月的工资,拿来只买了一只暖水瓶,但是我们从没有对国家丧失过信心。当然,我们也觉得惭愧,因为没有能实现自己的诺言,尽力使我们的教育事业、科研事业提高到一个新水平,可让国家不需要再派留学生。同时,我们也没有全力去争取这个条件,更没有影响多数人去相信这个,弄得现在只能再派成千上万的青年出去留学。我们很多人都承认这个事实,这也许是因为我们没有做到忘我,仍有私心。别人给你一个帽戴,你就变成"贾桂",不敢再说话,或不敢再说真话,跟着一些人说假话。总之,没有能把自己的身家一切都奉献给民族和党的事业。

我赞成留学,因为至少在目前,这仍是一个改变落后状态的聪明的方法。前面说过,只要我们一开门,就发现我们又差了一截子。可是,我们出国留学的同志,千万不能忘记自己的民族责任,要在学成归国后,为国家作出各方面的贡献。去年在英国,我和一批留学生讲到这个问题,大家都感到内疚,包括我在内,我们都流下了眼泪,意识到自己的责任,一种不能推给别人的责任。由此我也更相信,这一代的留学生,再也不会走我们过去走过的那种种弯路了。

三个馒头的故事*

在一次座谈会上,有一位教授讲了"三个馒头"的故事,大意是:有个聪明人和大家共餐,吃了三个馒头才饱,他认为前两个馒头都无用,只有这第三个馒头才真正解决了问题。此后,他每餐都先不吃,只等大家吃第三个馒头时才认真吃起来。天长日久,终因营养不良而患病。这虽是人们编造的故事,也寓有一定哲理。该教授用以比喻科研工作的关系,若只重视应用研究而忽视基础研究,好比只吃第三个馒头的"聪明人"。但反之亦然,只吃两个馒头而不吃饱,也会产生营养不良症。

英国的基础科学研究很有传统,自 1900 年以来人才辈出,到 1980 年止,在标志基础科学研究水平的诺贝尔物理、化学、医学奖金获得者中,英国科学家有 56 人之多,但英国在战后的高技术竞争中却处于劣势,这与长期以来没有重视应用研究有关。用上述故事的说法,这是只吃了前两个馒头所引起的病症。近 30 年来,英国朝野针对这问题作了巨大努力,约在 20 年前建立了规模宏大以技术研究为中心的新型的克伦斐尔德大学;70 年代初在全国建立约 20 所以理工为中心的新型大学,推进技术教学;80 年代鼓励老大学如剑桥大学等建立工业园或科学园,以密切基础研究和工

---

* 原载《群言》杂志 1987 年第 3 期。

业生产的关系。最近英国科学教育大臣重申基础科学和应用开发研究并重的方针,建立自然科学、技术、环境保护、医学、材料等研究基金。这些都是三个馒头并重的措施。可能只有这样才能发展科学技术,从而发展自己国家的生产。

美国的科技发展史却有相反的经验,它长期受较深的实用主义的影响。30年代以前,其基础科学力量薄弱,虽曾有密立根、麦喀尔逊等杰出的科学家,在物理、化学等研究领域做出了卓越的贡献,但和欧洲相比是明显落后的。1901～1940年这40年间,美国科学家获得诺贝尔物理、化学、医学奖金的仅14人(约占总获奖者的10%)。以后从1940～1980年这40年间的情况大变,美国获奖者竟达99人(为52%)。

在30年代以前,美国的应用研究在一些大公司支持下虽有一定规模,但由于基础研究实力不足,主要依赖从欧洲技术市场的引进。所以,这个时期的美国科技工作,好比只吃第三个馒头的"聪明人",是一个陷于半饥饿状态的工作巨人。1933年后,大批犹太学者和欧洲的科学家受希特勒迫害逃到美国,在各校定居工作,为美国培育了几代科学家,充实了基础科研的队伍。美国政府在战时和战后,又领导制定了许多规模巨大、目标明确的科研计划,其中相当大的部分(约30%)是支持有关基础研究的。50年代后期起,又用自然科学基金的名义,每年有60亿美元专门资助各高等学校的科研课题,领导组织了庞大的科研队伍。此外,还有大企业如IBM、杜邦、GE、西屋、RCA等自建的科研机构,其规模之大和政府的不相上下。在这种条件下,美国的科学技术不仅在各个高技术应用研究领域内取得了领先地位,在许多基础科学领域内也更加巩固,形成根深叶茂的情景。

这些,算是吃三个馒头的经验。

谈教书育人*

今天是这一学期第一次和大家见面,听了11位同志的发言,我觉得我们这个学校大有希望,因为大家都动起来了,方向一致,目标明确。当然做法上可以各显神通,各系有各系的情况。在共同的方面,学校可以作一个总的规定,而这些规定主要供大家参考。这是一个巨大的变革,在变革过程中,根据情况不断地调整。我们的目标很明确,就是要完成党交给我们的教育任务。因为我们都深深知道,教育是建设的基础。我们要建设具有中国特色的社会主义,进行两个文明建设,它们的基础就是教育。

教育有两个方面的任务,一个是教书,一个是育人。"教书"是一种形象的讲法,并不等于说只有照本宣读才叫教书。我们把教书和教育,当成一个问题,是历史的误会造成的。其实,教书育人的意义大家都很清楚,那就是培养社会主义事业的接班人,给党的事业打下扎实的基础。我们这个民族受够了苦难,在座各位中六七十岁以上的人都深知旧社会给我们国家带来的灾难,尤其是上海这个地方大家看得更加清楚,年轻的人可能没有经历过,上海过去是十里洋场,号称"冒险家的乐园",一方面是殖民者的残酷压迫和他们纸醉金迷的生活,可另一方面是乞丐、流氓和妓女遍地,老

---

* 1987年5月在上海工业大学教学工作会议上的讲话(根据录音整理)。

百姓哪有什么好日子过呀？现在这些都不见了，这是一个十分了不起的变化。当然，现在社会上有一些不正之风，那是封建的东西，最后会被历史抛弃的。我相信我们的民族是有前途的，可是得靠大家的努力，这也是我们的责任。我们七十多岁一代的人，在年轻时也是很有志气的，为了改变当时的状况，有人就是拿起刀枪参加武装斗争去了，我们的同班同学中就有很多，像新四军的总政治部秘书长黄诚就是这么一个人，他在皖南事变时被蒋介石杀害了，还有比我低一班的像于光远、姚依林，都为国家做了许多工作。我们国家现在有不少现象不光你们看不惯，我也看不惯，希望改得快一点，这个愿望是对的。可我们现在老讲这些而不讲自己，这也是个大问题。我们要看到跟解放前相比已经是很大的进步了。解放前，清华大学还没有我们现在上海工业大学这样的条件。我们有些同学讲，我们是什么第三等学校，可是如果与当年国内有名的大学——清华来比，现在我们不算太坏。但是时代在进步，我们应该迎头赶上，不能满足现状，所以要花大力气。你在进步，人家也在进步，总的说来，我们还是落后的，要有一个正确的认识和清醒的头脑，不要自欺欺人，我们得看到大家都在进步，当然我指的是科学技术，我们不能认输。

我们这一代是尽了力的，有的人冲锋陷阵牺牲在战场上，也有的人牺牲在内部消耗上，可是总的说我们这一代是付出了劳动。但我们也觉得很惭愧，至今还没有完全摆脱贫困，我们现在寄希望于在座的一代。我们这一代虽然做了一些工作，按理应该做得更好。现在发现我们落后了，谁落后了？还不是我们这一代没有尽到职？不要到将来，你们的儿女上来说，为什么你们当时不好好干，中国还是这样落后呀！我想既然教育是一切事情的基础，那么我们就应该坚持教育工作者应该有的崇高责任感，应该有这个责任感！我们应该这样想："这个事业，我们担当起来。"

我们要培育一批将来能够担负起我们国家社会责任的人，因此我们对教育要认真研究,教育有两个方面,一个是教,一个是育。教当然是指教书,这个"书"是形象的东西,不能仅仅指教书本;一般的教学,可以没有书,也能教。育是指以身作则地育人,要做好这些事情,必须团结起来。不团结,你不让我,我不让你,这个队伍就组织不起来。我们强调团结,是强调一种自觉的团结,怎么自觉?靠大家有个责任感。我们大家团结在一起,培育出一批新人来,尤其是为上海市的建设培育出一批新人来。这批新人能接我们的班吗?我们能放心吗?应该有那么一种责任感!能不能说,到死的时候,没有感到有什么后悔,没感到我没有尽力,只是感到个人力量不够,要团结更多的人来做。假如说,有这样一种思想占上风,我们就容易团结起来。任何事情光靠一个人做是不太可能做好的,而要靠更多的人来做,要团结绝大多数人。对我们的教育事业,只有团结我们所有的教师和职工共同来做才能做好。团结的基础是共同的目标,咱们不要强迫,强迫是不行的,要使大家能齐心协力来做。只要有一个共同的目标,有一个共同的责任感,我们就可以团结起来。

当然,我们有一些旧的习惯,这往往是大家都不愿意听的,譬如,有一本书叫《丑陋的中国人》,我们都不愿意看,看了后生气。可是另外得想一想,我们有没有这种"丑陋"的旧习惯?还是有的!我们一方面感到生气,另一方面也要争气。不能光生气不争气,生气是对的,说明对国家、民族有个自尊心,可光生气不争气不行。譬如说,社会上的确有这么个习惯,"文革"后是大大地扩大了,就是专门挑人家的毛病。每个人都会有一点毛病的,你还能没有什么缺点?人人有缺点,可是人人也有优点。我们希望在学校里造成这样一个氛围,专门来挖掘大家的优点,行不行?少来挖掘人家的缺点,这样,团结的气氛将会好点。譬如说我们来一个竞赛,看谁教书育人做得好。我看,这是个好办法!一个人不可能一点优点也没有,我不相信有这样的人,人总还是有点优点的吧!所以,今后我们学校里应该造成一种气氛,不要人为地把人拔高;虚捧,我也反对,你要捧他,就捧他真正好的东西,要有事实根据才行,我们反对毫无根据地捧人。要表扬好的方面,这个表扬不是虚捧,也不是吹牛!我们不要吹牛。在这样一个气氛之下,启发大家一起来做好我们的教育工作,促进我们的团结。我们相信在座的人中有很多人是有不少优点的,正是这些优点,在我校各项工作中发挥了良好作用,促使了我校的前进和发展。可是,有的时候你也会不自觉地暴露一些缺点,这些缺点把你好的地方"磨"掉了,我们以后来一个不"磨"好的行不行?他虽有点缺点,但好的地方我们还要表扬他,缺点让他自己改正。

帮助,这两个字现在似乎成了贬义词,许多人都很忌讳,我要帮助帮助你,那就是教训教训你!我说的帮助绝不是指那样的一种涵义;连教育两个字现在似乎也是贬义词,我们要教育教育他,坏了!这一"教育",这个人"要命"了。我们以后要从正面来理解帮助、教育,要讲团结,指那种真正的至诚的同志式的团结,只要我们正确地使用帮助、教育、团结这个武器,我们的学校就一定会进步得更快,工作得更出色。

我们是不是从大处着想,我们团结起来,多看其他同志的优点,向他学习,以后学校尽量表扬各方面好的。解放军基本上是这样做的,他们很重视每个人的优点,经常在表扬上下工夫,解放军是功臣辈出。你们说解放军这个大集体中都没有一点缺点?人人有缺点,这些缺点在千万人的表扬声中,自己是会克服的!人人在向前走,他还能甘心落后?不可能这样!就好像大家在前进,你那点东西可以收起来了,就这么一句话。所以我讲的团结要在表扬先进、弘扬正气的过程中团结起来,少搞内部摩擦,摩擦是要内耗力量的,内耗太大了,我们还有前进的动力吗?这是我想讲的一点。

怎样育人,我想讲一讲,怎样教书也想讲一讲。我没有太多经验,我只能从自己的经验来讲。我一辈子有很多老师,我讲我碰到的几个老师,这几个老师都是教书育人的。我中学的老师不讲,中学老师有很多人给我的印象非常深刻,有的几乎把我影响得要去学古文了,印象很深刻!我从大学讲起,我在清华进的是物理系,学得很艰苦,我的功课开始时很不好,我是凭文科考取清华的。那时,考三门文科、三门理科,我三门文科中英文是不灵的,中文和历史非常好,是满分的!数、理、化都在25分以下,可是我的总分还能及格,也不算很差,所以总算考取了。当时,朱自清、闻一多都以为我是进中文系的,而历史系的人说我是要进历史系的,因为我的叔父在历史系教书,结果我偏偏要进物理系。物理系的老师对我简直头痛,怎么碰着你这样的人?死硬着往物理系钻。那时候我们新生不定系,进入学校才选的,可是各系是可以接受你也可以不接受你,第一个星期是个"斗争"的星期,系主任拉下面子和学生"斗"。我收你还是不收你?看考试成绩。系主任也跟你对话,和我对话的是吴有训,即后来的中国科学院副院长。我跟他"斗"了一个星期,形影不离,他一有空闲我就跟着上去,后来他没有办法,说算了,我就收下你好了,但有个条件,第一学期要过60分,必须及格。他说,你考的是物理呀,只有25分,第一学期要及格,第二学期要过70分,否则我不收你,你将会浪费一年,你如果愿意浪费也只好让你如此。那时候我们是自费的,我说我已铁了心,就准备让它浪费了。我在物理系,有几个好老师,对我一辈子的工作习惯起了决定性的影响,养成了我对事物的看法,对于为什么进行教育的看法,我始终没有改变。吴有训是怎么讲课的?他当时讲大学普通物理,他一向把关严格,我这个60分很难拿。小考总有那么几次得30~40分,如按各次小考的总平均,我第一学期只有五十几分,最后大考我及格了。他见到我直摇头,说你这个人真有点韧性。吴有训的课的确是讲得非常之好,把我吸引住了,使我更有决心要学物理。他的大学普通物理一共只讲100堂课,当然,现在我们有教学大纲,而那时没有。中间有30堂是考试,考掉了30堂,还有70堂,中间还有放假,剩下的大概还不到70堂课。他把整个物理分成七十几个问题讲,每堂课讲一个问题,那时候没有中文教科书,我的外文又不好,没有中文教科书我只好听他讲,他讲完后,我才能真正弄懂书上的内容。他每一堂课重点讲一个问题,譬如说,讲质量,他先讲质量在古希腊时人们是怎么看的?那时人们还不认识质量,直到现在质量还可用物体重量作为单位来度量,工程上还是这么用的。以后才清楚有质量这个东西。质量这个词是日本翻译的,下面才讲怎么来认识这个质量?那是通过了一百多年的实验和论证才定下来。下面再讲到现在对质量是怎么理解的?三百多年以前,这个质量就是物体的基本量,不可能有什么变化,不论在哪里它都客观存在,后来有了相对论才晓得质量随着物体的运动和速度的变化而变化,因为这个变化,使得整个物理和思想领域起了革命性的变化,只用了45分钟,他讲完了。热,也讲45分钟。讲人对热的认识,步步深入,最后讲到在工程、生产上如何应用等。听了以后,你绝对不会错,既是一节课,又是一篇引人入胜的演讲。那么,考试怎么办?他说,我公式不和你们讲,你们在运用公式方面都很有本领,大学普通物理公式并不多,只有13个公式,每个公式三个量,他讲得很清楚。物理说来也怪,每个公式都是三个量,质量乘加速度等于物体所受的外力;欧姆定律沟通着电压、电阻和电流,有关此类他绝对不讲,不过他总是点清要你注意单位,光单位他讲了两次。讲单位的演变,为什么有统一的单位?一次是在力学里讲的,一次是在电磁学里讲的,电磁学单位并非一律,讲了两种单位。有关推导之类他概不提及,考试照样考,每星期要测验一个钟头,卷子一个班400～500份,他自己抽改10份,其他是助教改的。一个学年下来,我的物理成绩真的过了70分,他们再挤也不能把我挤出去了,物理改造了我的许多思想方法。

吴有训先生这个人,他是学什么的?他的专长是X射线衍射。康普顿是他的老师,康普顿效应你们都知道的,又称为康普顿-吴有训效应。吴有训在美国做了这个方面的实验,在世界上处于领先地位,后来,他满怀爱国热情毅然回国。当时,他的老师对他讲,你要是回去在中国要讲物理。吴先生X光的课绝对不开,他就是讲大学普通物理。他说,他那个讲法是由康普顿给他的,康普顿也是这样讲的,康也是讲大学普通物理,他认为讲物理就应该这样讲。他的生活是怎样的呢?我们都看在眼里,而且向他学习。他是系主任,讲两个钟头课,两个钟头后和他谈系里的事。下午到晚上都是他的工作时间。他带了一个助手叫陆学善,后来是中科院物理所所长。这两个人都是长年在实验室里,早上7点到校,晚上不到12点钟不回去。他们没有什么设备,只有一个X光管是买来的,其他都是自己做的,他们两个人一步步把它装起来,当时X光实验是探索性的,好多问题还不清楚。我在那里待了六年,四年大学两年研究生。我就看他们工作了六年,成天干,星期天也不休息。我的近代物理学得不错,这不能不说是我们这位老师对我言传身教的结果。就是这么一位老师,使我晓得了我的工作是终身的,只要有什么问题存在,我们就要去解决什么问题,解决问题的过程就可以深化对许多基础问题的认识,可以使你讲课的本领越来越大。他讲的书上都没有,书上哪来这些东西呀?现在好像连绪论也要照书上写的讲一遍。而他主要教会你科学地处理问题和思考问题的方法,他没有固定模式的讲稿,因此,我也学会了不用讲稿,我现在最怕用讲稿,因为一用讲稿我就讲不出来了。这是我的第一位老师,我终生不会忘记的好老师,他是我的榜样。吴有训先生是我们国内X光研究的奠基者,从他那里出来了好多人,现在很多搞金属物理的,都是他的学生,我也搞过一阵,因为我是他的学生,他搞,我学着搞。

我的第二个老师叫赵忠尧,是我国原子物理界的老祖宗,现在他还健在。他从1926年起开始做γ射线,他讲课讲"电磁学",我们二年级电磁学是他讲的。电磁学上一个学期,每星期三堂课,14个星期共42堂课。中间放假,有时还要罢罢课。他要讲三本书的内容,也和吴有训一样决不照本宣科,真正讲课只有两个月,有一个月不讲课,他给了两本书让学生自学,他讲课的书是Page Adam写的,现在这本书好像还在用,他讲的课也很有特点,重要的东西他都讲了,可只讲两个月,占三分之二时间,还有三分之一时间让你自学。他交给我们两本书,都是电机系的教材,路易斯写的,是《直流电机》和《交流电机》,要学生自己学并规定要考试。记得他给我们上课时,曾经放了很长一段时间的假,那时喜峰口打仗,很多学生不安心,想回老家,逃难去了,也有教师逃到南方去。他说你们回家也可以,但回来也要考。考试结果,我们居然都得到了及格,发现自己能力还行。赵老师一天到晚在实验室,他没有行政工作,上完课就回到γ射线实验室,一个人带两个助教不断地做实验。我没见到过他离开实验室。γ射线和电磁学毫无关系,但他电磁学讲得很好。现在我在上的"电磁波动和电磁场的数学",很多基本东西都是那时我记得的,多少年了?53年了!基本东西还是这些。当然,现在比当时有了发展。除此之外,在第二次世界大战期间我还帮美国人做了雷达和波导管的工作,我的基础东西就是这些。比你们学的少得多,可基本原理都在这里。

  我的第三个老师叫萨本栋,他是我国第一个用中文讲大学普通物理的人。他接了吴有训的班。那时没有中国教科书,他出了本教材,叫《大学普通物理》,商务印书馆出的红皮书。"一二·九"运动时,警察到学校里逮捕学生,说这是红书,把学校里的《大学普通物理》全拿走了,后来学校把书要了回来。他课也讲得很好,可他是福建人,普通话口语差,我们听不懂。但他很认真,实验抓得很紧。他做什么工作呢?他最大的贡献是并矢。后来有了张量,并矢就不时髦了,那时张量还没出台。他用并矢来处理电路,他讲四年级课，我们在课堂上一天到晚和他"吵架"，我们有我们的看法，觉得他的证明不够好，我们给他提建议。这位老先生非常慈祥，正确的意见他一概接受。他对我们国家的贡献很大，全部物理名词是他第一个搞出来的，就是现在大家在用的物理学名词，中国第一部物理学名词词典是他编的。后来抗战时萨本栋先生当了厦大校长，一直到解放。他是1954年去世的，现在厦大还有他的像。萨本栋培养了不少人。他思路清楚，善于用严密的逻辑思维影响你，让你学会逻辑思维的方法，掌握最根本的原理，这是教书最重要的一点，因为真正处理任何事情，要的是逻辑思维的能力和结合实际解决问题的能力。

最后讲一位老师是叶企孙，这个人大家可能不认识。第一批中科院学部委员240人，其中一百六十多个学部委员谈起叶先生，说当年叶先生都鼓励过他们学什么，影响大大超过物理领域。华罗庚就是在他极力主张之下从中学提到大学来的。开始时，华罗庚在数学系里做文书，叶先生鼓励他听课。华和我同班进去，他不是大学生是数学系文书，摘抄写的，收习题发习题，到后来帮助改习题，后来他慢慢地听课，我们读四年级时他的论文早出去了。华罗庚是很善于讲话的人，他没有研究过教学法，主要是他对这些东西的了解太深刻了，就自然地很有逻辑性地把问题讲出来，而且很能激励你。可是他只有初中水平，高中都没有进，靠用功。叶先生很乐于与青年人交往，每星期都要带几个青年学生出去，看看山看看水，讲中国的历史、文物、古迹，二三十个人轮流带出去。他本是系主任，吴有训来了让给吴有训，他只当教授，理学院成立成了理学院院长。后来他觉得自己精力不够，院长又让给吴当。他最大的贡献就是普朗克常数，学物理的都知道，现在技术课里普朗克常数很重要，是叶先生1917年做实验做出来的（他是由黑体实验取得的，这个实验做得非常好），到现在一个字也没有改，全世界还是用他的数目字，四位数，这个四位数是我们的，祖师爷是我们的。

他在清华建立了物理系，把各方面的人拉来。他上的课有谁来就让给谁上。但有一门课谁也不上他来上，这门课就是热力学。一位老师是应该这样的，尤其是大师更应该这样。他讲话有点"嗝"，上海人叫"嗝子"，一堂课讲不了多少，但每句话都很精练。我们的热力学就是他上的，我听了一遍，把热力学学到了手，他经常给点材料让学生看，和同学们接触最多的是这位老师，你的毛病他都知道，你的家庭困难他也知道，甚至有的同学尿床他都知道，对同学像自己儿女似的，一辈子为年轻同学服务，他没有结婚，就是这么一位把毕生心血献给科学和教育事业的先生。他不光关心物理，对数学、地质、气象、地球物理都关心。解放后的气象局长涂长望是他的学生，本来也是学物理的。地球物理所长赵九章本来也是学物理的，也是他的学生。学物理的许多都转行了，我就转成了现在的"四不像"的东西，我后来也没有再学物理，可我的基础训练是物理，他对我的教育也是终身忘不了的。

　　我到了昆明，叶先生一定要我接他的热力学课，这下可把我难住了，我说我一点准备也没有，他说不要紧，并把他下面五次课的讲课材料给了我，就那么几张纸，一堂课两张纸。他说有五堂课的材料总可以啰！我说还不行，下面几堂怎么办，他又把去年、前年讲课的材料都给了我。这下我胆子大了，就接了下来。一接下来使我大吃一惊，每次课的题目都一样，但每年讲的内容都不一样，连举的例子都是从当年杂志上摘抄下来的，是最新的内容。我原以为他不过是一个好好先生，人是非常好，学问上大概也就是老东西卖卖差不多了。我没想到他三年的讲稿都不一样，我这才知道做一个老师不应该只抱着一本书，要从千万本书中选出最好的内容，通过自己精心的组织写出教案，并不断地充实最新内容，介绍最新的应用，这样才能启发我们的学生前进，同时激励自己前进。叶先生身为西南联大理学院院长，行政工作繁忙，但他照样上课。所以，我现在鼓励我们的校长、副校长都得上课，我们的系主任都得上课。上课绝不是卖旧文章,希望能经常地根据本学科进展,不断地革新自己的教学内容。

我们知识分子对民族的兴旺是负有责任的,我们的责任是把本职工作做好,尤其是现在。不要只考虑个人的问题,一定要把国家放在第一位,个人放在第二位,否则,我们将愧对国家和民族。只要把国家放在第一位,很多事情也就容易解决了。我们首先应把注意力放在我们的责任上,要有自讨苦吃的精神。其实,我们现在的条件比起国民党时代不知要好上多少倍了,1948年时清华就算是有钱的学校,但我有两个月全家吃小米,连白菜都买不起。在昆明的时候,闻一多靠刻图章过日子,马约翰是摆香烟摊的,朱自清也很艰苦。这样困难的日子都过来了,都没有一个人屈服!而我们现在比那个时候好多了。现在我们经济还没有上去,我们过去有很多过失,我们的经济基础实在太差,弄到现在这样已经不容易了,很不容易了!在军队里打仗要身先士卒,那就是把自己放在前头,在学校谈不上身先士卒,但应该是公而忘私,学校的责任是在有限的条件下逐个解决问题,其中最困难的应该先解决,一定要解决!我们也在这样做,可是不可能全部解决,还是要把国家大局放在第一位,我们希望在安定团结的环境中把我们这个学校搞上去,这样才对得起我们的国家,对得起上海市的人民。上海市对我们有很高的期望,我们要尽力地在现有的条件下把事情办好,要抓教育,抓每个教师对学生的影响。你自己的形象就在影响其他老师,所有老师的形象都在影响学生。我刚才为什么讲这四位老师呢?当时物理系有十几位老师,这四位老师是同辈的。下面还有周培源和任之恭,现在还健在,这两位当时是年轻的老师,他们比我们的年龄只大5~10岁,他们那个时候不过是30岁左右,再下面就更年轻了,跟我们一样的年轻。你说当时我们的条件,讲仪器设备条件样样都不如现在的工大,可是所做的工作都是世界一流的。关键是要有责任感。清华物理系的教育是历来有名的,出过很多人才,现在科学院的那么多人你去看看,整个的原子弹领域里很多是那时培养的!王淦昌、钱三强就是,现在我校的客座教授戴振铎也是清华物理系的,学部委员里头相当多,有的已经不作为物理学家了,当时清华大学可以培养那么多人,主要靠这些老师的辛勤劳动,他们都是以实验室为家。我们四年级时就住过半年实验室,我在实验室放个行军床,睡在那里,一般都是12点钟、1点钟后才睡下,6点钟起来。起先,我以为我已经很用功了,结果不是那么回事。后来我发现华罗庚每天工作到深夜,可凌晨3点钟又起来干,我6点钟出来碰到他,他已经做了三个小时的工作,出来散步了。那时我们都是全力地干。要说当时的社会风气,那是满街的乞丐,满街的流氓,满街的妓女,还有许多是抽鸦片的、吃白粉的。你说那个社会风气好不好?官场的许多事情可真是黑暗极了,那时候是国民党时代,可我们这批人都没去做官,一半以上去参加了革命,我们物理系一半到延安去了,一半现在都是科学界的栋梁,国家的栋梁。例如王大珩和于光远是同班的,王大珩到英国去留学,出去前,叶企孙先生要王出去学光学,说我们的光学技术不好,主要是玻璃技术太差,就把他派到布里斯脱大学,他在那里待了一星期,他的功课非常好,人家可以给他博士学位,但他认为不是他理想的去向,最后自己跑到雪菲尔德去了,进了一个玻璃工场做徒工,一直做到总工程师,在那儿干了六年回来了,全部光学技术都带回了国内。我们现在光学材料技术不算差,就是靠他打的基础,他不要什么博士学位,也不进什么大学,他就在那儿诚心诚意从学徒做起。这次我和他一起到英国曼彻斯特,碰到一些留学生向他提了许多问题,他就讲他是怎么学习的,回来后为祖国的光学事业建立了基础,什么耀华玻璃厂啦、激光所啦,都是他建立的。我们的望远镜还有现在我们的照相机的镜头在世界上是很有地位的,就是我们的机械不行,所以日本人买我们的照相机,换上一个框架,还用这个镜头再卖给我们,价格就高了。我们这样一批人是在这样一个环境、集体里培养出来的,我想我们的学校也能做得到,要靠大家努力,要靠我们的老师带头,像这样一批老师这样做,以实验室为家,把教育当作一个终身事业来干!这样,这个学校才能搞好,没有这样一种献身的精神,师资队伍不可能提高。而且教书和科研本身是一致的,不可分的,不能说教学第一,这个口号我是始终反对的,教书是天职,你非做好不行,可真正做好要靠提高你的学问。道理是你要认识自然才能改造自然,而且认识是没有底的,因此你必须经常努力,永远战斗在科研第一线,这样才是教学第一线的最好的战斗员。我们中学教师也是教书嘛!你要讲好"一杯水"的内容,必须有"一桶水"才行。那么大学教学要你讲"一桶水"的内容,你只有"一杯水",怎么行呢?现炒现卖我是反对的,只有很深入地理解,消化了,才能拿出去而且有力量。我讲了这许多就是告诉大家,我们有责任,我们国家要向前走,不能老落在人家后头。

我和王大珩在曼彻斯特就讲我们很内疚,虽然努力了一辈子仍没完成我们想完成的任务,我们想完成的是什么?我们在新技术上要能够独立,不要跟在人家后头,可是我们努力了一辈子没有完成这个任务。当然这与大环境是有关系的,可是主观上是我们也没有做好,这个大环境对我们是有伤害的,可是我们要永远迎接这个挑战,因为党的事业要求这样。在座的各位很多是党员,我不是党员,不过我还是拿党的事业作为我终生的事业。为了我们的民族我们个人吃点亏不要后悔,不值得后悔。我们历史上有很多英雄人物靠这么点精神,为我们中华民族立了大功绩!这就是公而忘私,要是为私的话那会成为历史的罪人,对立面很多嘛,岳飞和秦桧,两个对立面那是很清楚的。我们的先哲对我们的教育是很多的,譬如像范仲淹那句"先天下之忧而忧,后天下之乐而乐"的名言就是很精彩的!换句话说就是我们要为天下着想,这个天下现在就是中华民族,为党的事业着想,其他个人的利益应该放在第二位。当然,做行政工作的应该帮助大家解决个人生活的困难,可是解决得多好要看国家的力量。

  邓小平同志在接见香港基本法起草委员会全体委员时曾经谈到了香港和我们的前途问题。邓小平同志讲得非常好,他讲保证你们50年不变,你不要怀疑,我们有这个基础讲这个话。现在我们要翻一番,到2000年一番已经翻了,翻上来以后人均可达1 000美元的收入,现在人均是400美元。到1 000美元收入时我们那时有12.5亿人口,节育的问题没有完全解决好,去年人口增长了一点,12.5亿×1 000是12 000多亿美元,这就是我们国家的总收入,现在我们国家是4 000多亿美元总收入。他说你们香港是多少人口?550万人口,你的总收入有多少?我们那时候就已经超过你了。你说我们打个最慢最慢的发展速度,到2050年时我们再翻两番,现在是20年翻两番,将来是50年翻两番行不行?这样翻下来,就不是12 000亿美元了,而是近5万亿美元了,可那时人均呢?那时人口大概是15亿,就变成6万亿美元了,你们香港呢?在我们的米仓里只是一粒米了,不是50年不变,就是1万年不变我们也不管,你们爱资本主义社会这就一成不变也行。后来报上登了邓小平同志的这一段讲话。所以要想一想我们的前途是多么好!邓小平说那时候我们国家总收入在世界上不是第一就是第二,可人均收入还轮不上40名,因为人太多,不过你得承认我们的总力量呀!你香港现在550万人口,将来是1 000万人吧,你怎么也比不上我这15亿人口的总收入,因此你不必改了,所以50年不变,50年以后也用不着变了。这告诉我们,我们是有前途的,这个前途是拿得稳的,可是我们不能靠别人,要靠我们自己,因此我们大家应该努力,在我们的本职岗位上,把我们的学校办好!这要求我们全体教师拧成一股劲,把教学搞好,同时要提高自己的水平,这样才能在全部范围内达到这个目的。

  我们要有优良的教师队伍,使我们的每一个教师各按步法,共同前进,我现在提出这个口号:"各按步法,共同前进。"因为我们的教师差距很大,有非常好的教师,也的确有很差的教师,很差的教师也还有几个,但我们还要求他们前进,叫"各按步法,共同前进"。用不用鞭子抽?我不主张用鞭子抽,要求大家自觉前进,不能放弃自己的责任。不前进、甘居下游的老师,我们现在要求你们,为这个学校、为上海市、为我们祖国的建设,希望你们不要甘居下游,这虽然是少数,但影响不好,我们希望多数都能前进,按自己的条件前进。

你们说我们学校的条件差不差?我老实告诉你们,机械系的条件在全国恐怕也是数得上的,但这样好的设备条件我们没有充分利用。不过也有利用很好的,昨天下午7点,我到铸工实验室,居然发现有七个学生在里头工作,我很高兴,他们是毕业班,在做毕业论文。他们说:我们来的时候,也是您刚到这个学校,现在我们要毕业了,这个学校有很大的变化。我说有什么变化?他就指出了很多变化,说明这个学校在前进。他们讲的倒不是讲课,说我们的一片草地有很大的变化,进来时是垃圾堆,现在是漂漂亮亮,希望我们学校到处都是那样的草地,整个空气就变了。可我们现在还有不少垃圾堆,的确如此,我们垃圾堆还不少,还有许多同学不注意公德,草地上乱丢纸,有一次我发现草地上有二十几张纸,我们几个人把它拾了起来,第二天早上起来一看又有几张。这位学生说得很好,说这个学校气氛变得越来越好他们很高兴。我说你们对这个专业怎么看?他们说这个专业有用,可惜只有32个人,他们学习这个专业很骄傲,他们说他们在搞涂料,我说搞得对!涂料是个很重要的技术。我现在是天天在校内转,可是有的地方实在不尽如人意,我下午3点钟敲了好几个实验室的门都没有人,设备不错,工作却比较落后。我们要努力地、充分地发挥这些设备的作用。上海市对我们学校的投资还是不少的,我们要充分利用这些好的条件。

昨天,我碰到机器人系那位从加拿大拉尔逊大学来的教授,他在我们学校讲学。他拉着我的手说你们的学校不错呀!我问好在哪儿?他说我到学校图书馆去,发现我所要的书都有,你们有足够的条件在短期间内搞上去。可是我心里很沉重,因为我已经调查好几个星期了,究竟有多少教师到期刊室去?我告诉大家,昨天科大一批系主任来了,发现了这个期刊室,他们说你们真有办法,十分羡慕。这些期刊室对他们也是个巨大的吸引,3 700多种原版期刊全国独一无二,可在我们这里好多同志没有去看过!使我高兴的是外面的人发现了我们好的东西,我自己也在看一些,是有很多好的地方,好的地方我们要大力发扬。讲教学吧我们也有很负责的,例如今年全国总工程师和厂长班统考,考下来我们的总工程师班和厂长班在上海是第一名,两个第一名都在我们学校,而且占50%以上的人在优良等级里,说明教育质量是高的。就像刚才管理系那两个同志讲的他们都是年轻人,教学任务很重等等。他们的教学任务的确很重,我听了感到很高兴。因为这是产品检验,当然还有百分之三十几的人不在优等里,我们希望办得更好些,现在基础有了,只要继续努力下去是有前途的,希望大家努力。

第三个问题,向大家报告一下,前天我们和上海科大又碰了一次头。我们这两个学校的合并问题,现在正在起草合并的文件。关于合并已经酝酿了很长时间,去年6月开上海市党代会时,两校的副校长就在商量合并,到现在才开始加速。群众中个别还有想不通的地方,这不要紧,慢慢想好了。大势所趋,现在国内已经有两所学校考虑实现合并,联合办学是高教发展的大势所趋。南大南工也在商量合并,合并对教学有好处,好处在哪里?好处是有利发展新学科,互相帮助。过去我们曾有过"合并"不好的历史,但那是相同类型学校的合并,形势和情况都不同。但是不同性质学校合并却是有好处的,我们两个学校是一理一工,理工分家不好,我们总想通过发展理科来充实我们工科的基础教研室,而理科学校也想发展工科，因为他们需要和实际联系，这样我们两个学校就走到一起了。我们不是喊理工结合吗？他们要设立机械系，高教局不同意，因为我们已经有机械系了，我们要设立数学系也不同意，因为科大那边已经有数学系，你还设立干什么？那么合在一起不就彼此都有了吗？我们两家不是抢饭碗，而是为了互相补充，互相加强，他们需要工程方面的，我们需要理科。大概有十几件事须立刻就办。第一件事他们就看中图书馆，你别看我们是破图书馆，你们不愿意去，可人家第一个提出来就是两个图书馆互相借书，而我们恰恰是许多人不愿意进图书馆。现在进图书馆最多的是研究生，还有普通学生借文艺小说。最近查了一下，我们图书馆借文科的书居然超过借理工科的，文科和社会科学的是62％，理工的是38％，你说怪不怪？还有很多东西可以联合起来搞，我们现在提出来要联合办计算机学院，要联机，我们两个机联起来，使它们的效率大大提高。现在这样不行，计算机的利用率太低，一台计算机也不过五年寿命，已经两年过去了，软件也不够，共同联合办个计算机学院，我们两个学校一并，在上海是一个相当大的力量，可以充分发挥我们的力量。如果两校各自独立，要把两个学校都办好，很困难，都是缺腿缺胳膊的，现在还有第三个学校可能参加。合并是大势所趋，现在全国有七所学校在考虑合并，都是有名的学校，其他一些学校也在考虑合并。我们现在的合并是综合性的，让它走向综合性大学！这对培养学生有很大的好处，各学科的发展可以互相跨越、渗透和帮助。我来学校后就讲过，要打掉四堵墙嘛！第一个是学校和社会的墙，当然不是指具体的墙，我们是指思想境界。第二个是系和系之间的墙，这已打开了一些，但还是相当坚固，有待于继续打破。各系之间不合作，不可能发展。

我们是全面教育，我们的教育思想也应当是全面的。所谓全面，就是你不是一个小玩意儿，不能只顾我这一点点，我们学生的知识面要广，而现在还办不到。我们说面要广一点，很多同志想不通,这点以后再说吧!事实会教育我们,面必须要广,不能像现在这么窄!于是大家就强调教学上的困难,不要紧,我们慢慢来,不过留给我们的时间是不多了,思想必须尽快搞通!思想搞不通,硬干不行,但老是想不通,也不允许。我们有个希望,争取我们两校成为上海市教学和科研方面的一个拳头,那么,我们两校的地位和素质就能进一步提高,贡献也将大大增加,使我们真正成为上海市所需要的学校。合并是正确的,是个大方向。合并的确对大家都有好处,不能只打小算盘,小算盘打不得,打小算盘是要吃大亏的,我们打大算盘,房子还是那点房子,钱还是那么多钱,但可以互相交流,取长补短,更密切地合作,效益将会大大增加。

勇敢搏斗　抵达彼岸[*]

应用数学既非应用的数学,亦非数学的应用。把应用数学作为应用的数学的人,往往把重点放在数学上,认为搞的是数学。当然搞的数学是有用的,是有应用价值的。所以,他按数学的习惯,很重视完整性、系统性、严格性和一般性。总之,他的着眼点,仍旧是数学,而把这些工作的实用价值,放在第二位。他们是重数学,附带着做一些有实用价值工作的应用数学工作者。反之,数学的应用论者,则把重点放在应用上,而且很重视工作实用价值的,以应用数学来处理一些现存的实际问题作为唯一目标,而看不见现有数学工具的局限性,更看不见世界上物质活动和社会活动的复杂性,不知道因为要处理这些活动,还要有目的地来开拓和改善这些数学工具。

从历史上看,每一科学技术的伟大进展,都伴随着数学即应用数学的发展,都开拓了新的数学领域,同时也解决了科学技术发展中的定量要求。牛顿、莱布尼兹在解决天体运行的过程中,开创了微积分;柯西在解决固体强度的过程中,提出应力的观念和张量的数学;原子的光谱研究开创了量子力学和一系列的特征值问题;电磁场的研究发展了复变函数;传热学的研究开创了傅立叶级数。

---

[*] 1987年5月18日为上海科技大学《应用数学》而写。

其他，如信息论、控制论、系统论的发展，无不与大量、快速和复杂的生产活动和社会活动有关。例如，在晚近，有关突变、稳定和浑沌各种应用数学的分支，都是人们研究大量、快速和复杂的生产活动和社会活动中，注意到它的运动的不稳定性和它的不稳定规律所推动的。在这样高速度发展的社会中，出现了一般相对稳定的社会中前所未见的现象，应用数学工作者理应对此重视，这是无可推卸的责任。当然，这些现象在物质生产和自然界的活动中同样也是大量存在的。

应用数学既是应用的数学，也是数学的应用。两者兼备，才是一个较为合理的要求。我们既要利用一切已知的数学工具，去解决那些人们在物质生产活动和社会活动中出现的定量规律问题。同时，我们也应该努力创造新的数学工具，去探索那些现有数学工具所无法解决的问题。数学领域是汪洋大海，人们的物质生产活动和社会活动也是汪洋大海。搞应用数学的人必须要有勇气面对这两个汪洋大海，有时还得有大智大勇敢于跳进这两个大海，才有可能勇敢搏斗，抵达彼岸！

D. 伯努利[*]
——《中国大百科全书·物理学》词条

伯努利为瑞士物理学家、数学家、医学家，1700年2月8日生于荷兰格罗宁根，是著名的伯努利家族中最杰出的一位。他是数学家 J. 伯努利的次子，和他的父辈一样，违背家长要他经商的愿望，坚持学医，曾是一位外科名医。由于自幼受父叔兄弟学术思想的熏陶，最后还是转向研究数学和力学。他和 L. 欧拉曾在圣彼得堡科学院共事，是亲密的朋友，也是竞争的对手。他们都曾以25年中获得10次法兰西科学院奖而闻名于世。伯努利在25岁时（1725年）就应聘为圣彼得堡科学院的数学院士。8年后回到瑞士的巴塞尔，先任解剖学教授，后任动力学教授，最后任物理学教授。他离开圣彼得堡（今列宁格勒）之后，就开始了与欧拉之间最受人称颂的科学通信。他向欧拉提供最重要的科学信息，欧拉运用杰出的分析才能和丰富的工作经验，给予最迅速的回助。他们先后通信40年，最重要的通信是在1734～1750年。他们的通讯录是了解伯努利的重要资料。

伯努利的贡献涉及医学、力学、数学，而以流体动力学最为著名。流体动力学这个学科就是由他命名的。他著有13章的《流体

---

[*]《中国大百科全书·物理学》，中国大百科全书出版社1987年7月版，第64页。

动力学》。他用流体的压强、密度和流速作为描写流体运动的基本物理量,写出了流体动力学的基本方程,后人称之为伯努利方程;提出了"流速增加、压强降低"的伯努利原理,他还提出把气压看成是气体分子对容器壁表面撞击而生的效应,建立了分子运动论和热学的基本概念,并指出了压强和分子运动随温度增高而加强的事实。从1728年起,他和欧拉还共同研究柔韧而有弹性链和梁的力学问题,包括这些物体的平衡曲线,还研究了弦和空气柱的振动。他曾因天文测量、地球引力、潮汐、磁学、洋流、船体航行的稳定、土星和木星的不规则运动和振动理论等成果而获奖。他在概率论方面也做了大量而重要的工作。他几乎对当时一切科学的第一线问题特别是航海中的问题都有重要贡献。他的父亲曾和他合作,分享有关行星轨道研究的奖励。1782年3月17日,他在巴塞尔逝世。

经 典 力 学[*]
——《中国大百科全书·物理学》词条

经典力学通称力学,是物理学的一个分支学科。它研究通常尺寸的物体在受力状态下以远低于光速的速度运动的过程。它和量子力学不同,量子力学研究普朗克常数起作用的过程,是研究如原子和亚原子运动的力学。它和相对论力学也不同,相对论力学是研究物体以接近光速的速度运动的力学。

经典力学也称牛顿力学,是物理学、天文学和许多工程学的基础。机械、建筑结构、飞机、航天器、舰船等的合理设计都以经典力学为依据。同时,力学在其发展过程中,也推动了许多数学分支的发展。如微积分、微分方程、复变函数和近代的有限元法、奇异摄动理论等,就是由于力学的发展需要才发明的。因此,不少数学家同时也是力学家。

力学分类

力学按所研究对象的力学特性又分为三个分支:刚体力学、变形体力学和流体力学。

刚体力学 刚体是一种理想物体,在外力作用下,刚体运动且

---

[*] 《中国大百科全书·物理学》,中国大百科全书出版社1987年7月版,第650～653页。

能保持其形状不变。研究刚体在受力状态下运动（包括静止）的力学称为刚体力学。一般物体在受力状态下只有微小的变形，而且这种微小变形不影响物体的运动或对运动的影响可以略去不计时，研究它的运动就可以用刚体力学原理。按运动状态不同，刚体力学可以分为刚体静力学和刚体动力学。当刚体尺寸很小，在运动中其转动又可以略去不计时，这个刚体可以当作质点处理。质点也是一种理想物体，它是没有尺寸但却有一定质量的一个点。研究质点受力运动的力学称为质点力学。

  变形体力学 研究物体在受力状态下既有运动又有形变的力学称为变形体力学。所受荷载不大、释去荷载后即恢复原状的变形体，称为弹性体。研究弹性体的受力状态和弹性变形的力学称为弹性力学。当变形体所受荷载超过某一极限时，产生永久变形，释去荷载后并不能恢复原状，这一极限称为屈服极限，这种永久变形称为塑性变形。研究变形体的塑性变形的力学称为塑性力学。塑性体在实际加载过程中都是先经弹性区，然后进入塑性区的，而且当变形体在出现局部塑性变形后，弹性区和塑性区经常是分区同时并存的。研究这种既有弹性又有塑性的力学称为弹塑性力学。在一般情况下，塑性变形远远超出弹性变形，这时我们可以略去弹性变形，把弹性区当作是刚性的，这种近似处理的塑性力学称为刚塑性力学。有些物体在加载后既有弹性变形或塑性变形，而在长期维持荷载不变的条件下，又有缓慢的黏性变形。研究这一类变形体的力学称为黏弹性力学或黏塑性力学。它们在研究高温金属制品和玻璃制品的变形中是很重要的。

  流体力学 流体是一种连续介质，它不能承受剪应力，或只能承受很小的剪应力。因此，流体一般不能保持其体形，其运动是一种流动的过程。流体按其力学特性可以分为不可压缩的流体（或压缩性可以略去的流体）和可压缩的气体。前者的代表是水，后者的代表是空气。流体力学按其研究的对象可以分为水力学（包括水动力学和水静力学)和气体力学(包括气体动力学和空气动力学等)。水力学是设计水工结构物、水力机械、输水输油管道和船型的理论基础,也是研究江河湖海的流动和波动的基础。气体力学是设计飞机、导弹和一切弹体以及汽轮机等的理论基础,把它用于研究地球大气流动的部分称为气象动力学。近年来,人们还发展了化学空气动力学,处理流动和化学反应同时进行的气体力学;也发展了等离子体力学或磁流体力学,处理带电流体如等离子体等的流体力学。

变形体和流体都是连续介质,所以,变形体力学和流体力学合在一起的力学也称连续介质力学。

力学发展史

力学的发展和人们的生产实践是密切结合的。人类早期社会中就有了斜面、杠杆等作为提升和搬运重物的工具。在建筑和各种简易机械的制造中,人们积累了相当丰富的经验,开始出现静力学理论。中国墨翟(前468～前376年)在《墨经》中就明确提出了杠杆原理、重心和力的概念。这本书可以认为是世界上最早的静力学的论述。古希腊的亚里士多德(前384～前322年)、阿基米德(前287～前212年)等人也总结了不少有关杠杆平衡、流体静力学、重心等力学规律。当然,在这样早的年代里,所有这些静力学的理论认识都只局限于平行力系。非平行力系的静力学理论,是在2000年后荷兰数学家斯蒂文(1548～1620年)认识到力是一个矢量以后,才建立起来的。

古希腊以后,欧洲和西亚、南亚地区由于农奴制或宗教的束缚,约2000年中生产停滞不前,力学的发展几乎完全停顿。而在中国,力学的发展则代有所得,不绝如缕。万里长城、大运河、都江堰、灵渠、赵州桥、历代的大规模宫殿、寺庙、墓塔等建设,无不反映着人民在力学知识方面的发展。东汉张衡(78～139年)的候风地动仪反映了张衡对于惯性的理解和应用,杜诗(30年左右)的水排(以水轮带动的风箱)和毕岚(108~129年)的翻车(即水车)和渴乌(即唧筒)都反映了人们对于水力和压缩空气转换为气流动能的理解和实践。马钧(235年左右)的指南车和北宋燕肃的记里鼓车反映了他们都已掌握了复杂齿轮传动的运动学计算方法。马钧的离心抛石机反映了人们对惯性原理的成功应用等等。中国人民也有不少总结性的力学的理论认识。例如,墨翟在《墨经》上曾提出:"力,形之所以奋也。"即"力,是物体运动的原因"。西汉末年的《尚书纬考灵曜》记载着"地恒动而人不知。譬如人在大舟中闭牖而坐,舟行而人不觉也"。这表明当时对运动的相对性已有认识。宋代的火箭,表明人们已经懂得了反推力或反作用力。当时的走马灯和现代汽轮机的原理基本相似。宋朝李诫(明仲)的《营造法式》、明朝王徵的《诸器参说》、明朝宋应星的《天工开物》等著作,也都有许多内容涉及力学的各个方面。但是所有这些,都是人们从生产活动中总结出来的经验,对现象和规律的认识都比较零星和粗糙。力学作为一门"精确"科学,则是由牛顿(1642~1727年)奠基的。牛顿在他的名著《自然哲学的数学原理》中,总结了那时所了解到的力学规律。在牛顿以后的300年间,力学有了很大的发展,并逐步发展成为一门精确学科。

应该指出,首先系统地研究动力学的人是伽利略(1564~1642年)。在伽利略以前,人们一方面因缺乏较为准确的计时器,无法用实验来校核其理论,另一方面因受着希腊人对力的错误认识的约束,使动力学长期得不到发展。伽利略开创了用研究简单的典型问题来阐明重大科学规律的自然科学的新方法。他通过对自由落体和抛射弹体这样简单问题的研究,发展了足以描述质点加速运动的数学理论。同时,他还认识到用实验观测来验证理论结果的必要性。他的这种把严谨的理论分析和实验观测结合起来的治学方法,长期以来一直是人们从事科学工作的表率。

牛顿是伽利略去世的那一年出生的。牛顿总结、阐明和推广了伽利略的动力学原理。他在前人研究成果的基础上建立了著名的牛顿运动三定律作为研究力学的逻辑基础。根据牛顿力学的看法，一切物体在相互作用着，这种相互作用称为力，而这些力又决定这些物体的运动状态或静止状态。牛顿的第一、第二定律就是根据作用在质点上的力来决定质点的运动的定律。用现代语言讲，第一定律指出：当质点不受力作用时，静者恒静，动者恒循原来方向顺直线作等速运动。第二定律说：质点的质量和加速度的乘积等于质点上所受的作用力，加速度包括方向变化和速率变化在内的速度变化的时率。根据牛顿的运动定律来求解物体的运动问题时，涉及各种变化的时率这样的数学工具。牛顿和莱布尼兹（1646～1716年）提供了这种数学工具，称为微积分。近二百多年来，许多数学家为了求解动力学问题而发展了微积分和一系列有关的数学方法。牛顿的第一、第二定律是从伽利略对弹性运动研究中所获得的动力学定理的推广。第三定律说明作用在运动的物体上的力所必须满足的条件，它说：一物体作用在另一物体上的力，必和第二物体作用在第一物体上的力（亦称反作用力）大小相等，方向相反。最容易理解的这种相互作用力是接触物体间的力。研究固体材料接触面上的力及其引起的变形是弹性力学的问题。研究运动的流体对固体表面接触力的是流体力学的问题。但所有这些相互作用的力都可以归纳为原子间或分子间的相互作用。

万有引力是第一种用数学简化处理的相互作用力。长期以来人们猜想：行星是由太阳发生的力维持其在轨道内运行的，这种力和地球对物体的引力性质类似。开普勒（1571～1630年）详细分析了哥白尼（1473～1543年）和第谷·布拉赫（1546～1601年）等人长期积累的天文观测资料，归纳出来了现在称之为开普勒三定律的行星轨道运动规律。牛顿利用这些定律和他们的数据，计算了行星的加速度，证明了这些加速度都是指向太阳的。加速度和行星离日距离的平方成反比，而且和行星的质量无关。牛顿的第二定律给出了行星受到太阳的引力，第三定律又指出了各行星对太阳作用着大小相等方向相反的作用力。这样，就导致了万有引力定律的发现：任意两个质点必相互吸引，其引力的大小和这两个质点的质量乘积成正比，和它们之间的距离的平方成反比。为了验证这个定理，牛顿从观测资料计算了月球的运动，证明了地球和月球之间也存在着相同的万有引力。法国青年科学家勒威耶(1811～1877年)根据当时的观测资料，运用万有引力定律和微分方程，经过计算发现太阳系中除了七大行星外，还应该有一颗当时尚未发现的大行星。1846年他公布了这个结果。过后不久，伽勒(1812～1910年)果然在他指出的方位上，观测到了海王星。这就通过反复实践进一步肯定了牛顿的万有引力定律的正确性。

经过著名科学家高斯(1777～1835年)，拉普拉斯(1749～1827年)，拉格朗日(1736～1813年)，哈密顿(1788～1856年)等人几十年的努力，大大提高了力学的解题能力，力学定律也得到了更一般的表达形式。由于选用了更合理和更一般的变量来表示力学系统中各部分的位置和速度，力学问题表达形式得到了极大的改善。拉格朗日和哈密顿发现了表达力学定律的新方法，从而使人们在选用这些变量时获得更大的自由。这些方法提供了发现运动中的常量的方法。这些常量既是所选变量的函数，又是运动过程中的守恒量，既有最一般的重要意义，在解题过程中又特别有用。哈密顿的方法也适用于物理学的其他理论领域。它的巨大价值在于，它特别适宜于作普遍的讨论，如统计力学中的刘维定理和量子力学中的薛定谔方程的表述等等，成为物理学中普遍表达基本物理规律的共有财富。因此，哈密顿表达形式是20世纪从古典物理过渡到近代物理的重要工具。

刚体力学的发展在20世纪初期达到了高峰，不少数学家如彭加莱(1854~1912年)等人对此作出了贡献,有不少问题获得了满意的解决。但迄今为止,还有不少难题仍无解决的办法。例如,太阳系的三体和多体在相互作用下运行的长期稳定性问题,这类问题可以很精确地计算预测体系在很长一段时间内的运动情况,但并不知道是否能永远这样运行下去,也不知是否能永远保持稳定不变,也就是说,行星会不会在一定时间以后,跳到完全不同的轨道上去。

最近,由于地球人造卫星和空间探索飞船的出现,空间轨道计算吸引着广大科学家。粒子加速器的发展提出了带电粒子群的循环运动稳定性问题,有的粒子要在加速过程中运转 10^9 周之多,所以稳定性的计算是一个有重要实用意义的问题。当然,由于带电粒子运动速度较高,人们必须采用相对论力学的研究办法。

变形体力学和流体力学的发展简史,可参阅弹性力学、塑性力学、流体力学各条。

力学方法

在研究力学的过程中,重视力学研究对象的模型化很重要。一般来讲,实际的研究对象都是很复杂的,但对力学工作者处理这种力学问题而言,往往只抓住一些带有本质性的主要因素,略去一些影响很小的次要因素,提炼建立有效的力学模型作为研究对象,例如质点、刚体、弹性体等都是力学模型。

对于一个真实的物体应当采用什么样的力学模型,须根据问题的性质而定。以地球为例,在考虑地球作为行星在太阳系中的运动轨道时,地球的半径远小于轨道的半径,我们就可以把地球理想化为质点。在研究地球人造卫星时,地球的大小和卫星的轨道的大小相近,地球的大小就不能略去,但可以略去其变形,把地球理想化为刚体。当研究地震波的传播时,人们把地球看作为一种连续介质的模型来处理。又如,研究子弹在空气中运动时,对于低速运动的子弹而言,子弹运动对空气的干扰即由空气中的声波传递出去。由于声速远远超过子弹速度,子弹对空气的压缩作用不在子弹周围累积起来,在这种条件下,我们可以略去空气的可压缩性,采用不可压缩的液体模型来研究空气对子弹的阻力。但在子弹速度提高后,特别当子弹速度接近声速时,子弹对空气的压缩作用就来不及传播出去,这时就不能略去空气的压缩作用,而只能采用可压缩的气体模型来研究空气对子弹的阻力了。

  从伽利略、牛顿等人建立经典力学的过程中,人们累积了一套处理力学问题的科学方法,即实践、理论、再实践,提高理论的不断深化的科学认识和实践过程。伽利略在前人的生产实践经验和对自然现象的观察的基础上,建立了质点这样的模型和质点在外力作用下的运动原理,而且他还用简单的典型实验,即自由落体和抛射弹体的运动来校核了他的运动原理。牛顿在总结伽利略的工作以及他对作用和反作用的理论认识的基础上,归纳出了经典力学的三大运动规律,然后再用他们处理二体问题,和天体观测的结果相校核,进一步提高了理论的深度和广度。但在数学上处理三体和多体问题时,计算上遇到了很大的困难。为此,人们发展了现代计算机技术,从而使航天器的轨道计算取得成功。这样的工作方法保证了力学工作在几百年来的不断进展。

力[*]
——《中国大百科全书·物理学》词条

力是物体之间使物体加速或变形的相互作用；它是物理学中使用最广泛的基本概念之一。

力有很多种，例如，地球的引力，发动机的活塞上所受的燃气压力和大气压力，建筑物上所受的风荷载，物体运动所受的空气或水的阻力，电磁引力和斥力，核子间的作用力和物体接触中的压力和摩擦力等。实际上，自然界的物质有四种相互作用，即四种力，万有引力、电磁力、结合原子核各成分间的所谓"强"作用力和"弱"作用力。

在日常生活中，推拉物体时能直觉地产生"力"的模糊概念。推一物体时，它就可以发生运动；物体在滑行时，由于摩擦力的作用而逐渐变慢，最后停了下来；喷气飞机上发动机的推力使飞机能高速飞行等，都反映了力的作用。中国的《墨经》上就把这个概念总结为"力，形之所以奋也"，即力是使物体奋起运动的原因。所以，力是那样自然地反映到人的意识中去的，但是要人们克服直觉所理解到的概念而得到"力"的严格的科学定义，却经历了长期的斗争。

---

[*] 《中国大百科全书·物理学》，中国大百科全书出版社1987年7月版，第727~729页。

发展简史

在西方,力的概念首先产生在古希腊的哲学争论之中。在早期希腊的宇宙论学派(如泰勒斯等人)中,认为自然是有生命的,像人体一样,是自己运动的活的组织。在这种哲学思想指导下,并不存在运动的起源命题,也没有"力"的概念。后来帕门尼德从逻辑推理中提出了运动并不存在的观点,他的反对者提出了运动的源泉是"力"来证明运动是存在的。这样,就无形中意味着承认了"力是因,运动是果"的原始的因果论观点。

柏拉图的力的概念基本上是非物质的,自然之所以赋予运动的本性,完全是因为有一个不朽的活着的精灵。他认为自然界的所有力的最后源泉是隐藏着的世界灵魂,它才是一切物理活动的根源。

在亚里士多德的著作中,力被看作是从一个物体发射到另一个物体中去的。这种发射的力本身不是物质,而是一种"形式",它是依赖于物质而存在的。因此,根据这种力的概念,其作用只能限于相互接触的物体,只有通过推或拉,才能有相互影响作用。亚里士多德的这种力的概念完全摈弃了不接触而通过远距作用的力的存在,于是,行星运动只能假说为行星自己有发动机驱动;恒星只能假说为它自己是有生命的。但亚里士多德首先提出了所谓"运动定律",认为运动物体的速度和通过介质时受到的阻力成正比,他并没有提出所用的量的量度单位,也没有测量这些量的方法。亚里士多德认为物体的重量是表示"自然运动"的,即表示物体有返回到它自然位置的倾向,而不代表物体受迫运动的原因。这种认识排除了把重量作为量度力的单位的可能性。在整个中世纪,由于思想上深受亚里士多德的束缚,在力的概念上并没有什么进展。

伽利略对经典力学的建立有着重要的贡献,但对力的概念的形成则并不完备。他对质量的定义是模糊的，所以，他并不能给出力的清晰的定义，使这种定义既能用于静力学，又能用于动力学。当然，他对惯性原理是理解的。他的惯性原理指出，物体在不受外力作用的条件下，将能连续地进行常速运动。他把力和速度的变化联系在一起，破除了亚里士多德把力和速度联系在一起的长期的思想束缚，开辟了牛顿把力和加速度联系在一起的道路。

开普勒和伽利略一样，对牛顿建立力的概念起着极为重要的作用。开普勒根据第谷长期的星象观测资料和对这些观测的反复研究，终于在1605年认识到行星轨道运动是因行星受到了吸力而造成的，但对吸力的性质并不清楚。这种吸力是通过空间从吸引中心（太阳）到达行星的，其大小和距离的二次方成反比。这些力是怎样"漫过"空间的，却不很清楚，但他认为这是一种数学上的需要。开普勒对这种远距作用的引力的看法，在以后物理学的万有引力、电磁力和核力的理论中，经常采用，已成为范例。

力的概念在经典力学中占有最根本的重要位置。牛顿在1664年就提出了力的定义是动量的时间变率（动量等于质量乘速度）。牛顿第一定律即惯性定律是力的定性的定义，它规定力在什么条件下存在和在什么条件下它的作用不存在的定性的条件。牛顿第二定律给出了力的定量的定义，即力等于动量的时间变率，当质量不变时，力等于质量乘加速度。牛顿第三定律指出，对于每一个力而言，必有一大小相等、方向相反的反作用力存在。它指出所有力都是成对的，只有当两个物体在相互作用下才能实现。这两个力分别作用在不同物体上。

牛顿的万有引力理论的惊人成就，是使超距作用的力的概念推广到物理学的其他分支去了。但是，牛顿并不能从物理上说清楚这种超距作用的概念，从而长期受到各方面的严厉批评。19世纪，J.C.麦克斯韦总结了前人对电磁现象的研究，以场的概念为基础，建立了经典电动力学的基本方程，预言了电磁波的存在，促使人们怀疑超距作用力的概念。一直到A.爱因斯坦于1905年提出狭义相对论,指出一切物理作用传播的最大速度是光速以后,人们才认识到超距作用的力的概念有着根本的局限性。爱因斯坦又于1915年在他的广义相对论里明确指出,万有引力的传播速度不可能大于光速,以后又提出引力波的概念。

在历史上,有许多科学家和哲学家曾指出,牛顿力学中的力的概念只是一种方法论性质的工具,或是一种形而上学的东西。G. R. 克希霍夫、H. R. 赫兹和E. 马赫都认为很难说明力的概念的实质,但都肯定力是一种计算用的量,代表质量和加速度的积。当然,自从牛顿以后,力的概念对科学的进展贡献很大,没有力的概念,物理学就立刻失掉了理论的连贯一致性。

牛顿第二定律既可以看作是质量的定义,也可以看作是力的定义。前者把力看作是基本量,而质量看作是第二定律的导出量;后者则反之。

在物理世界中,物体的速率 v 被限制在一定的区间内:$0 \leqslant v < c$(c 为真空中的光速),要知道物体在这全区间的运动规律,就必须应用相对论。力的定义依旧可采用力等于动量对时间的变化率,不过质量是随速率而变的,但此时所产生的加速度在一般情况下数值上不和力成正比,方向也并不和力的方向一致。

力的单位制

长度单位可定义为标准量器在两点之间的距离,或用特定的光谱线波长来量度。1983年10月第17届国际计量大会正式通过的定义为,米是1/299 792 458秒的时间间隔内光在真空中行程的长度。时间可以用标准运动的周期(例如地球公转周期,时钟的摆动周期,或分子的振动周期)来衡量。利用这种长度和时间的单位,就能定出速度和加速度的单位和量度。这里,用两种单位制来探讨牛顿第二定律,即绝对制和引力制。

绝对制 引进标准物体的质量为单位质量,于是,根据牛顿第二定律,使单位质量产生单位加速度的力为单位力,其他质量在原则上可以和标准单位质量相比。通过实验,证明了质量是一个标量,而力和加速度都是矢量,它们服从矢量的合成和分解的运算规律。在绝对制中,非相对论力学的牛顿第二定律可以写成

$$F = ma,$$

式中的 F 和 a 分别是力和加速度,它们都是矢量,上式表示加速度产生在力的方向上;m 是该物体的质量,式右的 m 和 a 如果是已知的,则此式即是力的定义。所以,在绝对制中,质量是基本量,力是导出量,它的量纲是 MLT^{-2},其中 M 是质量,L 是长度,T 是时间。绝对制中使 1 克的质量产生 1 厘米/秒^2 加速度的力为 1 达因;使 1 千克质量产生 1 米/秒^2 加速度的力为 1 牛顿。1 牛顿等于 10^5 达因。

引力制 用标准物体所受的地球引力作为标准力,于是,引力制把力作为基本量,而根据牛顿第二定律,质量是联系力和加速度的比例因子,变成了导出量。在引力制中,标准物体的重量的值作为单位力,引力加速度为 g。任何物体的重量是用标准物体的重量来量度的。假设其重量是 W,该物体的质量 m 可以表示为 $W \cdot g^{-1}$。这个导出量 m 的量纲为 FT^2L^{-1}。其中 F 是力的量纲。由于地球表面各地的地球引力加速度并不完全相等,这样,重量在各地也不可能完全相等。为了避免这种困难,就规定地球表面某一特定地点(纬度 45°的海平面上)作为测量标准物体的标准重量的场所。引力制和绝对制一样,其绝对程度并不比所谓绝对制的绝对程度差。

《现代应用动力学》*中译本序

《现代应用动力学》是根据美国斯坦福大学 T. R. Kane 教授等所著《航天器动力学》1983 年版翻译的。

Kane 教授现任斯坦福大学机械工程系的应用力学教授。他自哥伦比亚大学获得博士学位后，历任宾夕法尼亚大学、曼彻斯特大学理工学院、里约热内卢联邦大学等校的教授，曾在 1968 年作为美苏交换学者在苏联科学院工作，亦曾任职于美国宇航局(NASA)、Harley-Davidson 动力公司、Vertol 飞机公司、Bell 电话公司等公私企业，有许多技术贡献。第二作者 Peter W. Likins 是现任哥伦比亚大学的校长和哥伦比亚大学理工学院院长。他曾长期从事喷射推进的研究和发展工作，有许多学术著作。第三作者 David A. Levinson 是洛克希德研究所的工程师。他曾在得克萨斯的奥斯汀大学的航天和工程力学系长期任教应用力学。

本书是作者们长期从事这一方面的科研工作和教学工作的结晶。

经典的分析力学以广义坐标为基础描述动力学问题，业已有 200 年的历史，但这些方程在处理多自由度的问题时，遇到不少困

---

* 该书由凯恩、赖金斯、雷文森著，王兴、余文铎、杨兆光、王大均译，上海翻译出版公司 1987 年 9 月出版。

难。而近年来航天器和机械自动化的发展中，几乎普遍遇到多自由度问题。Kane教授二十多年来，在处理航天器的运动时提出了广义速率等一系列新概念，用这些量来描述运动时，得到一系列新的一阶导数的动力学微分方程，简称Kane方程。这个方程的求解可以借助于计算机的常用方法，这样就在分析力学的学科中造成了很大冲击。Kane方法不仅满意地处理了航天器的运动问题，而且也为机械手的复杂多自由度运动问题提供了有力的工具。

虽然Kane方法在决定广义速率上还有许多问题值得研究，但是，它给予分析力学以新的生命力。本书为读者提供了学习这个方法的基础，对于我国从事理论力学的科研工作者和教学工作者，都是很有参考价值的。

关于滇西地区开发的若干建议[*]

普朝柱书记并
云南省委、省政府：

应普朝柱同志邀请,11月6日至23日,我们和省里的几位同志一起,到滇西的保山、德宏、大理、丽江、楚雄、思茅、西双版纳等7个地州、11个县作了短暂调查。与省计委、民委、冶金厅、农牧渔业厅、农垦局和地州、县的同志广泛座谈,走访了科研所、乡镇企业、边境贸易市场、橡胶林、茶园,还到丽江地区大具乡白塔村的"沙金点(脉金)"作了实地考察,汽车行程4 000多公里。所到区域约有1 100万人口。其中,年人均收入在125元贫困线以下的有400多万(多数是山区少数民族)。总的印象是:这些地区资源丰富,交通不便,人才缺乏,资金不足,经济文化比较落后。面对着这样的现实,要不要开发?如何开发?现将一路上看到、想到的一些情况、问题和建议略述如下,供参考。

一、丰富的独特资源

（1）矿藏：

横断山脉地区矿藏十分丰富,除了煤和石油少有发现外,各

---
* 写于1987年12月4日。

种矿藏都有,还有一些能使当地老百姓较快致富的贵金属矿。如,我们到离丽江县城85公里的大具乡白塔村金沙江与大具河交汇处看沙金点时发现,那里不仅是当地干部群众知道的"沙金点",还是一个不为人知的脉金矿。根据地质资料分析和我们实地考察证明:在金沙江、盘江、元江(红河)、澜沧江、怒江五条江都有显露的第三纪新生代与第四纪地质年代地层之间约1米厚的夹缝中普遍存有金矿。因汛期江水冲积,故五条江的沙滩普遍存有沙金。

(2) 热带经济作物:

橡胶。西双版纳和海南岛是我国仅有的两处橡胶产地。由于地形、大气环流和纬度的原因,西双版纳除了具有海南岛宜橡胶树生长的温度、湿度、阳光外,却没有海南岛的风灾,是我国发展橡胶种植业的宝地。

茶。滇西干热、湿热地区普遍宜植的大叶茶,色佳味浓,全国少见。

胡椒。滇西干热地区宜植的胡椒是国际、国内市场的紧俏商品,其每亩创造的经济价值是粮食的20倍。

烟叶。腾冲火山灰含钾,为保山地区的烟叶种植提供了得天独厚的条件。此地烟叶尼古丁含量可达6%(国家标准2%),是其他地区无法比拟的优质产品。

小粒咖啡豆。德宏热作所引种成功的小粒咖啡豆香味浓郁,可以打入国际、国内市场,在各条大江的谷底干热地区可以广泛种植。

干果。滇西的干热地区宜种各种干果,当地也有种植的经验。可在江边、坡地广泛种植的"腰果",西方人特别欢迎,在美国,半斤装一瓶可卖16美元,在香港亦可卖到45港币。此物便于储藏,便于运输,价格也较高。

粮食。瑞丽的龙川平原,一望无际,水资源丰富,风调雨顺,很像江南,可以广为植粮。

(3) 动植物:

滇西热、温、寒三种气候带并存的立体气候孕育了丰富的动植物资源。听说,哀牢山区一年可猎 60 万只麂子。此物全身是宝,可以饲养。植物,丛生林、阔叶林、针叶林植被均很可观。特别是温热地区植物生长快。台湾杉十年即可成材。在临江招待所看到一棵樟树,已长成两抱粗。这么粗的樟树在外地总要 200 年以上。

(4) 潜力很大的边境贸易:

滇西与缅甸、老挝、越南三国接壤,有 3 207 公里的国境线。其中,与德宏、保山接壤的缅甸北部,经济落后,与缅甸经济较发达的西南经济区的交通条件远不如到我德宏、保山方便,他们每年从德宏、保山进口大量小商品。缅北的 1 300 万人口是我们广阔的大市场。这个市场还包括印度的阿赛姆邦、那加邦和孟加拉北部地区,总人口在 3 000 万~4 000 万之间,都是工业不发达地区。德宏与缅北的贸易分小额贸易、边境贸易、边民互市三种,由来已久,近几年又有所恢复和发展。

(5) 旅游:

西双版纳的傣家竹楼、热带雨林风光,可与日本富士火山比美的腾冲大、小空山火山群和被徐霞客称为奇观的"大滚锅"热泉,大理的沧山、洱海,人类发祥地的元谋,巍峨壮观的丽江玉龙雪山,据说比张家界、九寨沟还美的泸沽湖自然保护区等,都是很有价值的旅游胜地。

目前,对上述这些资源,除了热带经济作物资源有些开发、利用外,其他还远没有充分利用。那么大潜力的边境贸易还只是刚刚开始,还停留在无组织的"跑单帮"形式。

从开发这些独特资源和独特产品入手,让老百姓先富起来,应该成为这些地区发展战略的基本出发点。

二、困难、问题和对策

（1）交通不便，这是阻碍滇西开发的关键，要采取一些特殊办法解决。建议从两个方面考虑：

一方面是调整产业结构，着重向外向型发展。眼前可以采取四个措施。① 面向缅北1 300万人口的市场（很容易再扩大三四千万人口的国际市场）兴办乡镇工业，生产缅北市场需要的中、低档次的小商品（胶鞋、电筒、电池等）。② 扶持、鼓励在原料产地搞深加工，尽量避免笨重物资的运输。如，在思茅林区搞生产高级纸张的造纸厂；在西双版纳扩大橡胶产品生产（那里已经搞了检查艾滋病用手套的生产，很有销路）等等。③ 先扶持、鼓励开发运输量小、价值量高的资源和产品。如，鼓励群众淘沙金。④ 搞分区交换。德宏、保山地区的商品主要往外（缅北山区）走；丽江地区的商品经渡口从四川走。不要全往昆明涌，挤一条路。

另一方面，从现在着手，积极创造条件，争取打开四条出路：① 打通澜沧江航道。澜沧江橄榄坝至景洪以下，江面宽阔，水流平稳，目前已可以通航200吨的货船。如打通此航道，经老挝（100多公里）至清迈（泰国），假泰国的清迈、曼谷为口岸，滇西以至整个云南甚至包括贵、川的一些商品，可以通过此地打入东南亚，进而出印度洋、太平洋，前景可观。近日，中老两国政府已经恢复了大使级交往，为此路扫清了一个主要障碍。② 以多种形式尽快加修滇缅公路。可以采取公办从昆明开始逐段整修和民办公助先修卡脖子关键路段的办法。③ 连接东川、昭通至宜宾铁路，以利用长江水道。争取早上广（通）——大（理）铁路，起码先上楚雄一段（35公里）。这两段铁路可采取集资的办法。省、地州、县、个人均可入股。也可以吸引外资。国家如投资也作为一股。通车后，采取深圳、珠海办法过路收费。偿还股金后上交国家统一管理。开此四条出路的总体思路是：内联"中原"，重开古代"南方丝绸之路"。

(2) 一方面是资金不足,一方面是国家、省里拨下去的各项补助款没有用在发展生产上。

我匡算了一下,国家、省里每年拨给滇西几个地州的各项补助款,每地州在5 000万~8 000万元之间不等。这个数字与这些地州的外购商品量和运出商品量之间的"入超"额大体相等。也就是说,国家、省里拨给这些地州的补助款大多被用于购买外地商品(主要是消费品),没能发挥其增进贫困地区自力更生的能力,提高他们自身造血功能的作用。建议州、县把这些款项捆起来使用。着重扶持、鼓励上一些小的、能迅速转变为生产力、使群众较快地脱贫致富的项目。如,组织群众淘沙金,推广勐海茶科所亩产千斤茶园科技成果等等。从这类小的项目入手,积累资金,以滚雪球的办法,从小到大地逐渐发展。

(3) 人才缺乏,科技力量薄弱。建议采取以下措施:
① 目前,这些地区要把文化教育的重点放在培训开发独特资源和独特产品急需的职业技术人才上。要鼓励地州、县多办一些周期短、见效快的职业技术培训班。如,思茅农校的茶叶班等。② 发挥现有科研所的力量,搞推广科研成果的培训班。这里要做两个方面的工作:推动、引导科研人员迈好科技为当地群众致富服务的门槛;政府拿出一点钱,支持他们办培训班,搞推广。位于西双版纳勐海县的省农科院茶叶所茶园亩产已达1 000斤,而近在咫尺的农民茶园亩产只有40多斤。如此项科研成果得以推广,将使农民增加25倍的收入。③ 引进科技人才。从实际出发,以短期聘请为主,半年可以,一年也可以,再长更好,短期咨询也欢迎,待遇从优。思茅制革厂出高薪请来上海师傅,产品质量、造型都有明显的改观,已打入国内市场。④ 开展横向联系,搞合作办厂。瑞丽可与江苏的沙洲联系,请他们派人、出资来这里合作办厂,带动当地乡镇工业的发展。

(4) 有一些同志缺乏商品经济观念,只想挑大项目,办"大事",看不起小项目。

不懂得先让群众富起来的道理,不能调动群众的积极性,影响开发。这是一个思想观念问题。我每到一处都讲"沙洲经验",意图在于启发、引导这些同志树立两个观念:① 富民。藏富于民,富民为本;民富而国强,是我国近年来农村经济发展,尤其是江苏农村经济起飞的重要经验。否则,地方政府可能暂时富裕,而群众贫困。其结果只能使地方政府背上沉重的包袱。我国农村经济体制改革的实践已经证明:兼顾国家、地方和农民利益的合理分配,才能促进生产力的发展。我们现在搞改革的目的,主要在于调整长期以来存在的一些与民争利、挫伤群众生产积极性的不合理分配关系。从滇西的实际来说,就是要想方设法,为民创利、分利,让老百姓先富起来,以蓄滇西开发的后劲。② 自力更生、由小到大地发展。因循守旧,等、靠、要上级拨款,搞大项目,不计成本,不顾周转,违背商品经济规律,是走不通的。树立商品经济观念,从市场需要出发,开发独特资源,以积累资金,从小到大,优先劣后地发展,才是滇西发展、腾飞之路。

应当指出,一些思想障碍的存在,是云南交通不便、信息不灵的客观条件造成的,不能简单地责怪这些同志。要创造一些条件和机会,让这些同志了解外面的情况,引导他们转变观念。如,组织一些小规模的队伍到这几年发展较快的地区参观、学习;召开经验交流会,树立、推广元谋县以蔬菜使群众致富的典型,以示范站的办法,启发他们开动脑筋。

(5) 我们管理体制上的一些障碍。

① 外贸上统购统销,未能兼顾国家和地方、群众利益,不是扶植、保护外贸商品产地的经济发展,而是与民争利,影响、甚至损害了地方经济的发展,挫伤了群众生产积极性。如,西双版纳的"砂仁",质量比国外的好,但因成本高而价格贵了一点,外贸部门就不予收购,改从外面进口,造成国家外汇的浪费和群众收入

的骤减。又如,保山的蚕丝业,由于外贸收购价过低,影响了群众养蚕的积极性,桑园只剩原有的四分之一。对此,拟建议外贸部门对统购统销的产品采取合同制和最低保护价政策;建议省里拿出一点钱,必要时给予调剂。否则,那么大的折跌老百姓受不了。② 现有供销社都设在城市,没有起到满足农民需要、指导农民生产的作用。建议各州县组织一些人,专门跑市场,指导农民致富。这里要提一下的是,保山腾冲地区群众有经商的传统。那里现在还有一批人散在那里,应该把他们组织起来,把他们的能量释放出来。③ 缅北盛产玉石、翡翠、红宝石,但因我们关税太高,把每年本可以进来的年值3亿人民币的宝石挡在门外,使其转而从泰国流向香港。建议请海关总署给特殊政策,允许德宏、保山地区根据实际情况,以比泰国关税略低的政策,把这些宝石吸引过来。一部分留在国内,供玉石业加工用。一部分转向香港出口,为国创汇;对缅北玉石商人给予手续费(回扣),以示鼓励。这种回扣在泰国的清迈是人所共知的公开常识。

三、两个具体开发方案

(1) 德宏要面向缅北1 300万人口的市场,与沙洲协作,举办乡镇工业,就地取材,生产小商品,走以贸(边境贸易)带工(乡镇工业)、贸工结合、支补农业的道路,以此带动滇西经济的发展。对此,中央和省在边境贸易上要给它一些特殊政策。

其他地州可参照德宏模式,根据各自的资源优势,因地制宜。如,保山可以利用烟叶的资源优势,扩大烟叶种植和卷烟生产。以此带动其他。这需要烟草总公司给它烟厂正名的政策。还有一个出路是:由省里协调,搞卷烟生产联合企业,扩大昆明、玉溪烟厂生产能力,集中生产高、中档名牌产品,把保山发展成烟叶生产基地,合理给原料产地返利;西双版纳可以发展热带经济作物和南药种植为中心,辅之以橡胶的深加工;思茅可以发展贵重药材的种植为中心；丽江可以人工培植珍贵食用菌（虎爪菌、羊肚菌、松茸菌）和珍贵动物驯养为中心等等，走能发挥各自独特资源、独特产品优势的路子。

（2）在整个滇西地区广泛动员、组织群众淘沙金。滇西沙金点分布较广。按照云南已有的采金机功效，我算了一笔账：一台机器（7 000元左右），10个人，每天处理100立方沙，一年工作300天，则一台机器一年可采沙金12千克（沙金含量0.4克/立方），折合人民币38万元左右（国家收购价3.2万元/千克）。如果组织、动员1万人，上1 000台机器，一年下来就是12吨黄金，3.8亿元人民币。如何分配？建议个人、县乡、地州和省各拿1/4，一家1亿。参加淘金队劳动的，每年每人可拿1万元。参加者，应限于靠近沙金点的农民（主要安排贫困区的少数民族），并应限制在一户一人。这里有个管理问题，地方要组织专人收购，避免走私。

淘沙金，投资很小，技术操作简单，运输方便，既可以迅速富民，又可以使地方拿到一笔为数可观的资金。建议省里扶植一下，尽快先搞起来。

滇西，大部分地区是少数民族聚居区；云南，是我国少数民族最多的省份。使这里尽快发展起来，不仅是个经济问题，而且是个政治问题。现在，从世界范围来说，各国的民族问题都还没有解决，美国也还存在着印第安人、黑人、墨西哥人、白种人四个等级。土著印第安人原来有四五千万人，现在仅剩下三百多万人，被卷缩在贫困的限制区里；黑人仍然在受着歧视。我们是社会主义国家，在民族问题上应该解决得比他们更好一些。赵紫阳同志在十三大报告中，把维护祖国统一、坚持民族平等、民族团结和促进各民族的共同繁荣，作为关系到国家命运的重大问题提了出来。他指出，今后民族工作的主要任务，就是以经济建设为中心，全面发展少数民族的政治、经济和文化，不断巩固社会主义的新型民族关系，实现各民族的共同繁荣。我看到,云南省委、省政府的领导同志都很重视滇西地区的开发。所到地州县的领导同志都很朴实,都想干事,都在积极寻找带领群众致富的路子。我相信,滇西会很快发展起来,云南会很快发展起来。我对滇西充满信心!我对云南充满信心!

1988

科学和人类[*]

一、自然科学和社会科学

自然科学是人类通过生活、生产和科学实验对于自然现象的规律的认识的系统总结。技术是人类用以改造自然,以利于人类自身生存、改善生存条件的一切经验和知识的总和。简言之,自然科学和技术都是人类创造性活动的主体,前者着重于认识自然,后者着重于改造自然。在早期,自然科学和技术几乎是独立发展的。随着科学和技术的进步,它们之间的区分日益湮没,重大的技术突破常常来源于重大的科学进步;同时,它们反过来也给科学工作带来了新的工具和新的领域。因此,人们常常把科学和技术统称为科学,或简称为科技。这里也必须指出,各种工程学、农学和医学,都是综合和组织各种科学和技术的成就,为人类活动的某一特定的生产或生活目的服务的。

依照上述看法,社会科学应该是人类通过政治的、经济的、军事的社会活动对人类自身社会现象规律的认识的系统总结。政治学、法学、经济学、军事学等的技术性部分,以及一切管理方面的学

---

[*] 原载《ブリタニカ国際大百科事典》参考文献卷,第 75～79 页。由石脇慶總译为日文。

科,都是人类用以改造人类社会,以利于人类共同生存的一切经验和知识的总和。前者着重于认识社会,后者着重于改造和管理社会。

近年来,人们开始注意到自然科学和社会科学之间,有不少共同的规律可以总结研究,有人称之为自然科学和社会科学之间的交叉科学(Intersciences),或简称交叉学科(Interdiscipline)。例如信息论(Information Theory)、控制论(Cybernetics)、系统论(System Sciences)、系统工程(System Engineering)、未来学(Theory of Future)等都是这类交叉学科。

人类通过大量的智力活动和实践活动,正在认识和改造着自然界的物质世界,也在认识和改造着人类自身共同生存的社会。通过这些活动,人类将逐步地进入人们所长期向往的物质生活富裕、真正平等自由的大同世界。

二、史前社会、奴隶社会和封建社会

人类从史前社会、奴隶社会到封建社会,曾经历了漫长的年代。在史前社会里,人类面对强大的自然力,如火、雷电、洪水、太阳、疾病等,无力抗拒,既感恐惧,又感神秘,从而产生了各种各样的原始宗教。为了争取生存而与自然搏斗,只能群居合作互助。从群居而渐渐形成血缘家庭,在几十万年后,又发展成为"普那路亚"式的以母系为中心的群婚式的大家庭。后来随着社会生产力的发展,土地畜群增加,劳动力强的男子在大家庭中越来越占有重要地位。大约在几千年前,母系中心的大家庭终于让位给父系中心的大家庭。在这段时间里,家庭关系构成唯一的社会关系,谈不上什么科学的认识,技术也有一些,也就是为谋取生存而出现的狩猎技术、畜牧技术和农业技术而已。

各种手工业工具和技术的出现,使一部分人剥削另一部分人的行为成为可能,这样就使人类进入了奴隶社会,继而进入封建社会。在这种社会制度下，以父系为中心的大家庭形式伴随着私有制发展起来，到了封建时代，演变为以男性长者为主脑的几世同堂式的大家庭。它不仅担负着繁衍后代的义务，而且履行着组织物质生产、安排生活和教育子女的职责。人类一代又一代地从这样功能繁多、规模庞大的大家庭中养育出来。

在封建社会的时代里，手工业、农业的技术和工具有了不少发展。但是所有这些技术都是人们长期劳动累积下来的生产经验。自然科学开始有些萌芽，谈不上有什么近代自然科学的规律性的系统认识。当然，就是这些技术，已经对人类的社会生活产生了重要的影响。在奴隶社会和封建社会中，出现了剥削与被剥削、统治与被统治的政治关系，出现了商品，从而产生了前所未有的经济关系。社会关系复杂了，开始有了一些政治学、经济学和法学的思想和技术。当然，这时还没有形成现代工人阶级，人们对社会现象的认识还很不完备，所以，在这个阶段，非但没有形成自然科学，也没有形成社会科学。

我们在这里必须指出，在漫长的中国封建社会的时代中，曾有四种伟大的技术创造，对欧洲社会的发展起过决定性的作用，从而影响了全人类社会发展的进程。它们是火药、指南针、印刷术和造纸术，以及纺织技术。前三种发明即为马克思所指出的中国人民对世界作出贡献的三大发明。火药传到欧洲后，炸毁了农奴主的各个堡垒，从而为欧洲资本主义的发展准备了政治条件。指南针和中国的造船技术为欧洲各民族展开海外殖民主义活动准备了技术条件。印刷和造纸技术为欧洲人民的文艺复兴提供了普及文化的技术基础。最后，纺织品是欧洲向海外进行殖民主义商品活动中的主要商品。这四种技术输入欧洲，显然对欧洲社会从中世纪的农奴制社会转变为资本主义社会的过程，起了不可忽视的推动作用。

三、自然科学和产业革命

18世纪,自然科学日渐发展,以科学和技术为基础的产业革命在欧洲爆发。接着,19、20世纪现代化生产和都市的建设蓬勃发展起来。人类仅在二百多年的时间里,就创造出大大高于往昔创造的全部生产力。

在这个阶段内,最早而又最重要的科技创造是18世纪下半叶的蒸汽机的发明。蒸汽机是在人类对于蒸汽特性的系统认识的科学基础上发展起来的,在得到了气压表和放气阀门的技术发明的支持之后,蒸汽锅炉的安全运行才得到了保证。此后又得到了热力学和热功转换定律的科学支持,人们才认识到了理想的高效率蒸汽机的运行技术。蒸汽机使机器生产脱离了手工业劳动,大大提高了劳动生产率。当人类在19世纪上半叶把蒸汽机用来驱动火车和推进轮船以后,把地球上各地的交通状况大大改进,使辽阔而波涛汹涌的洲际、洋际成为交通坦途,散居全球各洲的人类,得到了文化经济交流,猛烈冲击着人类社会和人们的思想意识。

在19世纪中,科技创造层出不穷,有炼钢技术、混凝土、电动机和发电机,以及内燃机等。尤其是内燃机,由于它的发明,使汽车和飞机的出现成为可能。这样,不仅生产力进一步提高,而且使世界进一步缩小。

在进入20世纪以后,先后出现了许多近代科学技术的奇迹,像无线电、电视、原子能、空间技术和计算机技术等,不仅使人类接触到微观世界的许多现象,认识了它们,利用它们来改造世界,而且也把科学活动的范围扩大到整个宇宙。由于计算机技术的发展,人类处理信息的能力大大提高。生物技术的成就,使人类的生活信心无限高涨,减少了患上疾病的可能性,与人类粮食生产有关的绿色革命亦已有望成功。所有这些,在人类以往的历史上都是不可想象的。

在蒸蒸日上的社会生产力面前,旧的大家庭模式随着旧制度和旧的社会结构的崩溃而土崩瓦解。由于生产和生活的条件改变了,家庭的功能和人们对家庭的观念也发生了巨大的变化。

首先,以现代化工厂和农场为标志的大生产,取代了以家庭为生产单位的自然经济。效率高、收入多的现代化生产,彻底摧毁了手工方式的家庭经济,人们纷纷走出家庭,涌进工厂、农场。家庭组织和生产组织业已失去了联系。随着物质生产的日益现代化,体力型劳动逐渐让位于智力型劳动。家庭不再视多子女为致富的途径,而是更多地重视培养高质量的后代。旧式家庭的功能之一,即从事物质生产的功能趋于消失。

建立在现代科学基础上的学校制度,代替了旧式的父子相传的家庭教育方式。缺乏现代化教育设备的家庭教育,不可能培养出新型的智力劳动者。旧式家庭教育子女的功能也大大削弱。

第三产业的崛起和普及,使人们可以离开家庭而照样生活得舒舒服服,因此旧式家庭安排管理生活的功能也大为削弱。

社会福利和保险事业在物质生产兴旺发展的基础上,更加有力了,旧式家庭赡养老人的功能也不再受人重视。

即使生育子女的功能,也由于医疗卫生、托儿事业、学校教育事业的日益发展,而愈益减弱。

旧式大家庭功能的消失和削弱,使它逐渐演变成简单的现代化的小家庭,这是当前社会变化中最明显的趋势。这种现代化小家庭在发达国家中已普遍成为占统治地位的家庭模式。70年代前后,在欧美发达国家的总户数中,三口之家以下的小家庭所占比例高达55%～74%。中国第三次全国人口普查资料指出,在上海、北京、天津三个大城市中,家庭人口不超过三人的家庭,业已分别占到各城市总户数的49.2%、48.6%和44.1%。印度也有同样的趋势。这是科学技术发展引起的生产力的发展中给人类社会带来的最明显的影响。

四、科学技术对人类有功无罪

科技发展大大提高了社会生产力,既改造着人们赖以生存的自然界,也同时改造着人类共同生存的社会。但是科学技术仅仅是各种客观世界的系统规律和有关的物质工具,人们既可以使用这些规律和工具做有益于人类的工作,也可以使用它们做有害于人类的行为。例如,大家赖以生存的火,在人类掌握了火的使用技术后,早期得到熟食和取暖御寒的重要工具,近代得到了冶炼和热力动力的大生产手段,以及内燃机带来的各种有效的交通工具,这些无疑都是有益于人类的科学创造,但是,自古以来,人们从来也没有能绝对制止个别人的纵火犯罪行为,也没有防止第二次世界大战中燃烧弹破坏整个城市的战争犯罪行为。难道我们就从纵火和燃烧弹的后果得出火是一种为害于人类的科学发现吗?其实任何一种科技创造,都有对人类有益和有害的两个方面,问题在于使用这些科技创造的人的动机和目的是什么。炸药的发明,对开山筑路、开采矿产等开发大自然的活动是极重要的工具,但炸药同样也是杀人的战争工具。核能的重要性是人所共知的,但核弹的破坏性从广岛之日起就为人类所共同谴责。喷射推进火箭是人类开发星际空间的重要工具,但同样也是洲际导弹的运载工具。生物工程将为人类战胜疾病、进行绿色革命、解决粮食问题提供无限美好的前景,但也给战争狂热分子提供了罪恶的工具。电影无疑是传播信息、进行教育的良好工具,但是也可以用它的暴力、荒诞和罪恶镜头来毒害青少年。所以,科学创造绝对是有功于人类的,对于人类中一部分人窃取科学创造的成果来进行犯罪活动而言,责任不在科学,而在于进行犯罪活动的人,科学本身无罪,这是显而易见的。迄今为止,我们的社会科学的理论和实践还没有能完善到足够的地步,使人类社会中不产生这类进行罪恶活动的犯罪分子,这一点是值得深思的。

当然,目前的科技发展还是有局限性的,这种局限性有时会使科技的某一类成果给人类带来不利甚至于有害的效果。例如:地区的开发有时会破坏正常的生态环境,从而带来灾难性的后果。工业生产中如不注意污染物质的排放,就会严重污染环境。这些都是技术上的失误,在落后地区的开发中,这类技术失误是屡见不鲜的。只要我们能吸取先进地区和已开发地区的经验和教训,这些失误是完全可以防止的。这类失误谈不上是功罪问题,只是人们重视不重视全面的经验教训问题。

最后,我们还要谈一谈由于科技发展,使社会生产力飞速提高这种物质生产形势和原有的社会结构及习惯不相适应的问题,有时这种不适应甚至会涉及原有的社会道德准则问题。例如,目前世界上的家庭模式从大家庭转向小家庭中,就出现了人们认为是"好的"和"不好的"倾向。人们为了竞争到待遇优厚而又体面的工作,拼命努力受到更高的教育,他们为此不惜放弃家庭和有子女的生活,过着晚婚或独身生活;工作节奏紧张,妇女就业机会增多,使职业竞争炽烈;子女教育费用猛涨;子女长成后就离开父母自立门户,缺少赡养老人的观念;追逐物质享受;离婚率高等,所有这些现象都和小家庭的发展有关。它们和社会原有的习惯及道德准则不相适应,但并不一定都是坏事。有人把西方社会的种种弊端都归罪于小家庭模式,其实是不公允的。西方的种种社会病态并不一定都和小家庭有关。

总之,科学技术所引起的社会生产力的飞速发展,深刻地影响着人类的社会关系。社会原有的习惯、道德准则会与这种社会关系的变化不相适应。我们应该看到这种社会关系的变化是不可逆转的。我们应该尽力去认识这种变化的规律,从而因势利导地改造我们的社会,以和这种社会关系的变化更相协调地发展,为全人类谋得最为美满的美好未来。这是自然科学工作者的责任,也是社会科学工作者的责任。

五、科学将为人类生活开辟无限美好的前景

最近几十年来科学技术的发展,使人类社会生活中失去了暂时的平衡,发生诸如能源危机、公害、粮食的局部不足、资源的加速消耗等失常现象,从而在国际社会上孳生了一些悲观论调,认为人类的经济活动必将倒退,甚或认为应立即强制倒退。其实,所有这些失常现象,有的是人类组织生产没有经验所造成的,有的是暂时的,有的甚至是人为地虚构的,在科学发展的过程中根本不是问题。

在70年代,曾因石油价格的人为变动而形成了影响全球的能源危机。于是,就有人推测世界的石油和天然气的蕴藏量只够供今后50年的能量需要量,更有人进一步估计世界上不可再生的化学燃料(石油、天然气、煤炭、油页岩和焦油)的蕴藏量只够供今后二百多年的能源需要量。其实这类估计的可靠性很差,它们都是在现有的技术条件下探明的,只要勘探开发技术略有提高,这些化学燃料的蕴藏量就会大大提高。而且,在现在的技术条件下,使用这些能量的效率也较差,成倍地提高能源使用效率不是不可能的。因此,绝不是只能供应50年或200年,而应是可供应500年或1000年,甚或更长的年代。当然,我们必须指出,所有这些不可再生的燃料,都是重要的化工原材料,我们不应该长期当作燃料烧掉。我们的能源政策应该是开发可再生的能源,如聚变核能、太阳能、风能、海洋温差能、波浪能、潮汐能,以及地热能等,其中如风能、波浪能、潮汐能、地热能从技术上看,业已成熟或接近成熟,其问题是怎样大规模开发的问题。其他如太阳能存在着降低成本的问题,聚变核能则估计将在20~30年中技术可成熟。在人类再生能源中,聚变核能将占越来越重要的地位。

近年来的矿物资源枯竭论者的预言也是荒谬的,说什么在世界消费量持续增加下,所有矿物资源会在6年至154年内完全枯竭。这完全是垄断资本为保护其利益所捏造的谎言。实际上,还没有发现的矿藏远远超出已发现的矿藏。以铁矿为例,1970年人们所探明的蕴藏量比1950年时所探明的竟高出1 300倍之多。其他矿藏也大同小异。其实,在地球深部岩层中,含有大量的铁、锰、铬、钴、镍、钨、铜、金等资源。要达到这一资源层,必须研究可耐高温高压的机械设备,这种技术正在研究中。据保守的估计,30年后应当能完成这种开采技术的。此外,在大洋海底发现了大量金属岩块,经过20多年的研究,在3 000~5 000米深海的海底开采技术,业已进入可以利用的阶段。其实,不论在海水和岩土中,都含有大量的金属和非金属元素,问题是怎样廉价地提取和使用的问题。

粮食短缺问题在目前世界上大部分是局部性、暂时性的,一般是由于局部的灾荒、暂时性的气候恶劣,以及不良和落后的储运及组织生产所造成的。宏观地讲,以传统的粮食生产过程而言,只要水肥充分,提高产量的潜力还很大,轻而易举可以满足人口增加的需求。何况当前正在发展一些非传统的像营养膜栽培法(NFT)等不使用土壤来栽培植物的新方法,和通过遗传工程创建新的耐受恶劣条件并且高产的新品种。通过一些新的栽培法和一些新的谷物品种,人类有可能在一定时期以后,对撒哈拉沙漠、戈壁沙漠、沙特阿拉伯、澳洲、亚马逊河流域、秘鲁海岸等若干还没有开发利用的地区,利用其充足的阳光,进行开发,成为未来的大农业区。

现代社会的问题中,最难彻底解决的问题应该是公害问题。技术并不一定可以解决所有的公害问题,但是技术却可以将大部分的公害问题予以解决,或予以减轻。当然,在处理公害问题中,某种程度的投资是必要的。因此,我们的技术问题可以归结为研究用最少的投资来达到防止公害的环境保护标准。这是一个长期的和无休止的斗争,也是一个长期寻求对策的科学技术问题。从过去二三十年来的经验看,公害问题的彻底解决虽不易,但把它控制在一定限度下是完全可能的。

  从上述各方面的问题看,人类的前途在科学技术的进步中,将日益美好。我们必将依靠科学技术的不断发展,而获得更加丰富的生活条件。科学总是和人类的幸福与未来联系在一起的。

《非线性力学新发展——稳定性、分叉、突变、浑沌》*序

本书是根据中国力学学会理性力学和力学中的数学方法专业组,1983年11月在武昌华中理工大学召开的稳定性、分叉、突变、浑沌讨论会上所宣读的论文,系统地整理编辑的。本书的出版,必将对力学界、应用数学界、理论物理界的工作起开拓作用。在这里,我们必须提到编辑本书的李家春、金和、戴世强等同志,对他们的辛勤劳动,表示深切的感谢!

长期以来,力学工作者所研究的力学对象都是常规的、渐变的或周期性的、稳定的平衡和运动问题,即使是平衡和运动的失稳问题,也只从线性问题研究其失稳的临界条件。1939年冯·卡门和钱学森曾发现了薄壳的非线性失稳的载荷只有线性失稳的载荷的1/3,而且指出失稳后还存在着新的平衡状态。在1948年和1956年钱伟长研究了扁球壳和跳跃变形问题,指出了当扁壳在非线性跳跃失稳后取得新的平衡状态,如果从新的平衡状态下卸载时,会在另一新的临界载荷下突然跳跃恢复原状。这是首次研究的突变问题。在60年代,人们对本问题发生了广泛兴趣,做了许多实验和理论的研究,自1970年起逐渐确立了目前的突变理论。我们必

---

* 该书由钱伟长任主编,1988年由华中理工大学出版社出版。

须指出，扁球壳的跳跃问题并不是什么纯理论问题，而是深水潜艇的测压自控元件，这个问题是真正的理论联系实际的问题。当然，突变理论有广泛的实用价值，而且上述扁壳问题只是突变理论中最初等的问题，还有许多更复杂的突变理论问题是当前力学和应用数学界工作的对象。

从 20 年代起，应用数学界就注意了微分方程解的分叉问题。40 年代初期，K. O. Friedrich 等就注意到稳定问题和分叉的联系。一直到最近，人们注意到分叉后再分叉现象的存在，当多层次的分叉连续进行时造成的"浑沌"现象。这种数学现象将对人们理解湍流有很大的帮助。所以，近年来人们对分叉、浑沌的研究风起云涌。这是我们很值得重视的新领域。

本书着重介绍了稳定性、分叉、突变和浑沌四个问题的力学背景和应用数学的各种处理方法，以供国内同行们参考。

这里也必须感谢华中理工大学出版社对于出版本书的支持。

《甘肃省经济社会发展战略规划可行性定量分析》代序*

区域经济社会发展战略规划的研究对象是某一特定区域的经济和社会,它们都是由数量众多和千差万别的单体组成的。经济行业有农业、牧业、工业、交通业、商业、建筑业、各种副业、服务业等性质不同、大小不同的单体,而且其经济价值差别悬殊。社会则更复杂,有城乡社会、工农业社会、宗教社会、家庭家族,以及不同职业、年龄、性别所形成的不同社会单体,其差别和特点更加多样化。组成某一特定区域的经济和社会的各个或各类单体之间,既有相互独立的方面,又有相互联系、相互影响的方面。研究这样一类复杂群体所组成的系统的某一特性或某一动向,必然只能从统计性的宏观角度来进行。所以,区域经济社会发展战略规划的研究,必然是宏观的和有统计特点的研究。

区域经济社会发展规划有多种性质不同的目标,如人均收入、人均产值、人均居住面积、人均文化水平、人均生产性的固定资产、人均年龄,以及反映社会发展的人口密度、城乡人口比重、人均生活用电量等一系列"目标",而且影响这些"目标"的因素又不是单一的。所以,严格说来,区域经济社会发展规划是一个既有多目

---

* 写于1988年。

标,又是多因素的动力研究问题。不同的因素对不同的目标而言,有的是促进的,有的是促退的。

在众多"目标"中,对不同地区而言其重要性是不同的。例如,甘肃的东南部山区、中东部黄土高原区、河西走廊区,以及西北部的沙漠区的目标就是不同的。同样,各区域的重要因素也是不同的。选择主要的目标和主要的因素,略去次要的目标和次要的因素,就是建立各地区的发展规划的模式问题。正确反映实际的模式,就是发展规划的重要步骤,它决定了规划的成败,以及是否符合实际。

制定发展规划的前提,是用科学的统计方法对各种因素进行调查研究。只有在反映实际的正确资料上才能制定有效的模式。

这里必须指出,不仅"因素"影响"目标",而且"目标"的现状也能反馈影响此后的"因素"。这种反馈关系常常是有时滞现象的,有时还是非线性的。

世界上没有一个系统是独立的。和这个系统并列的其他系统常常有互相影响的关系。这种关系经常是重要的,有时还是主控这一系统发展的主要"外力",所以,在研究某一地区的发展战略时,必须非常重视而且深入研究这些"关系",或是"外力"。它们与发展一个地区和开放这个地区是不可分割的。要研究甘肃的经济社会开发,必须注意甘肃和邻近地区的关系。

《甘肃省经济社会发展战略规划可行性定量分析》这份材料,对地区经济社会发展战略的研究,开创了很有意义的尝试。谨草上面所述的一些观点作为序言,以供参考。

《〈贵州科学〉泛系理论及应用专辑》序言*

泛系理论是一种认真求索的一家之言,侧重从广义的系统、关系、对称、转化与生克来研究跨域性的原理方法,从新的角度网联诸家百科,迎合了科学发展整体化的趋势。泛系理论十多年来在艰苦中创业,努力发展一种宏微兼顾多层网络型的跨学科新研究,这是一种很可贵的开拓。

1978年在大连开的理性力学与计算力学规划会议上,我就接触了泛系理论,发现颇有新意,总的思路很可取。后来泛系理论有了许多具体研究,引起了国内外学术界多方面的关注。1983年在武汉开的全国分叉、突变与稳定性会议大会上,我与徐利治教授进一步赞肯了这种探索,并提了改进的意见。1985年在上海开的国际非线性力学大会和1986年在北京开的全国首届现代数学与力学(MMM)会上,我又进一步过问了泛系理论研究的情况与国内外的反应。后来泛系理论创业十年,出了一本专辑,我写了序言,之后泛系理论先后在十多个学科口中宣讲与讨论,迎接了更多的挑战,使得在框架、具体结果与应用方面均有更多实质性的进展,现在再出一本专辑,是有些里程性的意义的。读者可结合其他发表

---
* 原载《贵州科学》1988年第2期。

的泛系理论论著来与国内外形形色色的新理论比较,我想大家自己会作出公正的评价。

祝泛系理论茁壮成长!

富裕的贫困和贫困的富裕*
——滇西地区开发初议

去年11月,我到滇西去调查访问。这个地区有极其丰富的资源,但是老百姓很穷,好比端着金饭碗讨饭。所以,我把这种现象称为富裕地区的贫困现象,简称富裕的贫困。但江苏省苏州市沙洲县则恰恰相反,缺乏资源,土地也很贫瘠,但经过人民八年努力,变为人均收入较高的较为富裕的县。所以,我把这种现象称为贫困地区的富裕现象,简称贫困的富裕。

本文将先介绍滇西的地理、气候、民族、历史、人口情况,以及它的潜在资源,包括矿藏、动植物和旅游资源,然后讲一下滇西地区为什么贫困,和对它开发的设想,顺带讲一下沙洲脱贫致富的途径。

滇西位于昆明以西的云南西部,是我国的边陲地区,面积二十余万平方公里,相当于一个江苏省,人口约1 100万人,相当于江苏省人口的1/4。它北接我国四川、西藏,西接缅甸,南接老挝、缅甸。

这个地区的第一个特点是全境处于我国横断山脉的南端,崇山峻岭,深谷巨川,交通十分不便。除了成(都)昆(明)铁路线的南端一段穿行该区的东北角外,没有其他铁路线。成昆线穿越彝族

---

* 1988年3月4日在澳门东亚大学所作的学术报告。

地区,南渡金沙江,工程艰巨,沿线很少平原,全程70%以上是桥梁和山洞。另有一条有名的公路——滇缅公路,为抗战时期所修,原为土路,现大部分改为柏油路。这条公路穿越崇山峻岭的横断山脉中,有80公里在高黎贡山上,上下3 000多米,车行悬崖峭壁,十分惊险。内地司机大多不敢驾驶,即使勉强开了过去,亦经常有不肯开回的。新中国成立后,建设了一些联系该地区内各地的简易土公路,但也有一些是骨干的柏油路面的公路,如由大理北向进入西藏,自昆明通过普洱、思茅到西双版纳,以及自腾冲南下到瑞丽等的公路。航空线有三条,昆明北飞丽江,南飞思茅,西飞保山,但都是小型客机。

　　此次调查访问分两个阶段。第一阶段自昆明飞思茅地区的首府思茅,再乘汽车经普文、勐养,到西双版纳傣族自治州景洪、勐海、勐遮,然后原路返昆明。思茅在茶叶名城普洱之南20公里处。新中国成立前思茅曾遭瘟疫,大量人口死亡和逃散,到新中国成立时只剩下990余人,现已恢复到10万余人。西双版纳高温多雨,植物容易生长,而且种类繁多,四季常青,终年葱绿苍翠。近年来发展橡胶林,自普文到景洪150公里的公路两侧,都是橡胶林农场。其他还拥有药材、茶叶、咖啡、粮食、沙仁,和热带自然资源,以及有色金属、贵重金属、稀土金属等矿藏,境内澜沧江水电资源很丰富,是滇西南富庶的地区。第二阶段,自昆明西飞保山。保山是崇山中的一个小平原,是滇缅公路上的一个重镇。当地地名有"诸葛营"、"诸葛堰",还有一座很豪华的武侯祠等古迹。据说蜀汉诸葛亮南征时(公元225年),曾派将领长期在保山屯兵驻守,迄今保山平原及其四周山区都是汉族居住地区。由保山乘车渡过怒江,翻过高黎贡山,山高海拔三千余米。山巅很冷,但怒江在深谷中,江边是干旱的热带气候,热得穿了衬衫还流汗。怒江江边生长着腰果、香蕉、小粒咖啡、胡椒等许多热带作物。车行一天,到了腾冲,也是一个平坝。据说诸葛亮七擒孟获的故事就发生在这一带。

腾冲古称藤越,其民族应该生长在现在独龙族居住的区域。深山老林中野藤很多,《三国演义》中描述了孟获用藤甲兵和诸葛亮交战,诸葛亮用火烧得孟获大败。我们在翻过高黎贡山后,经过一个山谷,谷深壁陡,据说就是烧藤甲兵的地方。腾冲也是汉人聚居地区,风景奇特,四周环绕着火山群,还有许多沸腾的热泉。自腾冲顺高黎贡山西麓南行,经梁河,进入缅甸边境的德宏傣族景颇族自治州的盈江、瑞丽、畹町、潞西、龙陵,北返翻越高黎贡山,再渡怒江而返回保山。盈江、瑞丽一带,风光似江南,四望无山,都是水田,有些丘陵地带盛产甘蔗,有 11 个制糖厂,属热带气候,雨量充沛。瑞丽、畹町和缅甸接壤,是开放口岸,边境贸易集市很兴旺。自保山顺滇缅公路,经板桥,越渡澜沧江,经永平到大理白族自治州首府下关。白族是云南少数民族中文化程度最高的民族,在滇西的文化历史发展中有重要地位。自下关顺滇藏公路北行,经大理、洱源、剑川,到达迪庆藏族自治州的丽江纳西族自治县首府丽江,自丽江顺森林公路经玉龙雪山到达金沙江河谷虎跳峡下游的大具江边,实地在炎热的深谷江边访视了淘金情况。后折回下关,经祥云、南华、吕合到达楚雄彝族自治州首府楚雄。楚雄是个以冶金为主的滇西工业城市。最后经一平浪返昆明。在这 20 天里,我们的汽车行程 4 000 公里,到了一些人们不常去的地方,看得比较仔细,增长了很多知识。

现在介绍一下云南少数民族的情况。云南是一个多民族的地方,滇西地区有傣、白、彝、纳西、景颇、哈尼、佤、布朗、基诺、拉祜、独龙、藏、傈僳、回族等十几个兄弟民族。汉族约 700 万人,居住在山间宜农的平坝(小平原及其周围地区),语言都讲普通话。几乎所有较大的城镇,都有汉族聚居。傣族有水傣、旱傣之分。水傣居于水滨,喜沐浴,过泼水节,着筒裙,色彩绚丽。旱傣住于山上或丘陵地带,穿深色服装,不太沐浴。水、旱傣习俗略异,但都信奉小乘佛教,向缅寺礼拜。傣族大部分集中在云南南部、西南部的西双版纳和德宏自治州，在西南边境的澜沧地区也散居着一些傣族。哈尼族接受汉文化，大部居住在与老挝接壤处，在开远、个旧一带有红河哈尼族彝族自治州。云南的彝族主要聚居在楚雄自治州内，他们和川西、凉山的彝族不同，在新中国成立时已经不是奴隶社会，而是有土司头人的封建社会。大理白族在唐代以后曾为大理国，有600年的统治历史。在怒江西岸有独龙族，在新中国成立时，还是原始社会，没有文化，计数只能数1、2、3。在金沙江还有一些母系社会的民族，这是由于长期受压迫而造成的，现在业已大有改进。这些兄弟民族中，部分白族和傣族文化水准较高，而有的连文字都没有，说着不同的语言，穿着不同的服装，保持着不同的风俗习惯。大家聚居在滇西，约有400万人，和汉族在一起，形成了一个成员复杂的大家庭。

在滇西少数民族聚居的山区，有的生产落后到还保持着刀耕火种的方式，同时，还保持着自然经济的社会观念，根本不知道有商品，更谈不上商品经济，甚至于认为以物易物都是很没有面子的。如独龙族的人把狩猎获得的兽皮放在山上路边，要换取糖、盐、布等，自己却躲在树后面，过路人把这些东西放下，换走兽皮，彼此不见面。据说有些彝族不识"4"以上的数字，把卖的水果摆作3堆，只能一堆一堆地卖，一堆一堆地算，不能3堆一起算。据思茅的干部说，他们曾办过一个农场，运来十几头良种牛，隔了一年多去看，牛都放养在山上，由它自由繁殖，却不能卖，因为牲畜越多，表示越富有，卖出去是丢脸的，牛可以老死而不能卖掉。因此，提高生产率、改进生产方法、推广先进技术（比如用拖拉机、化肥、塑料薄膜等），在少数民族地区都是倍加艰巨的。

当前滇西的民族分布情况是几千年的历史所形成。汉族、白族、彝族都不是早期的土著。约在三四千年前，滇西的中部、北部大概是苗族和其他一些土著民族的活动区域。据说白族和彝族的祖先都是原住陕甘川边区地带的羌族。殷人和周人扩张中将羌族从陕甘川边区地带排挤到现今川西凉山地区,成为现在凉山彝族的祖先。当时羌族还是奴隶社会,迁居凉山后的漫长时期中虽有进化,但仍保留有奴隶社会的特点。在陕甘川边区的羌族中的一部分为西周所同化,后随着春秋战国的社会变革进入封建制社会。在秦汉间,这一部分羌族进化为西凉羌族,其特点是接受了一部分汉文化,是一种部落封建制度。在蜀汉的诸葛亮南征时,其远征军一部分是诸葛亮亲自在陕甘边区训练的羌族(西凉)部队,其中姜维本人可能就是羌族人。另一部分远征军就是成都地区训练的汉族部队。南征时,西凉羌族部队屯垦于楚雄和大理地区,所以,后来的楚雄彝族和大理白族都是部落封建制而不是奴隶制。汉族部队通过德昌、永胜、剑川而至保山,渡江越高黎贡山进入以后几百年中一直当做边陲重镇的腾冲。诸葛亮屯兵的各地域,形成汉族聚居的城镇。此后,晋、唐、宋诸朝充军戍边时,都走这一条自西川进入滇西的北部、中部达到腾冲边防的路线,也是成都到缅甸、印度的南方丝绸之路的大概路线。至于昆明的开发,是元朝时代,由四川宜宾到昆明的。明末,吴三桂带江浙兵30万到昆明。昆明有很多姓钱的,就是当年江浙兵的后裔。历代驻兵屯垦和充军,都传播了汉族文化,尤其是历代充军中有许多知识分子及其家属,因此,从德昌、剑川、保山到腾冲的南方丝绸之路上,有许多汉族古迹和流传的故事。

滇西有许多少数民族杂居,文化素质较低,这是滇西的特点之一。但是其资源丰富,也是滇西的另一特点。从植物来说,南部边境地区高温多雨,热带树木生长得很快,森林覆盖率高。我们车行在高山3 000米左右时,并没有高山缺氧的感觉,就是因为绿树茂密的缘故。这里树木种类多,还有许多珍贵的树种,如红椿、柚木、石梓、樟树,比别处成材的时间短。我们在盈江县招待所院子内见到一棵樟树,说是1962年种的,现在有25年的树龄,已有1米粗的树干。在滇西北部还有大面积的原始森林。由于高山深谷形成地形相差很大,山巅积雪,谷底炎热,中间是温带气候,形成了一种立体气候,植物也形成立体型的自然群落。经济作物有热带区的橡胶,它们比海南岛的橡胶有更优越的生长条件。海南岛和西双版纳气候湿度相似,但海南岛有风灾,而这里地处内陆,没有风灾。滇西的茶是大叶茶,叶大味醇,是优良品种,几乎遍及南部、中部,都能生产茶叶。在德宏自治州的丘陵地带,有大量甘蔗。云南产的"云烟"是有名的,我们访问过的地区都产烟叶,尤以生长在腾冲一带的质优产高,所含尼古丁高达7%。这是因为在腾冲的土壤中,在大面积的范围内覆盖着很厚的火山灰,在这样的土壤中可生产出举世闻名的云烟。在怒江江边河谷地带中,生长着高质量的小粒咖啡,种植面积正逐步扩大。野生药材到处都有,现已开始人工种植。近年来元谋大面积种植商品蔬菜,直接通过成昆铁路远销全国各地。从矿藏上说,滇西地处横断山脉,造山运动使各种金属矿藏都较齐全,如锡、银等矿有很大的储量,煤、铁也散见各地。少数民族妇女头饰和满身佩戴的银首饰,有时重达几公斤,可见银的产量之丰富。稀有金属和稀土金属在最近有很多矿体已有发现。可以说滇西是我国金属矿最富饶的地区之一。然而现在滇西地区交通不便,文化技术落后,人才奇缺,资金短缺,人民生活贫苦,离"小康"水平还很远。怎样开发这个地区,使该地区早日富裕起来呢?

我们设想应首先开发不太需要技术、不需要大量运输工具的物资生产,创造财富,积累资金,逐步用滚雪球的模式开展建设。不需要技术,就没有技术人员短缺的问题;不需要大量运输工具,就不怕交通不便的问题;资金通过积累形成,就没有资金短缺的问题。如果从这个角度考虑问题,首先应该考虑淘金。在滇西,许多地方都有沙金,我们在丽江到金沙江畔,清晰地看到第三纪和第四纪地层间深褐色的1米厚的脉金带。老乡们用土法从这个脉金带中打洞挖沙,在江边摇沙淘洗。也有直接从江边取沙淘洗的。沙中含金量有多有少，据说在金沙江的沙中平均含量为1立方米沙含金0.4克。如果我们采用柴油机带动的中小型简单机械式淘金机，一天就能处理100立方米沙，则每天1台淘金机能收获40克沙金。1年以300天计算，可以得到12公斤的沙金。按国内的收购价算，1年可以得38万元左右。一台淘金机估计要10个劳动力操作，这样人均利润就很高了，而成本只有一台价值一两万元的淘金机，和每日消耗一些柴油而已。金沙江在云南边境长达1 000公里，弯曲之处都有大量积沙，每公里如果安排1队10个劳动力，一条金沙江就能安排1 000队，即1万人。如果就近组织少数民族的劳力，每户1人，就可以使1万户富裕起来。滇西境内，怒江、澜沧江、红河上游的元江、把边江等都有沙金，还有盈江边境、哀牢山区、滇北诸河都有沙金，所以淘金业在滇西有很大的前景。所有这些沙金产地都在少数民族境内，它对少数民族的脱贫致富，可起很大的作用。

我们也可以设想大力推广现有科技成果，提高经济作物的产量，如茶叶、烟草、橡胶等。以大叶茶为例，当地的老百姓每亩每年采茶只有20公斤，而茶叶科学研究所（在勐海）的样板田可以亩产500公斤。如果有计划、有组织地推广这种经验，即使打个折扣，每年采茶200公斤，就可以将滇茶的产量提高10倍。这涉及少数民族千家万户的经济收入问题。其他如甘蔗、药材和许多热带作物也一样。

我们还可以设想在德宏自治州开发乡镇小商品生产，来满足对缅甸、印度、孟加拉的边境贸易。在德宏的瑞丽、畹町边境一带，有很多边境村庄，常常与邻国只是一河之隔，甚至是同一个村庄，分成两半，一边是我国，一边是邻国，猪、鸡、狗随便来回奔跑。那里边境贸易热闹景象，远远超过内地的农村集市。在瑞丽的集市上，有缅甸、印度、孟加拉等国的客商，每天一两千人渡瑞丽江，来集市上采购各种日用小商品、小工业产品，手电、电池、自行车、缝纫机、化妆品、衣料、服装、纽扣、针线、毛线、毛衣,样样都要。这些东西一般都是四川成都等地的产品,最近也有江浙乡镇企业的产品。它们远涉几千公里,通过长途的山区险路运到这里来卖,肯定有较大的利润。缅甸等国商人,除了输入一些缅北的农副产品(烟叶、粮食、酒、木制品)外,还有象牙、象骨、硬木原料及其工艺制品,以及缅北玉石、翡翠、红宝石等。滇西以外的缅甸北部,实际上是一个很广阔的外贸市场。缅甸有人口1 300万,加上印度阿萨姆邦、那加邦,以及孟加拉北部,估计有人口5 000万左右,都还没有工业化。这样的一个外贸市场,是很有前途的。我们可以针对市场需要,在德宏自治州发展乡镇企业的小商品生产,通过边境贸易,进一步促进滇西经济的发展。在西南边陲建设起一个新的外贸商品基地,还可不必克服交通不便的困难。

为了改变交通不便的状况,要国家大量投资修铁路(如滇缅铁路)是不现实的。我们建议第一步可把滇西建设成辐射型的交通网。根据实际情况,可将滇西地区分为三个经济区,整个云南省分为五个经济区。如保山、腾冲、德宏地区可以建成外向型小商品经济区,一方面在乡镇建立小商品生产基地,面向缅甸、印度、孟加拉;在思茅、西双版纳建成橡胶制品、药材、茶叶、有色金属等的生产基地,利用澜沧江航运,通过老挝,从泰国清迈运到曼谷出口,进入东南亚,以泰国的木材作为交换对象;大理和楚雄的工业产品以及元谋地区大型蔬菜基地的产品,可以借成昆铁路通过成都,运往全国各地;昆明地区和滇南地区,应该从广西出口,滇东北地区应该从宜宾走长江航运。这样就不需要大搞交通建设。当然宜昆路还是重要的。建成这样一个辐射型的交通网,不止滇西地区,整个云南运输动脉都活起来了。

最后,我们可以对比一下,看看江苏的沙洲是怎样富起来的。沙洲地处长江南岸、江苏东部,邻近江阴、无锡、常熟,原是一个贫穷的小县,毫无资源,只有沙滩和沙田,农业产量很低。1978年前那里还很穷,穷到县里很少有砖房,老百姓年均收入只有100元左右。在1978年党中央提出放宽农村经济政策时,正巧上海有大批老工人退休,其中有不少是新中国成立初期在沙洲农村活不了而去上海就业的。沙洲及时以家属关系从上海把他们请了回来,回乡指导办小厂,指导生产。通过和上海厂家的联系,有的接受上海工厂淘汰的机器,有的接受上海厂家的来料加工订货,办起多种类型的小型的乡镇企业,并且将多余的劳动力组成基建队,远到大庆、克拉玛依承担基建工作。这当然也是回乡的上海退休老工人带队的。他们依靠自己的力量积累资金,再开设一些新厂,如玻璃厂、轧钢厂、纺织厂、电子厂等,逐步发展起来了。目前国内乡镇经济发展中有两个典型:一个是以搞商品经济为基础的浙江温州,总结为"无商不富";第二个典型是沙洲,它的路子是发展乡镇工业,并配上为此服务的商业销售办法,总结为"无工不富,无商不活"。沙洲日渐富裕起来,用工业的收益补助农业,发展农业,增加了灌溉、耕作等的机械化程度,增加了肥料,改良了品种,从而发展了农业,所谓"以工补农"。它所属的49个乡,柏油路四通八达,还用自己的力量办好了小学、中学。由于发展生产需要技术人才,办起了一所县办的大学——沙洲工学院,属全国首创。由于商品运输流通的需要,他们用自己的财力,在长江边上修建了一个远洋万吨轮进出口的张家港,现在已建成了8个万吨级码头,全部建成后有48个码头,可抵半个上海港的吞吐量。现在已由国家接受这个建港任务,纳入全国计划。沙洲因而改名为"张家港市"。8年来沙洲的变化很大,现在老百姓每人的年均收入已达7 000元。去年全沙洲有70万人,年产值超过52亿元,是全国屈指可数的富裕之县了。在沙洲,现在已看不到茅草房,都已新建为砖瓦房和二层、三层别墅式住宅,仅留了几间茅草屋作为历史的教育模型。

这是明显的对比。一个资源上贫困的地区,经过人们的主观努力,靠人民自己的力量,动脑筋,克服种种困难,可以建设成为一个富裕的地区。结论是,贫困变富裕,完全要靠群众自己;反之,群众如没有动员起来,即使是资源丰富的地区,也不可能脱贫。也就是说,靠别人救济是不可能脱贫致富的。个人是这样,地区是这样,国家也是这样。

两岸同胞探亲　举国上下欢迎[*]

欣闻台湾当局允许台湾老百姓通过"第三方"来内地探亲,几个月来,自港转入内地者,数以万计。40年来,妻离子散,音讯隔绝的局面,有所缓解。两岸同胞,举国上下,无不欢迎。

尽快拆除人为障碍,使海峡两岸老百姓能直接交往,这是台湾和内地国人的共同愿望。这次允许单向探亲,虽然值得欢迎,但条件限制太多,只能算是一种良好意愿的开端。人们等待着更大的开放,尽快结束那种不得人心的限制。

三等亲的条件无疑太严,堂兄弟姊妹,姑表、姨表、舅表等表兄弟姊妹都是四等亲,他(她)们之间的关系,在传统的社会关系中,都受尊重,而今却摒弃于探亲行列之外。如果把三等亲扩大为五服之内,岂不皆大欢喜。

公务员本人不在"人道"之列,难道公务员就没有父子、夫妻、兄弟姊妹久别之苦,所以,这一限制也不近人情。

规定要通过"第三方",这更不合理。海峡两岸,近在百里左右,即使江、浙、鲁,走海路也不远,何必要大绕圈子,多耗几千元路费,还要通过"第三方",手续繁杂。闽南东山岛、厦门、泉州到台南只是一水之隔,几十里海路花不了几十元,这对于久别离乡的一般

---

[*] 原载《群言》1988年第3期。

经济并不宽裕的老百姓而言,如果允许直接摆渡,就不必用慈善捐款救济的办法来筹款返乡探亲了。

现在是单向探亲,正常合理的情况,应该有来有往,相互探亲。大陆有不少台胞,自1949年以来,与台湾家属长期隔绝,极望去台回乡探亲,长期居台的内地家属也有种种原因,急需去台探亲。例如,家叔钱穆宾四教授,年已95岁,长期有病,但除婶母在台照料奉侍外,儿女全部在内地,岂能要求年高多病的老人,跋涉千里回内地探亲之理,自应儿侄辈去台探亲问候,才是我国传统的道理。

从探亲联想到访友,像阎振兴、张光世、吴国华等都是我五十多年没有见面的同班同学。在台的清华大学、台湾大学和"中央研究院"内,还有不少教授学者长期失掉联络,我手头就有30本1950年清华学报第四卷第二期论文单行本《等截面管内稳流气体之极限加热》,作者孙方铎教授,现在台湾,这批单行本我已保留37年了,希望能有见面机会,亲自送交。其实观光旅游、通商来往、文化学术交流,都对两岸双方有利,希望双方努力,尽快拆除障碍,促成三通。

从课外读物说到国民教育*

　　福建教育出版社出版《当代中学生丛书》这套中学生课外读物,是很有远见的。教育包括学校教育和社会教育,社会教育中最重要的,一是家庭教育,二是课外读物。课外读物对于中学生是不可缺少的,它对青少年选择人生道路、开发智力、培养才能起着很大的作用。我上中学时就爱看课外读物,我的不少知识是从课外读物中学到的,而不是靠课本中讲的。我中学时期有两位老师,一位是杨人缏先生,后来当了北大教授,讲授法国大革命史。我到他家里去,他给我看了不少关于法国大革命的书。另一位是吕叔湘先生,他讲中国历史,也指导我读了不少课外书籍。至今我对法国大革命和中国历史都很熟悉,而课本上的内容却都忘了。美国教育发达,学生的课外读物非常丰富。他们有大学生百科全书、中学生百科全书、小学生百科全书,不同层次、分门别类,深浅各不相同,都是大学教授编写的。

　　现在中小学生好的课外读物太少,地盘给升学复习资料、武侠小说、反特小说抢去了。那些武侠小说虚幻神秘,既无科学性也无知识性。特务还是要抓的,但不能写得敌我不分。这些反特小说都是这一套:反来反去反到最后,却反到基层领导干部头上了。这

---

* 原载《人民日报》1988年5月30日。

些书给中学生造成什么印象？升学复习资料多得不得了，题目越来越难，有些老师自己也不会做。

教育中最关键的是中小学教育。中小学教育是形成民族文化、素质的关键阶段。中小学教育是国民教育，是培养国民具有优秀的文化、品德素质的。要让中小学生认识我们民族的历史、文化，认识我们民族生存的环境，认识自然，认识世界。人的世界观就是从这些认识中形成的。现在不从这些方面下工夫，却空洞地给中小学生讲共产主义世界观、理想，讲得学生觉得空洞乏味，莫名其妙。现在不少学校口头上说要使学生生动活泼，可是实际上却在逼着学生背书、做习题。有些教师自己的文化素质就差。我听一位中学生说，他的一位语文教师讲《阿房宫赋》，说"阿房宫是秦朝开始建造到唐朝最后完成，给项羽一把火烧了"。以这样的教学素质，怎样去培养合格的国民？

中小学本来应该是国民教育，但是现在成了升学教育，不是国民教育，一切为了升学，国民的素质被忽视了。叫学生看那么多的升学复习资料。还有，中小学生分重点学校非重点学校，真是害了人。非重点学校的学生还是不是我们的国民？应不应该同样受到良好的教育？只抓重点学校，非重点学校放任自流。是加强公安部门还是加强教育部门？社会风气问题，从根本上说是国民素质问题，是教育问题，教育界是有责任的。希望大家都在培养合格的、优秀的国民方面下工夫。

《唯物中文字典》*代序

电子计算机的问世,对人类社会的影响是难以估量的,至少它标志着"信息时代"的开始。我们如何与信息时代同步,首先便遇到"汉字信息化"的挑战。这一挑战的严重性,似可与汉字历史的悠久相比拟。

想来我国的字书,从《说文》始,千百年来并没有很好地解决检索问题。笔画佐部首偏旁,《辞源》、《辞海》各有千秋,拼音附难检互见,南音北调莫衷一是,苦了小学生,难了外国人。汉字输入电脑,哪有拼音文字的二三十个字母的信息化那般简单。

50 年代起,有识之士便致力于汉字信息化的研究,尽管那是原始的、辛苦的。在耗费巨大的、有才华的多少文人的劳动之后,至今单单笔形方案已达三百余种。可是反馈到中文字书检索的《唯物中文字典》是第一家。姑且不论这部字典的收字、注释等等,它以汉字电脑编码作检索,可以说是对上述挑战的一个像样的回答。

《唯物中文字典》收字万余,以 42 组编码、一纸表格便可检索全部汉字,与英文的 26 个字母、俄文的 33 个字母相比,规定符号的信息量已达到"国际水平"。"一表查遍天下字",无疑对中文检索、对中文办公自动化会产生积极的影响。上述种种,看来简单,

---

* 该书由黄金富著,1988 年 8 月由机械工业出版社出版。

但贵在创新。其实汉字信息化必然会给汉字的检索带来一个飞跃。《唯物中文字典》乃是第一个竖起的鸡蛋。

竖起这个鸡蛋的黄金富先生,是位香港实业家,或许还是位风险投资人。然而给人印象深刻的是他民族自强的爱国意识。70年代初,世界上一些大财团开始组织研究"有10亿人口使用"的汉字的信息化。为了赶在他们之前由中国人首先实现汉字电脑输入,他于1978年只身来北京,把国人发明的中文输入法代为申请国际专利,还组织了实施。他本人的发明——唯物中文输入法操作系统,经过八年时间、千余万元的投资,也全部公开,还制成软盘广为散发。

关于这本中文电脑字典,曾听黄先生说起过,但没有想到经过半年时间初稿已放在我的案头,而且要在北京印发,要制成软盘,要出繁体字本,要出《唯物中英字典》,要向国内的中学生赠送10万册。这是件好事。这10万个小读者群不一定有机会上机,然而他们通过这部电脑编码字典会消除对电脑的神秘感。

还有,黄先生表示,唯物中文检索法欢迎海内外各界人士使用。

我也欢迎。

区域规划的几个问题[*]

一、做规划要理解的根本问题

我参加过一些地区规划的讨论,觉得做规划的一些根本问题需要注意研究:

第一,规划是动态的,不是静态的。不可能定下来就不再变动,事实上所有的规划都是一边执行一边修改的。在改革、开放的条件下,国内的政策、国际环境的变动都会影响到地区规划。

第二次世界大战后,英国有个规划,把经济发展的重点放在煤的开发,包括采煤、运输、煤化学等。50年代后期,北海发现了大油田,英国放弃了以煤化学为主体的规划,改为以石油化学为主体。连带引起教育体制的变化,设立了32个以工科为主的综合大学。社会生活也发生了变化,过去伦敦用煤取暖,城市烟雾弥漫,5米以外不见人,称为"雾都"。70年代以后,家庭取暖、发电厂发电都改烧石油,伦敦空气就干净了,雾没有了。

我们的珠江口发现石油,广东经济发展就快了,连香港也活了。

可见,物质资源可以改变地区规划的战略目标。

---

[*] 原载《地区发展战略与规划研究》(展望文库)1988年9月。

还有,技术发展也能促进规划改变。例如电子技术的发展,大大提高了生产力,原有工业必然要发生变化,产业结构必然要调整。

江苏有个很小的沙洲县,1960年才设立县制,是长江的沙淤积而成的一小块土地。资源没有,知识分子没有,工业一点没有。从1979年开始,他们用劳力搞建筑队,到边远地区去包工。大庆、克拉玛依、乌鲁木齐,别人不去的地方他们去,管理严格,工期不拖,年底一定交工。结果发展成5万人的建筑队伍,带动发展了建材工业、水泥厂、砖厂、钢筋厂、拆船厂、玻璃厂,大大小小办起2 700个厂,七年产值翻三番,达到年产值54亿元。国家没有给一点投资,没有一个国营厂,连省营厂也没有。沙洲是一个例子,自己创造条件发展起来,改变了面貌。

说规划是可以改变的,是要不断修正的,但不是随意地变,主观地变。有的地方换一任领导,改一次规划,规划是根据领导意图定的,那样的规划没有用。

第二,做区域规划,要把一个区域当成一个系统,不能把一个区域从全局中孤立出来。上下联系、横向联系、国内外联系,构成一个系统,人们往往忽视这些联系。局部孤立于全体,一定要失败。

荷兰的鹿特丹是世界第一大港,比上海吞吐量高3倍,位于莱茵河出口处。它本身没有钱,也没有那么多物资出入,靠的是莱茵河上游的捷克斯洛伐克、匈牙利、德国、卢森堡这些国家,通过这个港口进出货物。它修了两条高速公路,一条双轨铁路,把这些国家连通,成为世界第一大港。如波兰要通过德国出海很难,就在西北面海滩上挖出一个港口,花了7年时间。波兰一个城市格丁尼亚,距港口90公里,30万人口,没有工业,却非常现代化,中波轮船公司就设在那里,东欧各国货物都到那里。如果孤立地考虑格丁尼亚的城市规划,就不好办。

江西的九江市位于鄱阳湖口,古时候宋江造反,闹江州,就在那里。那时九江比汉口繁华。现在武汉有京汉、广汉两条铁路,武汉繁华了,而九江只通南昌,没有过江的桥,到现在只有20万人口,是小城市。九江订规划只有一条,打通铁路,修桥,把铁路连到合肥,很快就能繁华起来。

江苏的连云港曾经一筹莫展,国家不可能给它大量投资,煤出口又被山东石臼港争去。前几年他们想到把陇海铁路沿线7个省连起来,联合开发,各省投资,把港区划分给各省,建设宾馆、仓库。长江口的崇明岛也是这样,它把自己变成沿长江各省的一个中转港口,前途无量。

我们有的地区搞规划时,许多局长各唱各的戏,争投资,只考虑自己一个部门的利益,规划很难进行。

系统工程从来不是孤立的。各个系统之间既要分开,又要联系,是对立的统一。关系函数随时间、条件而变化。

第三,人的素质。一切规划要靠人来执行。一个数量,一个质量,这两个因素考虑透了,才能执行好。人的素质十分重要。现在订规划完全脱离人的因素,最多把它作为一个项目,说我有科技、教育的规划,而没有把人的因素从整体来考虑。

人的素质的提高,科技力量的增长,一定要提前考虑,这在国际上有成功的经验。我讲人的素质,是指整个民族的素质,老百姓的素质,不是指出几个爱因斯坦,或诺贝尔奖获得者。

拿我国和日本来比较。日本明治维新时期,派伊藤博文去英国学海军,清政府也派严复去英国学海军,两国同时培养新的人才。我国是封建体制,严复回来只能译书,人才被埋没了。而日本国力强盛起来,侵略我们。

第二次世界大战后,日本战败,工业全毁了,财政非常困难,政府机构大量裁减,许多省(部)都裁了,只有教育部还增加经费1倍。它狠抓基础教育,中学教师按大学讲师待遇,并一定要大学毕业。50年代，日本的大学毕业生多了，找不到职业，可是教育照样办。很多人才流向美国，寄存在那里。朝鲜战争时，麦克阿瑟在日本搞后勤基地，发展了一些工业；越南战争时期进一步发展。美国从越南撤出后，日本工业发展起来，美国也扶持它。一号召，在美国的日本人大量返回，留下的只有1/5。

日本始终重视中小学教育，日本人民素质是好的，文化水平较高，法制观念也是好的。

美国人才济济，但在30年代科技人才不如欧洲大陆。我在30年代去美国时，美国人崇洋媚外很厉害。到欧洲留过学的受尊敬，本国的大学毕业生不算数。美国的人才很不足，是希特勒救了它。第二次世界大战中，法国、比利时、丹麦、挪威、意大利以及英国的科学家有上万名逃到美国，美国最初搞原子弹的10个科学家全是外国人。1944年德国战败，美军占领德国，第一件事是派人到德国找寻几千名科学家运回去，并立刻安排了工作，也没查他们的三代。

50年代，美国对中国的人才拼命挽留，以后又挽留中国台湾地区去的学者。也吸收了大量的印度人、越南人、南朝鲜人。它的办法就是吸收全世界的人才为其所用。

前面提到江苏的沙洲，是我们自己的例子。沙洲九年来的发展，主要是靠劳动力。乡镇企业发展起来，人力不够了，从外边请，江北移民来了几万人，还不够。可是人口膨胀，劳动生产率提不高，负担不起。他们的领导人想到要提高劳动者的素质，提出要发展教育，引进人才。花钱给中小学修校舍。外地来的教师给一套房子，工资比别处高，小孩能就业，每周六下午开车送回上海，周一早上接回来。这一下把上海和附近的教师吸引来了。又筹备办一所大学——沙洲工学院，设四个系，盖了八座楼，招150名学生，不到四个月，学校成立了。上边不批，改个名字叫沙洲职业工学院，今年已有毕业生。

他们把全县在外地工作的人列个名单,普遍动员回乡工作,待遇高,给房子,给职称。

沙洲最后认识到了提高人的素质的重要性。归根到底,经济发展还是靠人的素质提高,仅增加劳动力是上不去的,定了规划也要落空。可惜很多地方在定规划时还没认识到这一点。

第四,可靠的资料。现在定规划缺乏可靠的数字、可靠的资料,只能搞原则性的几条。过去重视阶级斗争档案,不重视生产档案。例如人力资源、各种文化程度、年龄结构、国土、矿产、工商、交通……很不完备。还有一些资料是谎报的,有些是过时的,再加上"文革"时期毁掉很多资料。收集资料要花钱,还要各地方抓起来。没有可靠的资料,做不出好的规划。

上面说的四个根本问题是搞规划的指导思想问题。

二、做规划要考虑的几个方面

第一,人口与人力资源。这是做规划最重要的依据。人口情况有统计,有估计。前几年人口普查,大体上是可靠的,但也有不实之处,如文化程度,有的填得高,实际不高,有的填得低,文化程度是变动的。出生率,是估计的,根据25岁以上未婚男女青年总数加起来除以2,再除以15,得出每年出生率等等。

每年人口增减数字要有个预测,但出生率在农村很难计算。去年全国人口出生率按1.2‰算,实际上有些地方是1.8‰,甚至2.2‰。

有了人口预测,才知道社会负担有多大。房子、粮食、其他消费物资、教育设施等,每年需要花多少钱。

人力资源中的文化程度的估算要现实一些。现在总的文化程度要打个折扣。按18岁到60岁作为劳动力这个范围内,大概平均文化程度是小学毕业以上,要争取达到平均中学毕业的文化程度,需要10年到20年时间。一面实施义务教育法,一面靠成人教育减少文盲。没有这个,就没有希望。社会越进步,简单劳动越少。

提高文化程度需要投资,小学生每人每年50元,初中100元,高中400元。幼儿教育还没引起重视,农村更谈不上。一个人的智力发展,幼儿阶段是很重要的。

从外边调进人才,要看你的政策。目前大城市有相当多的人对现在的工作不满意,中小城市和乡村给他们一定的条件,在尊重他们的前提下,三五年内,可以调进一些人。但是,随着改革深化,政策逐渐完善,大城市改革上了轨道,恐怕一个人也调不走了。

利用国外人才,工资比例为20:1,差距太大了。少请点可以,多了会出问题。国外有些退休的技术人才还可以引进。

总之,没有智力资源,就不可能实现现代化。

第二,物资资源、能源要多加考虑。现在广州地区开三停四,仅引进办厂,而能源不足。能源规划千万别搞太大的,有的县规划50万千瓦,周期长,投资大,不如搞小的,2.5万千瓦,投资少,见效快。

水资源在北方奇缺,北京用水问题很严重,不能只顾采地下水。新中国成立时地下水位为15米,现在则为95米。还有些可用的水资源污染了,因小失大。上海水污染严重,有人说喝一天水等于喝半杯尿。南水北调、长江三峡,这些大工程都要好好研究利弊,搞不好,损失绝不止几百亿,子孙后代要骂我们。

资源有些还没发现,石油几十年前外国人说中国没有,李四光说有,我也说有。后来,克拉玛依、大庆陆续找出来很多石油。现在采的只是浅层,深层还没勘探。黄金这几年也发现几处。江苏盐城探明有盐矿,过去只知有海盐,不知有矿盐。山东沂水发现大钻石300克拉,矿在哪里,还没找到。

物质资源不限于本地区,可以协作。江苏沙洲什么物质资源也没有,一片沙地,它的乡镇企业发展很快,所用原料、材料都是外地调进来的，大理石从苏州运来，许多工厂给上海的厂家做加工。电网从江阴拉过来，去年自己又搞了一个 2.5 万千瓦的小发电厂，今年再搞一个。资源不是绝对的，没有，可以从别处调来。人的智力可以弥补物质资源的不足。

第三，地理条件要考虑。你是处于热带、亚热带、温带还是寒带？要弄清楚，根据地理条件，考虑发展什么。各个区域都有特点，不要照抄别人。

崇明岛是全国第三大岛，在长江口。过去只作为上海的蔬菜基地，没考虑它的特点。崇明岛南岸水深，建万吨港毫无问题。进口货物在这里停下来，由江轮转运各地，国内航线、国际航线可以衔接运用。这个地理条件上海没有。上海只有码头，没有港区，堆栈少，总是压船。

另外，"无工不富"也不一定。波兰格丁尼亚附近有个小城市索普，20 万人口，像北戴河一样，属旅游城市，没有工厂，只有山林、公园、沙滩，有很多休养所，气候凉爽，风景奇佳。夏天，德国人都去那里避暑，外汇收入很可观。

所以，要根据不同条件，发展不同的城市，别一窝蜂地上啤酒、上彩电，自己消化不了，再拆掉。

第四，资金与资金周转。大多数地区搞规划时考虑的是向中央要投资，希望外商拿美金来。全国 2400 个县，每县要 1 亿，就得 2400 亿。全年国民收入才一千多亿，这怎么可能？

有些地区为要国家投资，搞一些投中央所好的规划，那是没有用的。应该投人民所好。

资金不能完全伸手。波兰借外债二百八十多亿美元，利息每年 14 亿。去年费大力气出口，才能还 10 亿，还得再借债。借外债要想到还债，我们有 10 亿人口，现在借 200 亿还背得起，如太多就不行。我们的国民收入太少了。

资金要考虑周转，周转得快，资金就多了。我们的资金基本不周转。三峡工程要11年,说是200亿投资,外国人估计要600亿到800亿。利息是多少?最优惠的利息8%,要多少年才能收回?我主张在长江支流搞一些小坝、中坝,每年20亿就够了,投资三四年就能收回来。这比在三峡建水电站发电量并不少,上游的泥沙也能控制了。

拿外汇买汽车,买了日本轿车有多少辆躺在码头上?这些资金怎么周转?波兰一辆外国车不进,他们不讲排场,就一个工厂造汽车,自己用。波兰也没有照相机,买不到彩卷。我们进口照相机,洗彩卷机,不知要花多少外汇。

这里讲的是资金要周转,要考虑几年,最多三四年收回来。

三、做规划的几个具体问题

第一,农业、工业、矿业、服务业怎么规划?现有的产业如何提高生产率?要进行调整和整顿。我国有许多企业管理不善。

有一些企业领导人没有能力,官僚主义者不可能管理好企业。要换人,逐步年轻化、科学化、现代化,不一定要多么专,只要年轻、肯学、肯负责。要重视价值工程分析,把部件的价值与部件的功能两个因素结合起来。在一些不发达地区,最重要的是想办法做没本钱的买卖,小工业、手工业、建筑业等等,用这些来积累资金。这是起步,没这个谈不上工业化。而关键是市场,市场要靠人去争取。市场观念是改革中的一个重要内容。

苏南乡镇企业发展多了,竞争很激烈,产品销不出去。我和费孝通给他们出了个主意,让沙洲出40辆大篷车,把各种产品搭配起来,到河南、江西、安徽、山西、陕西,用跑单帮的办法,居然全销出去了。有的地方还订了合同。农村有很大的市场,送去的正是农村需要的东西。这就是不用本钱的买卖。

还有一种不用本钱的买卖是建筑业,如管理严、质量好,则利润很高,可给地方财政筹集资金。还有饲养鱼虾、螃蟹,培植蘑菇,都可以筹集资金。不可能什么基础都没有就能搞出现代化,也不能用300年前的思想搞现代化。先搞小企业,利润高,周转快,适合没当过工人的农民来做工,再逐步发展。

沙洲有许多工厂是临时房子,没有办公室,管理人员就一个厂长,一个跑街的,不能摆架子。双增双节是现代化必经的过程。

第二,交通。区域规划中交通很重要。南方一个小镇也要有交通规划。公路在开始时可以不铺路面,把弧形桥改成平桥,先通行,做到四通八达,产品能及时运出去。以后再铺柏油路面。交通要很早规划起来,逐步实施。

第三,建筑计划。应为老百姓改善居住条件,这里不是指大城市中国家盖的那种高楼。农民从茅草房变瓦房,现在要盖二层楼,是合理的,不算过分。应当做出几种典型的设计图纸,可以选择。建筑材料如水泥板等可以标准化,预制好,使价钱便宜。南方有的两楼两底7 000元就够了,一星期能盖起来。人工则可以互助。

第四,能源。农村缺少能源,应当进行规划,增加一点自筹电,买一些柴油机,搞小电厂。苏南有些乡在试行,派人到北京、上海去学习,学成后自己管电站。再请内行人去定个规章制度,加强管理,节约用电。

还有节水。有些农村只顾从河里抽水,而没有节水观念。要进行教育,可以办训练班。

第五,科技教育。地方上有了钱,不能都拿去投资,要花钱办教育,首先要办好中小学。现在乡镇企业主要靠高中毕业生中没考上大学的人,自己学一些东西,一两个人就能办个厂。

中小学办好了,再办大专班,设一些技术方面的专业。不然的话,进一步发展就不行了。人的资源必须充分发挥出来。

第六,国土整治要有环保计划。有些县搞乡镇企业污染很严重。工厂星罗棋布,都在赚钱,滩涂、河道,都在做工程。工厂企业发展过程,要考虑废料处理,不要破坏环境,破坏了以后再治理就要花很多钱。

第七,人口计划。农村最难进行计划生育,叫她生一个孩子,难如上青天。她用种种办法躲起来,生了孩子抱着回来,要罚款,就给你。人口的增加要有一定的计划。

最后是资金财务计划。资金的一个来源是国家投资,第二是贷款,第三是农民发股票集资。财务规划本来难搞,加上物价调整因素,因此每年都要修改,使之切合实际。

弘扬中华文化实现祖国统一[*]

海峡两岸已初步实现了探亲、旅游、贸易和文化艺术、科学技术的交流,这对沟通彼此感情、增进相互了解大有好处。我本人在香港、澳门、美国、加拿大等地的访问中,就接触过许多在台湾的老朋友,结识了许多新朋友。我深深体会到,我们之间不仅在科学事业中有共同语言,更重要的是在弘扬中华民族灿烂的文化和实现祖国统一方面有共同的意愿。

我们希望已经出现的两岸关系缓和局面能进一步发展,逐步实现祖国和平统一。统一对两岸经济、文化的繁荣都有极大好处。同时,中华民族的统一与振兴,对21世纪的国际社会也将产生重要的影响。

中国民主同盟是中上层知识分子组成的政党,民盟成员中有很多文化、教育、科学、技术界人士。我们希望与台湾的党派、团体和知识界进行广泛的学术交流,并为寻求祖国和平统一进行各种形式的探讨,为促进祖国统一大业作出贡献。

前不久,我的堂妹钱易女士赴台探望我年迈多病的叔父钱穆先生,使隔绝了40年的父女终于得以团聚。我也久已盼望赴台探望我的叔父钱穆先生,这个愿望我相信终会实现的。

---

[*] 原载《人民日报》1988年12月31日。

不仅如此,我希望在大陆的台眷台属,都能尽快同在台亲人团聚。只要大家一齐努力,和平统一祖国的目标一定会早日实现。

1989

《非线性奇异摄动现象：理论和应用》*中译本序言

随着生产建设和科学技术的发展，科技工作者面临着非线性问题的挑战，而奇异摄动理论是处理非线性问题的有力工具之一。我研究奇异摄动理论及其应用已有四十多年了，亲身经历了这一研究领域的生成和扩展的过程。近年来，奇异摄动理论在国内外得到日益广泛的应用，而且正在形成严谨的理论体系，国内的研究队伍迅速壮大，并取得了可喜的成果。今后，我们还应该进一步推广和普及奇异摄动理论，使之发挥更大的作用。因此，我认为林宗池教授等翻译出版这本书是十分有益的。

本书由加拿大 Calgary 大学的章国华教授和美国加州大学的 F. A. Howes 博士合著，系统地介绍了微分不等式理论在各种非线性奇异摄动边值问题中的应用，收集归纳了许多新近的结果，并且提供了大量实例，展示出所涉及理论的广阔的应用前景。

微分不等式理论自 30 年代 M. Nagumo 奠基以来，目前已日趋完善。近二三十年来，已经成为处理非线性奇异摄动问题的一

---

* 该书由章国华、侯斯著，林宗池等译，1989 年由福建科学技术出版社出版。

种重要手段。它的特点是,不仅可证明摄动问题解的存在,同时通过构造适当的不等式,可得到摄动解的精确估计。采用微分不等式理论能够简捷有效地重新获得用其他方法证明的结果,而且可以处理更复杂的问题,揭示渐近过程的实质。

据我了解,本书出版以来,受到了世界上许多科学家和工程技术人员的重视和良好评价。不少权威性文摘、评论杂志如美国《数学评论》、《应用力学评论》、原联邦德国《数学文摘》、法国《纯粹数学和应用数学》等纷纷加以摘引、评述。苏联已出版了该书的俄译本。一本数学专著能这样迅速地在苏联翻译出版是很难得的。这本专著能译成中文在国内发行,我感到很高兴。它无疑将有利于推动国内奇异摄动理论及其应用的研究,有利于培养这一学科分支的新生力量。本书中译本的出版,肯定会受到数学界、力学界、物理学界、化学界、生物学界和工程技术界的欢迎。

"书同文"是一份伟大的遗产*

今年夏天我到了山东半岛最东端,号称"天尽头"的成山角。成山角北扼渤海海峡,南临黄海,角下暗礁重叠,波涛汹涌。谚语说:"成山头、成山头,十个艄公九个愁。"当地的同志给我讲了一段故事,我现在转述给同志们参考,以聊补不能应邀参加座谈会之憾。

在成山角的山上,现今还保留着一块杭州商人刻的大石碑。清康熙年间,这位商人从杭州运丝绸到北方贩卖。航行到成山角海面上时遇着风浪,触礁船破。商人坠海浮沉,不知经过多少日夜,漂到成山角的海滩,已昏死无知,后被山东老乡发现,救醒了。山东老乡十分疑虑,问他是干什么的,从哪里来?无奈杭州商人听不懂山东话,山东老乡也听不懂杭州话。商人急中生智,就爬在沙滩上,用手指写画出字,简单说明贩绸货遇难原委。此后,山东老乡和杭州商人都用笔交谈。商人恢复健康返回杭州。过了一年,商人又贩丝绸到北方,专程在成山角登岸,向山东老乡们致谢,并且特意刻制这块石碑,写明上次遇难得救和山东老乡笔谈的情景。他表示如果不是我们有统一的文字可以交谈,可能自己就没命了。因此,他立碑极为赞颂秦始皇"书同文"的伟大。

---

* 原载《汉字文化》1989年第Z1期。

我国 10 亿人民共有一份"书同文"的汉字遗产,历两千余年而生命不息,在世界上哪个民族能和我们相比?! 仅以此赠与会同志,共勉之。

中国现代的语言文字
问题和两岸关系*

一、汉字和拼音文字孰优

汉字是我国人民在特定的单音语系环境中所创造发展起来的一种特定的系统符号文字。汉字的创造和发展,至少经历了4 000年的历史,其历史作用业已功绩显著,是世所共知的;汉字是我国统一的重要基础,是我国灿烂文化的载体。春秋战国历经数百年的分裂动乱,诸侯各国不仅方言众多,文字亦不尽相同。秦始皇用"书同文"统一文字,从此以后,两千多年来汉字变化不大;尤其在东汉三国期间,楷书形成以后,汉字得到严格的规范。秦汉竹简,蔡邕六经石刻,以及千千万万种文史典籍的丰富文化遗产,一般人民迄今仍能通读,这是国际上任何民族文字都无法比拟的。在欧洲,对300年前的英文书籍,人们在阅读时已有困难,至于拉丁文,虽是欧洲文化的基础,但现在已经没有多少人能读懂。如果,当时秦始皇不统一符号文字而推行拼音文字,则我国历经长期演变后,就可能和现在的欧洲一样,有几十种方言,几十种文字,形成几十

---

* 1989年1月,应邀访问香港浸会学院所作的公开演讲。原载王宽诚教育基金会《学术讲座汇编》第4集。

个国家,就没有统一的伟大祖国了。

汉字这种符号文字不同于世界上其他民族的符号文字,具有其优越性及特点：汉字是有系统结构的文字,有偏旁部首的分类。如土从土地,金从金属,氵或水从流体,忄或心从精神或心理,犭从动物,石从矿物,山从山岭,女从妇女和纟从织物等等,有较强的系统性。许多汉字分两个部件,一个部件为偏旁,另一部件表读音,这样结构的汉字占汉字的极大部分,在古代"六书"中称为"形声"。以钱伟长三字为例,钱从"戋"声,伟从"韦"声,长本身是一个声标,以戋字为声标的字有：

戋、贱、溅、饯、践、笺(以上音 jian);钱、浅(以上音 qian);盏、栈(以上音 zhan);划(音 chan);残(音 can);和线(音 xian),共 13 字。

以"韦"字为声标的字有：

韦、伟、围、帏、闱、涠、违、苇、纬、玮、炜、韐、祎(以上音 wei);讳(音 hui);韩(音 han);韫(音 yun),共 16 字。

以"长"字为声标的字有：

长、苌、伥、怅、粀(以上音 chang);长、张、帐、账、胀、涨(以上音 zhang);枨(音 cheng),共 12 字。

又例如,以"藿"为音标的字有：

灌、灌、罐、鹳、瓘(以上音 guan);歡、獾、貛、懽、驩、讙(以上音 huan);勸、權、顴(以上音 quan),共 14 字。

以"良"或"艮"为音标的字有：

郎、啷、廊、娜、榔、锒、螂、朗、埌、瑯、稂(以上从郎或朗);浪、狼、烺、埌、莨、崀、閬、蒗、鋃、粮(以上从良)(以上音 lang);良、粮、踉(以上音 liang);娘(孃)、酿(釀)(以上音 niang),共 26 字。

由于汉字有形声这种造字功能,从而使汉字有很大的适应性,这对接受国际科技文化,特别有效。以化学元素为例,除了原有汉字金、银、铜、铁、锡、铅、汞、硫、碳、磷外,都是根据形声结构新造的。凡气态的元素都从气;凡液态的元素都从水(或"氵");凡非金属固态元素都从石；金属固体元素都从金，其声标部件都选用外文字中的第一音或第二音。于是有：

气体元素：氖(Ne)、氢(H)、氡(Rn)、氟(F)、氩(Ar)、氧(O)、氪(Kr)、氮(N)、氯(Cl)、氦(He)。

液体元素：溴(Br)、汞(Hg)。

非金属元素：硼(B)、硅(矽)(Si)、碳(C)、砷(As)、硒(Se)、硫(S)、碘(I)、磷(P)、碲(Te)。

金属元素：金(Au)、钇(Y)、钆(Gd)、钋(Po)、钌(Ru)、钍(Th)、钐(Sm)、钒(V)、钔(Md)、钕(Nd)、钙(Ca)、钛(Ti)、钚(Pu)、钠(Na)、钡(Ba)、钨(W)、钫(Fr)、钪(Sc)、钬(Ho)、钯(Pd)、钴(Co)、钷(Pm)、铌(Nb)、钼(Mo)、钽(Ta)、钾(K)、铀(U)、铁(Fe)、铂(Pt)、铅(Pb)、铊(Tl)、铈(Ce)、铋(Bi)、铍(Be)、铑(Rh)、铕(Eu)、铜(Cu)、铝(Al)、铟(In)、铪(Hf)、铥(Tm)、铬(Cr)、铯(Cs)、铱(Ir)、银(Ag)、铷(Rb)、铼(Re)、铽(Tb)、铹(Lr)、锂(Li)、锆(Zr)、锇(Os)、锌(Zn)、锎(Cf)、锑(Sb)、锕(Ac)、锗(Ge)、锘(No)、锝(Tc)、锡(Sn)、锫(Bk)、锔(Cm)、锰(Mn)、锶(Sr)、锿(Es)、镁(Mg)、镄(Fm)、镅(Am)、镉(Cd)、镎(Np)、镍(Ni)、镓(Ga)、镝(Dy)、镤(Pa)、镥(Lu)、镧(La)、镨(Pr)、镭(Ra)、镱(Yb)。

另一种造字的通用原则称为"会意"，是并合几个部件表示某一字的含意的。如日月成明，屋内(宀)有猪(豕)成"家"，石马交成"碼"，二人的关系为"仁"，以及上下凹凸等都是"会意"结构成字的。其他如歪、甭、孬、忠、悲等许多表达思维的字，都用会意法成字。因此，汉字善于描心情、心理、理性、感情、思维活动和抽象意识，表达了我国人民内涵智慧的深度和广度，它是具有丰沛的生命力的。学习汉字，可提高人民的社会文化素质和提高人民的智力发展，从孩童幼年时代通过学习汉字就可以得到较拼音文字更丰富更深入的训练。会意也可以充分用来接受现代科技文化提供新字的条件，以化学元素中新的原子量为1，2，3的三个同位素氕、氘、氚为例，就是会意造字的很好的例证。其他如水泵的泵，氨根的氨，混凝土（人工石）的砼以及有机化学和生物化学中的酶、碱、醚、脒、酞等都是通过会意造成的新字。

世界上其他民族的符号文字，主要靠象形造字，停留在较原始的水平上，不能适应人类文化生活进步的要求，而趋于死亡。

更为重要的问题是我国通行单音语言，常用于其他国家多音语言的拼音文字，不适宜于我国国情：

汉字是单音文字，一音多字，一字多音，每字一义，所以，实质上是一音多义，重声很多。

根据新华字典，共收有 8 425 个通用字。在这些字中，既发音不同，又四声不同的共 1 240 种不同的声音，如果不分四音，则共有 413 个不同的音，平均每个音约有 21 个同音字。经过详细分析统计，从同音同声字的频度分布（如表Ⅰ）看，频度最高的是 7 个汉字同音同声的一种音声，共有 77 种音声，539 个字。一个音声只有一个汉字的共有 230 种音声，分占 230 个字。最多的同音同声字共 69 个，它们都读 yì；次多的同音同声字共 67 个，它们都读 xī；第三多的同音同声字共 54 个，它们都读 yù；表Ⅱ为同音同声字最多的前 10 种读音和它们的字。如果只讲拼音而不管四声，则频度更集中（见表Ⅲ）。在 8 425 个汉字中，同音（不管四声）字超过 10 个字者竟占 7 668 个字，占 90.1%。同音字超过 20 个字的都还占 5 989 个字，占 70.4%。同音字最多的音为 yi，共 131 个汉字，次多的音为 ji，共 119 个汉字，第三多的音为 yu，共 114 字。

如果以中文汉字 2 万字计算，平均每一个音约达 50 个同音字，亦即每一音可以有平均 50 种含义。因此在日常口语中，为分辨同音字，常需增加一些说明的词。如三划王、草头黄、弓长张、立早章、耳东陈、禾木程等。

我国语言学者赵元任先生曾于 1953 年在西班牙某华文杂志上发表两篇短文，其一为《施氏食狮史》，文如下：

石室诗士施氏嗜狮,誓食十狮。氏时时适市视狮,十时氏适市,适十硕狮适市。是时氏视是十狮。恃十石矢势,使是十狮逝世。氏拾是十狮尸适石室,石室湿,氏使侍试拭石室。石室拭,氏始试食是十狮。食时,始识是十硕狮尸,实十硕石狮尸。是时氏始识是实事实,试释是事。

通篇105字,读音都是 shi,如果写成拼音文字,将不知所云。所以,由于重音太多,单音汉语就难采用拼音文字来表达。换句话说,汉语采用符号文字这个历史事实,是由汉语重音太多这一根本特点所决定的。这对于强行推广汉语拼音文字的人们说来,无疑是一种不可逾越的障碍。

当然倡导拼音文字者曾强调提出"联词"可以克服同音字太多的困难,甚至有人定出规范,编出拼音词典。其实联词同音的也很多,仍不能解决问题。我们也有很多同音的联词,最明显的一例是枇杷和琵琶,拼音都是 pí pa,意义则完全无关。又例如:

(1) gong shi 为音的有:
  公事、攻势、公式、公使、工事、宫室、龚氏、躬事、攻诗、攻史、公试、共逝、公室、弓矢、工时、共事、贡市、贡士、供使、栱式、拱饰、公示、供食。(共23种)

(2) gu ji 为音的有:
  估计、古籍、古迹、孤寂、痼疾、顾及、顾忌、咕唧、鼓姬、故技、箍急、故几、骨脊、瞽姬。(共14种)

(3) yan shi 为音的有:
  演示、厌世、岩石、掩饰、艳诗、验尸、眼屎、延时、厌食、演视、严师、严实、燕史、郾师、砚石、唁使、湮失、淹失、严氏、颜氏、檐饰、燕氏、俨似、阎氏。(共24种)

(4) xian cheng 为音的有:
  县城、陷城、鲜橙、鲜蛏、限程、献城、咸蛏、险程、现成、贤

丞、县丞。(共11种)

其他例子不胜枚举。这就说明用联词这个补救办法,并不能解决拼音文字重音所造成的困难。

在汉字的符号文字中,姓名的选用不成问题,通常有约500个姓,每个名字有8 425个选择,双名有8 425×8 425＝70 980 625个,单名有8 425个,姓名在一起有:

$$500×(70\ 980\ 625＋8\ 425)＝35\ 494\ 525\ 000(个)$$

355亿个名字对11亿人民是完全足够用的。当然,应该指出,汉字中有不少字,像尸、尿、死、鬼、螭、魑、畜、吊、癫等人们不愿用作为名字,实际上并没有这样多的名字可供选用。而且在现实生活中,人们都愿选用体现良好愿望的名字。所以,像新民、爱民、解放、胜利、爱红等同名,在目前是常见的。

如果采用拼音文字,我国11亿人中将出现大量同名。就以姓为例,同音的姓有拼音为Yan的严、颜、阎、言、燕;拼音为Zhang的张和章;拼音为Wu的伍、武、吴、邬;拼音为Xu的许、徐、须;拼音为Zhu的祝、朱、诸、邾;拼音为Yu的虞、俞、于、余、於、誉;拼音为Wang的王、汪;拼音为Wen的温、文、闻等。独立拼音的姓,大概只有300多个。所以,如果不管四声,则拼音不同的姓名有:

$$300(姓)×[413×413＋413](名)＝51\ 294\ 600(个)$$

11亿中国人中平均每个姓名将有21个人共用。这样高的同名率,将给社会管理上带来很大困难。

如果把四声分开,则音声不同的姓名约有5亿种,平均也至少有两人共一名。

所以,由于我国人口众多,拼音将给人民的姓名上带来很大困难。

拼音文字一般都以某一地区的语言（称为母语）为准，但我国现行的拼音就不是以地区语言为标准的普通话。普通话不是北京话。老舍的话剧《茶馆》和电视剧《四世同堂》中的语言，都是道地的北京话，但都不是普通话。北京胡同里老百姓的语言，在懂得和能用普通话的外地人听来，还是很不容易懂的。充其量说，普通话可以算作是北京知识界所共同认可的语言。电台广播员用的读法，也不一定是标准的读法，例如"问题"的问，他们普遍不读 wèn，而读带有齿唇音的问，济南的济不读 jǐ，而读 jiě 等等不很统一的读法。所有这些给普通话的标准化带来较大的困难，没有标准化的普通话，根据标准普通话推广拼音文字将有很大困难。学习推广标准普通话的困难很多，没有几代人的认真努力普及教育的奋斗，很难设想能推广成功。其主要困难有：

（1）各地区的方言复杂而差异太大，有吴语、温州语、闽北语、闽南语、广州潮州和客家语等，即使在北方官话区和上江官话区内，山西、陕西、四川、湖南、湖北、河南、山东等地的官话，差别也很大。例如这些官话区内，四声中都有入声，而普通话中，四声乃阴平、阳平、上声、去声，没有入声，把其他官话区的入声字都改读为其他各声了。还有一些字，全国各种方言中大多数是统一的，而普通话却是改读了另一种音。例如，秘书、秘密、秘方的秘，各地大多数都读 bì，但普通话则读 mì，于是秘密读成 mì mì，秘书读成 mì shū。

（2）我国有广大的地区的发音中，l、n、r 不分，都读如 n，即拉、拿不分，其音都读如拿；涝、闹、绕不分，其音都读如闹；棱、能、仍不分，其音都读如能等。

（3）我国广大地区，都有齿音，或尖音，但在普通话中，则齿音或尖音很少。

（4）在胶东和东北地区，发音中没有 r 的音，于是人（rén）读如银（yín），日（rì）读亦（yì）。

因此，在我国有广大地区的人民，由于方言母语在发音方面的限制，学讲正确的普通话困难很大，一般只能说带着各种口音的不很正确甚至很不正确的普通话。如果在这样的基础上使用以普通话为基础的拼音文字，在拼音上会错误百出，从而在文字上发生很大的困难。例如，在目前通常在各种商标上出现的拼音文字，就有大量的错拼存在：

(1)"中国名茶"的商品标签错成："zhong guo min cha"（这里的 min 应拼作 ming）。

(2)"湖南湘乡啤酒厂"的啤酒标签错成："hu nai xiang xiang pi jiu chang"（这里的 nai 应拼成 nan）。

(3)"特种挂号信函"在邮电部邮政总局的宣传画上错拼成"te zhong gao hao xin han"（这里的 gao 应拼成 gua）。

(4)"庆祝国庆"在招贴画上错拼为"qin cou guo qin"（这里的 qin 应拼作 qing；cou 应拼作 zhu）。

(5)"缝纫机"的商品标签错拼为"feng re ji"（这里的 re 应拼作 ren）。

从以上错拼中很容易看到方言所起的作用。

外乡人说以北京话为基础的普通话，如非从小就学，不然就很难学好。成年人说普通话，总不免带几分乡音，这就是所谓南腔北调，蓝青官话，试问全国公教人员中，有多少人能讲标准普通话的。如果在这种情况下采用拼音文字，可以看到其困难所在，至少可以说为时过早，而且是大大地过早。

如果普通话推广的目的，只是在于全国范围内有一种比较统一的语言，则对于这种口语的统一标准而言，其要求就无需太严格，带一点轻微乡音是完全可以通融的。如果推广普通话的目的，在于推广一种拼音文字，则发音的标准化要求就严格得多。我们对于推广普通话，完全拥护，拼音有助于推广普通话，也完全认识，但是这和推广拼音文字是两回事。

长期以来,有不少人把汉语拼音看作为是我国拼音文字的前驱,是将来的文字,而且办起了拼音文字的报纸和杂志。其实这是把国家的政策和个人意见混为一谈。现行的国家政策:汉字是正式文字,汉语拼音不是文字,是辅助汉字发音的拼音设计,用来统一汉字的发音标准。当年周总理发布汉语拼音方案时已经把这个政策讲得非常清楚,政府从来没有规定要取消汉字。文字研究者用个人的理由主张取消汉字和不能取消汉字,是完全可以理解的。但是,由于种种困难和种种理由,今后在很长一段时间内,汉字将仍然是我国的正式文字。我们可以从汉语拼音的困难和汉字的特定优越性来说明这个问题。

以上只说明,汉语应该逐步统一为国语,但作为拼音文字来推广,由于单音汉语的先天性不足,是不足取的。下面我们将正面分析,汉字作为符号文字,有着许多内在的优秀性。

(1) 汉字可以宏观识别,无需字字笔画明察,可以望文生义,所以我们叫看报、看书。拼音文字必须逐字逐音识别。因此,看汉字的文章速度高,夸张些说,可以一目十行;读拼音文字就要一音一字读,要慢得多。

(2) 汉字是符号文字,但不纯粹是原始的象形文字,其主要特性在于会意和形声,它们是富于理性的符号文字,它善于表达内心世界,能区分更多的等级,表示褒贬。例如哭泣就有"嚎啕、哭泣、饮泣、流泪、呜咽"等等许多不同程度的表达方式。汉文字数少而能灵活组合表达丰富的涵义,它比拼音文字在表达同一意义所用篇幅较少,在联合国的五个常任理事国的文字的文件中,中文本总是最薄的、最简短的,反之,俄文本总是最厚的、最长的。

(3) 符号文字易于国际化而不影响语言,是科学化的发展方向。世界语是拼音文字,和各民族语言无关,所以推广困难。但乐谱、数学公式、阿拉伯数字、化学分子式,都是符号文字,就能为国际所公认和通用。这是符号文字在国际通用化方面优于拼音文字的一个重要方面。汉字能引入日本和朝鲜,并长期使用,就是重要的例证。

(4) 汉字可以写出优美的诗词,还可以有书法艺术。拼音文字则缺少这种能力,文化活动大为减色。拼音文字的诗词大多数读不懂,更谈不上有什么书法艺术了。

有人认为汉字的字数太多,学习困难,不像拼音字母似的,只要学26个字母。要一个一个学,而且汉字笔画太多,书写打印不便,其实这些都不是问题。

汉字并不难学,国际上的中文教学证明,即使外国人在外国的环境中,用两年就可以学会说、读、写,当然这并不能说是精通中文。中国人在中国的环境里长大的学中文应该更容易学。中文既然是符号文字,它的学习方法当然和学习拼音文字的方法不同。中文既然是汉字组成,当然应该按汉字的规律,先学汉字的简单方块字,按方块字的组成规律(即象形、形声、会意)来学,从易及难,由单字进入联字及词组,而后成语,简单口号,转而进入短文。拼音文字的语文讲学,都是按拼音文字的规律设计的,在学完拼音字母和简单拼法,就可以教简单课文,例如小故事、口号等课文。因为按拼法读出来就是口语,这是拼音的特点,以后学些文法,就上了轨道。如果我们用拼音文字的特点学中文,学完拼音文字和拼音方法,第一课就是一句笔画很多的字组成的口号或成语,那自然就困难万分了。而且一课课的课文,并不循序渐进,不按汉字为符号文字的特点和规律自易到难,由简到繁,由低级向高级,逐级提升来学。说中文难学,就是那种只抄洋人教拼音文字的洋办法所造成的困难的反映。中文业已运用两千多年,自己的文字结合自己的语言和条件,应该是没有什么难易的。问题是应该结合国情,不断改进识字教学法,要有一个合乎科学规律的教学方法。

有人说汉字字数太多,难道英文单词就少。我们从下列几本现行的英文字典和中文字典相比较,就可以看到英文单词(变格和词组不在内)并不比中文的字数少,恰恰相反,而是多得很多。

韦氏大辞典	45万
新英汉辞典	8万
英汉技术词典	7.5万
现代高级英汉双解词典	约7万
英汉四用辞典	约9万
康熙字典	约4万余
辞海(1997)	约1.1万
当代汉英词典	约0.9万
新华字典(1987)	约1.1万(包括繁体字)
信息交换汉字编码字符集(基本集)GB2312-80	共6 674
台湾订信息交换用汉字编码字形表及异体字表	共32 000

从上面可见,韦氏大辞典和康熙字典相比,多了10倍,一般字典如新英汉词典和新华字典相比,多了8倍。所以就单字而言,英文比汉字要多8～10倍。有人统计过,一般人认识3 000～3 800汉字就能够用来处理日常事务了。一个学者大概有7 000～8 000字,精通古汉语也只要认识1万多汉字,比起英文来要少得很多。

二、现行汉语拼音和注音字母的优缺点

汉语拼音和注音字母,都是注音而不是文字,对识字注音帮助推广正确的普通话同样都很有用,有人打着推广教学普通话的幌

子,用延长拼音的小学语文教学时间,来进行实质上是推广拼音文字的工作,而且在某一地区的广大小学语文中试验,说什么是暗渡陈仓,其实这是徒劳的。

要统一我国语言普及普通话,不是简单的事,可能比扫盲还要困难,必须分两步或若干步走,抓得很紧,也可能要三四代人的努力。假如每一地区都分两步走,第一步先在中小学里普及普通话教学,但不要求掌握发音绝对正确的普通话;第二步,力求发音正确。把分不清 l、n、r 的发音的几亿人,教成不仅能发 n 的音,而且也能发 l 和 r 的音。把不会发 r 的上亿人,能讲出清楚的"人"和"日"。把上亿分不清 t 和 d,b 和 p,h 和 w 的人,教成再也不把北京读成"Pei 京",淘气读成"dáo 气",特别读成"dè 别"。上面讲的方言困难,都是人们从小获得的,一般很难改掉。所以,这第二步可能需时几十年。汉语拼音或注音字母,将对第二步教学,很有作用。

汉语拼音或注音字母的本质相同,功效也相同,其不同处在于汉语拼音采用了拉丁字母作为音符,而注音字母则采用一套专用注音符号作为音符。拉丁化对于国际应用如地名和人名而言,当然优于注音字母。例如,德文原用德文花体字符,20 世纪 30 年代,为了国际上使用方便,而不得不改为拉丁字母。日本人名原用汉字,后改为片假名音符,但在国际上来往时,不得不采用拉丁化拼音姓名。俄文用俄文字符,但在国际上只好另用一套拉丁化拼音的地名和人名。如果我们用注音字母签发护照,人名和地名都用汉字或注音字母,则在外事活动中,将带来很大不便。所以,就国际化而言,拉丁字母的汉语拼音显然优于注音字母。读法大多数也和国际通用的相似,但也有若干字母读法上就有俄文影响,和拉丁字母的发音差异太大。形成了一套符号,两种发音,这对中小学教学,带来很大困难。在小学一年级时,为了学语文,用普通话发音,我们首先教以拉丁字字母为主的汉语拼音,这些洋码子对中国小孩并不简单,好容易学得差不多了,为了开放,又要学英文发音,不少字母对原学汉语拼音的发音是似是而非，还有三个字母 C、Q、X 和拉丁字母的发音大不相同。C 读雌（ㄘ）不读西，Q 读欺（ㄑ）不读寇乌，X 读希（T）不读爱克斯。但"阿 Q 正传"，总不能叫"阿欺正传"，"X 光"总不能读"希光"。最麻烦的是姓钱，原拼 Chien，现在拼成 Qian，英语世界不会读，打字员认为是打错了，按习惯改成 Quian，初解放时外交部为了避免法文中 chien 误作为小狗理解，把我的护照按上海方言拼成 tsien。所以现在我在美国国会图书馆的索引资料中有 chien，tsien，quian 和 Qian 四种名字。连该馆中韩日部的资料管理员也不知道，我究竟叫什么？按现行的拼音方案中根本没有一个汉字读 Chien。其实 Q 和 X 的麻烦还有很多，英语国家的人没法读 Xi'an（西安），有人称"X（爱克斯）安"，也叫不出韩（Han）叙（Xu）大使，有人在美国大西洋城叫他为 Mr. Xu（爱克斯、于乌）大使。其实 Xi'an 不仅代表地名西安，它是国际上来我国旅游访问仅次于北京的城市，而且也是仙、先、鲜、闲、显、贤、弦、险、县、现等常用字的拼音。所以献县（Xian Xian），可以误解为西安县，也可以是先贤，或鲜咸，或咸馅，或鲜蚬，或显现等联词。

一个拼音，既代表一个汉字，又可以代表联词的很多，xian 是一个例，bian 也是一个例，它既是彼岸、笔案、敝庵，又是边、编、贬、变、便、辩等单字。duan 既是端、段、短、断等单字，也是赌案、渡岸等联词。jian 既是尖、坚、肩、简、见、件、渐等许多常见单字，也是吉安、积案、奇案、济安等地名和联词。

前面列举了很多联词拼法相同的例，在这里我们还应该把有名的两个省山西和陕西都拼作 Shanxi 一事提一下，这里如果不用四声，山西可以拼作 Shanxi，而陕西也应拼作 Shanxi。也有建议把陕西特殊规定写作 Shannxi，以资区别的。

以上只是提到虽然汉字拼音拉丁化有利于国际活动和开放的使用，但由于字母有几个特别规定的读法，不同于国际习惯读法，从而引起混乱，这种缺点对于普及推广是很不利的。

三、繁体字和简化字的问题

现在港澳和广大侨胞用繁体字,他们对祖国现用的简化字出版物,读用时非常困难。同时,中国内地和新加坡采用简化字,这样在学习汉字中和在书写汉字中确能减少繁体字所造成的劳动。但从50年代起,中国内地改用简化字后,大量中青年对繁体字好像是另一国文字,海外出版品很难为他们享用,浩瀚的历代文献也无缘领会。为了克服宣传工作上的困难,有关部门专用繁体字出版人民日报海外版,以及其他外销书刊。所以,在民族和国家统一过程中,繁体字和简化字问题,成了一个不可忽视的问题。

汉字简化是一个历史的必然过程,自从秦朝统一汉字以后,汉字无时不在简化,只是时间速度上长一些慢一些,而并不是两千多年来毫无变化。那种无原则地厌恶反对简化字显然是不合理的。其实有很多字在一两千年过程中有很多变化,例如姓钱的钱,原来是籛,后来把竹字头丢掉,简化为钱;臺湾的臺很早就简化为台;为字原作為,后来简化为為,在行书中写作为;隻简化为只;著字简化为着;雲字简化为云;後字简化为后;點字简化为点;傑字简化为杰;開字简化为开;數字简化为数;雙字简化为双等等,很多很多。这些简化字大多数来自作为书写体的行书,用长了为大家公认后,就逐渐变为印刷体,进而替代了原用的繁体字,有时长期并用,或称异体字。所以,汉字在历史上是渐渐地、缓慢地,但不断地简化着或变化着。

当然,在50年代这一次的简化过程规模大一些,速度快一些,而且是自上而下的以国务院的公告来推行全国的。人们在心理上超出了承担能力,有些突然和生疏的感觉。进入80年代后,国家施行着开放的政策,不少长期侨居海外的侨胞,回国访问突然见到国内的出版品,已经面目全非,那种不习惯的感觉,必然会产生的,是无可厚非的。

总起来看,汉字简化过程中有经验成绩,也有缺点。在肯定成绩的基础上探讨它的缺点,并予以改进,这是我们应该取的态度。

现在让我们用上述态度探讨目前的简化方案：

（1）简化汉字应考虑汉字的特点,科学地、系统地予以简化,一批批地简化。根据这个原则,首先应该肯定对于若干偏旁部首采用长期使用的行书进行正式的规定简化,如：

言（讠）、門（门）、金（钅）、馬（马）、糸（纟）、韋（韦）、車（车）、忄（忄）、風（风）、龍（龙）、鳥（鸟）、頁（页）、麥（麦）、鹵（卤）、齒（齿）、黾（黾）、食（饣）、魚（鱼）、艹（艹）、見（见）、貝（贝）。

这里必须指出,这种偏旁部首的简化,还有不完善和不系统的地方,现举例说明：

（甲）馬部、魚部和鳥部的四点（灬）,都简化为一横（一）,这是人人都同意的,但是黑部的四点没有简化,而仍旧保留着四点呢。有关四点的字,除了寫（写）、瀉（泻）、烏（乌）、鄔（邬）、鳴（鸣）、鎢（钨）的四点业已简化而外,其他都没有按此简化。其中以舄（xì）、潟（tì）两字为最奇怪,寫（写）、瀉（泻）都简了,它们的字根则未简。有人还指出,焉、鄢、嫣（yān）的结构和馬、鳥、烏、寫相似,为什么焉一定要保留四点而不简化为"焉"呢？ 其他没有按此简化的,有：杰（jié）、点（diǎn）、烈（liè）、熱（简为热 rè）、羔（gāo）、烝、蒸（zhēng）、燾（简为焘 dào）、烹（pēng）、煮（zhǔ）、然、燃（rán）、焦、僬、礁、鷦（jiāo）、照（zhào）、煦（xù）、煞（shā）、燻、薰（熏）、獯、曛、醺（xūn）、熊（xióng）、羆（简为罴, pí）、熟（熟 shú）、熙、熹（xī）、燕（yàn,亦作鷰）。其中有不少常用字,民间俗字中早已简化为"一"了。还有無、蕪、嫵（wǔ）、撫（fǔ）简化为无、芜、妩和抚,為简化为,并不按"灬"简化为"一"的准则办。

（乙）部首"氵"（三点水）并没有按行书简化为"讠"或"ㄣ"。

（2）其次应该肯定有些繁体字的单元结构得到了系统的简化,大大地减少了笔画,从而收到了良好的效果,获得大多数人的公认,这是好经验。例如：

字头"䜌"得到了很好的简化,被简为亦,如彎（弯）、灣（湾）（以上读 wān）；變（变）（读 biàn）；戀（恋）（读 liàn）；孌（娈）、攣（挛）、孌（娈）、孪（孪）、欒（栾）、鸞（鸾）、臠（脔）、灤（滦）、鑾（銮）（以上读 luán）；蠻（蛮）（读 mán），看来这 14 个字都是形声字，"絲"或"亦"主要是 lúan 的读音，其他如弯、湾、恋、变、蛮都取其韵 an，没有例外，这是一组最有系统最理想的简化字。

"睪"边旁也是读音符号，简化为"圣"，于是有譯（译）、嶧（峄）、懌（怿）、驛（驿）、繹（绎）（以上都读 yì），还有釋（释 shì）、鐸（铎 duó）、擇（择）、籜（箨）（tuò）、擇（择 zé）、澤（泽 zé）。这也是一组比较系统的理想简化字。

"臼"字头简化为"⺌"：计有學（学）、嚳（喾）、鷽（鸴）（都读 xué）、敩（敩 xiào）、覺（觉）、攪（搅）（都读 jiao）、鱟（鲎 hòu）、鬨（哄 hóng）、嚳（訾 kù），这也是比较有系统的简化。但和"臼"头相似的"與"字头、"興"字头就很没有系统。"與"字头有三个字简化为"兴"，即譽（誉）读 yù，舉（举）、欅（榉）读 jǔ；另外四个字简化为与，即與（与）、嶼（屿）、璵（玙）、歟（欤）都读 yǔ 或 yú。还有興字简化为兴（xīng），但璺（wèn）和爨（cuàn）都没有简化，而釁（xìn）则简化为衅，就失去了系统规律。相类的字中还有輿简化为舆（yú），盥（guàn）则未简化。

"羅"简化为"罗"（luó），于是有蘿（萝）、囉（啰）、玀（猡）、欏（椤）、邏（逻）、鑼（锣）、籮（箩）、儸（㑩）等（都读 luo），这也是很完善的简化字。

"㡭"简化为"迷"，于是有繼（继）、檵（樬 jì）、斷（断）、籪（簖 duàn），也是有系统的。

"雚"简化为"又"，如歡（欢）、懽（欢）、驩（欢）、讙（欢）（都音 huan）、權（权 quán）、觀（观 guān）。但瓘（guàn）、顴（颧）、獾（huān）未简化，灌和鸛（guàn）因按简化规则和漢（han）与鷄（jī）的简化汉和鸡相同，而未简化。

"𦰩"也简化为"又"，如漢（汉 hàn）、難（难 nán）、艱（艰 jiān）、

嘆(叹 tàn)、攤(摊)、癱(瘫)、灘(滩 tān)都是统一系统简化的。所以，灌不能简为汉，晚近有人建议简为"渁"。

鷄被简化为鸡(jī)，它和鹳矛盾，鹳不常用，所以没有简化。

"對"也简化为"又"，如對(对)、懟(怼)（都音 duì）。"又"是常用的简化符号，如僅(仅 jǐn)，"堇"也简为"又"，但谨、馑、瑾、槿（都音 jǐn），殣(jìn)、覲(觐 jìn)、勤(qín)中的"堇"都未简化。还有樹(shù)简为树，而澍、厨则未简化。这里应指出，"又"的简化号用得过于广杂，因此，显得缺乏系统，破坏了汉字的系统结构。

又例如"臣"作为汉字的部件简化为"丨丨"，例如：賢(贤 xián)、腎(肾 shèn)、堅(坚 jiān)、慳(悭 qiān)、鰹(鲣 jiān)、鏗(铿 kēng)、豎(竖 shù)、緊(紧 jǐn)、監(监 jiān)、檻(槛 kǎn)、濫(滥 làn)、襤(褴 lán)、籃(篮 lán)、藍(蓝 lán)、鑑或鑒(鉴 jiàn)、覽(览 lǎn)、攬(揽 lǎn)、纜(缆 lǎn)、欖(榄 lǎn)、臨(临 lín)，这个简化，既通用又广泛，是个好例子，不幸有个灠字，不知为了什么原因没有简化为"灠"(lǎn)，而竟规定简化为漤(lǎn)。还有一个熙字，迄今未简化，有人写成"炽"，这是不规范的，估计其原因是有个颐字，如果写成"顺"，和顺字很易混错。

字头"熒"统一简化为"艹"，如瑩(莹)、縈(萦)、熒(荧)、鶯(莺)、瑩(莹)、螢(萤)、營(营)、縈(萦)、濚(溁)、鎣(莹)、瀯(滢)、瑩(滢)、瀠(潆)（以上都音 ying）。还有榮(荣)、嶸(嵘)、蠑(蝾)（都音 róng），还有勞(劳)、撈(捞)、嶗(崂)、鐒(铹)、癆(痨)（都音 lao）。还有榮(茕 qióng)。总的讲来这是很统一的简化，但是有檾蔴的檾字简化为苘(qǐng)，没有统一简化为"萗"。更有重要问题的是"艹"和草字头"艹"在一个部，原来和火有关的标志部首，变成了和草类植物有关的字，这和汉文偏旁分类的原则不符，与"望文生义"的特点不符。

汉字的结构单元的系统简化，应该是简化中的重点，只有这样才能简化汉字而又保持汉字的特色。上述成功的例子都是按这个原则办事而获得的，反之，逆背了这个原则的，一般都造成许多困难。现逐一叙述这些缺点和失败的例子。

（1）在系统简化中过分重视了读音的系统。例如，贓、臧（以上读 zāng），藏、臟（以上读 zàng），它们从字形单元看，都应系统简化臧字，其他都是臧的形声字，这是很自然的。但是，现行简化，取其读音为"庄"，即以村莊的莊的简化字"庄"（zhuāng）来简化。所以有下列一系列的以读音为系统的简化字：莊（庄）、椿（桩）（都读为 zhuāng），贓（赃）、髒（脏）（以上读为 zāng），臟（脏 zàng）。其结果有下列缺点：① 五个汉字中，按音简化后，只剩四个不同的汉字，脏代表了意义完全不一样的两个字，髒和臟，而且四声也不同；② 读为 zāng 的牂、臧，读为 zǎng 的驵，读为 zàng 的奘、葬、藏，读为 zhuāng 的妆、装，读为 zhuǎng 的奘，读为 zhuàng 的壮、状、僮、撞、幢、戆等，都未按同一读音原则简化。当然，其中有用了"丬"代替"爿"简化的，如妆（妆）、壮（壮）、状（状）、装（装）等四字外，其他如牂、奘两字连"爿"都未简化；③ 常用字臧和藏都未简化。

其实，这些字用不着特别简化，只有用现成的单元结构简化规则："臣"简化为"⺊"，"爿"简化为"丬"就足够了。于是有贓（赃）、臟（脏）、臧（减）、藏（藏），拼音为 zhāng 或 zàng，而莊（庄）、妆（妆）、装（装）、奘（奘）、壮（壮）、状（状），拼音为 zhuāng 或 zhuǎng，或 zhuàng，牂（牂），拼音为 zāng。其余葬和髒、椿，以及僮、撞、幢，以及戆和驵多属于另一些结构系统，按其他系统简化。

（2）"同音代替"尽可能不作为简化原则。同音代替古已有之，如干代乾、介代解、杰代傑、几代幾、丑代醜、仇代讎、出代齣、冲代衝、才代纔，但一般只是俗字，速记用字，并非正式印刷的标准字。在 30 年代时，有些严格的老师还要扣分的。当然，现在多已合法化了。但这些简化，大体上都是破坏汉字结构的系统化的。例如，丑角的丑，代表滑稽角色，而"醜"只专指可耻、不光荣，相貌难看。"齣"只用在戏曲的一个独立剧目，而"出"有很多意义，但从来没有"齣"的意思。"才"原来只用来指人的能力，如口才，或贬义地指某类人，如奴才、蠢才等。"纔"指时间上方始、刚始，如方纔、刚纔，或数量上仅仅满足，如纔用十元、纔只十岁等等。现在为简化而通用了，但如果尽量推广，就会使汉文的形义结构的优越性完全丧失，变成了拼音文字。在第二、三批简化字中，这样的同音替代就有相当的发展，遭到了普遍反对，因而未能正式通过。其中以戴简化为代，"蔡"简化为"艻"，"簫"简化为"肖"，"舞"简化为"午"，"廖"简化为"厅"等最为有名，其中"艻"是建议作为菜的简化字。其实"髒"和"臟"同样简化为脏，就是同音相替的延伸推广，现在"脏"字既代表内脏，又代表脏污，等于说内脏是脏污的东西，这当然是不适当的。汉字一般说既代表音，又代表义，这是和拼音文字"听音定义"的原则很不相同的。所以，同音替代这一原则不应强调，它是为一些为推行拼音文字而铺路的暗度陈仓的小动作，实际上业已造成了简化汉字中的混乱。

有人想把"尞"和"翏"的结构单元，以同音的原则，都简化成"了"，如遼简为辽，療简为疗，廖简为厅等，其实"尞"和"翏"正好是相反的意义，不能简为一个"了"。如寥寥无几、水边蓼草、荒谬绝伦、未雨绸缪，都是指微小或稀少。不足挂齿的小事的状态，就是廖也有人口少而偏处的族姓之意。反之，星火燎原、炊烟缭绕、辽阔广大、歌声嘹亮、瞭望远方、撩起窗帘、治疗疾病、官僚主义、青面獠牙、潦草不细等都代表多而广，常见的凶狠的状态。所以，不应以其同音而一概以"了"代表音符来简化。

（3）现行简化字中有一些是随心所欲地、偶然地、无原则地决定的，可以说纯粹是一种单为简化而简化的产品。例如：尸（展）、宀（宣）、艹（蒙）、亍（街）等，其中也有一些是刻字誊印的人为了提高誊写速度而自己创造的，如舞写作午，蘭写作兰，鬭写作斗等，不少字现在按随俗的原则作为正式的简化字了，有些还在不断创造中。这些无原则的简化，对于汉字结构的系统性以及形意和形声的特点，破坏很大，应该不断审查，不断对不合汉字特点的字明令作废。简化是改革,改革很易受无政府主义的干扰和破坏,简化汉字同样要有权威来管理,保证在不破坏汉字结构特点的基础上改革,而且操之不要过急,要在稳定中求改革。

(4) 简化汉字业已 30 年左右,不少汉字简化了,在笔画数目不多不少的汉字上花了很多力量,不管是好是坏,但确已尽了力。不幸的是,还有不少常用的字,如鼻部、鼠部、黑部、黽部、鹿部、鬼部、麻部、彡部的字,并没有简化。还有一些字,如:囊、曩、馕、齉、曩(音 nang);嬴、瀛、籯、贏(音 ying)、羸(léi);攀、襻(音 pan);颦(pín);鬻(yù);矍、攫、镢(音 jue);蠼、衢、癯、氍(音 qu);簪、趱、躜、臢(音 zan,或 zuan);纂、攥(音 zuan);罍、蘲(音 lei);赣、戆(音 gan 或 gang);孽、蘗、蘖(音 niè);夔(kuí)、巙(náo);鼱(zhā);躏(lìn);蹦、鬣(音 liè);蠡、劙(音 lí);樫(jiān);蠹(dù);癫、巅(音 dian);纛(dào);蠢(chǔn);躔(chán);疆、缰、礓(音 jiāng);蘸(zhàn);鳣(zhān);嚼、爝(音 jiáo);譬(pì);魔(mó);彝、彜(音 yí);鳖(biē);壤、攘、襄(音 rang);都在 20 画以上,甚至有如"齉",其笔画多达 36 画。其实还有不少这样的字(可能达两三百个),没有简化。所以简化汉字的研究,还有很大余地。

为了解决两岸的简繁字体问题,必然有一段时期中有相当多的简化代用字和繁体字并存,并先在手写体中使用,这和行书、楷书的并行相同。

四、两岸语言用词的异化,在统一中应力求解决

两岸分离 40 年,长期没有来往交流,语言用词各自独立发展,而且用两套不同的拼音,繁体字和简化字两套不同的文字,在用词方面,差异也日益扩大,这对两岸统一问题,造成越来越大的困难。

日常用语的差异,到处可见。例如,在中国台湾地区这次返内地探亲规定中,有个"亲等"问题,在内地没有这种有关亲属的语言,只有直系亲属、旁系亲属之分;亲戚和亲属之分。在旧时,还有所谓一、二、三、四、五服之分的亲属等,就是没有这类男女平等的亲等概念。在香港和台湾有所谓公关先生和公关小姐,以及公关工作,在内地则没有,但有所谓交际处、接待人员、招待所和统战与宣传等的人员和机关。统战这个词,只在内地才有。其实统战工作中和宣传工作中,也都有公关的成分。台湾的"共识"这个词,在内地就是"共同认识"。香港、台湾的"物业",在内地称为"房地产"。在香港、台湾的"教育",只有个正面教育培养的意义,在内地,教育除了通常的正面教育培养的意义外,还有另一个所谓"某人需要教育教育"的对于犯错误者的一种处分。在港台,教养指大人对子弟的教育生养过程,在内地是一种服罪的刑级。

在专业名词中差异更大。例如,Silicon 台港仍用老译法"矽",而内地除了矽钢片用矽外,业已全部改用"硅",如二氧化硅不叫二氧化矽;如计算机在内地称为电子计算机,或简称计算机,在港台则称电脑;在内地称为激光的,港台称为莱塞,或镭射;内地的核反应堆,在港台称为核炉,或原子炉。有关计算机、自动化、有机化学、原子能、宇航技术、生物技术、理论物理、金属、化工等等的术语,差别达到 50%~60% 的很普通,有的如计算机竟达 90%。

在港台外来语很多,尤其在香港,有很多广东话音译的外来语,电话叫德律风,出租车或计程车叫的士,公共汽车叫巴士,小型公共汽车叫小巴士,胶卷叫菲林。这些外来语在内地用得较少,有时还是很生疏的。照这样下去,几十年后港台语言和普通话,其区别就不再是发音和字体的问题了,用词问题将变成首要的问题了。

这样的问题应该怎样解决呢?这里建议由两岸人士共同努力解决。应分两步走:

第一步,把中国内地与港台地区的用词的异同进行调查,汇集制定用词异同对照表,对于科技用词,还应附上英文用词。

第二步,逐年分批选定各方认可的标准词汇,削减两岸的用词差异,有些词也可以保留并存。

希望能在一两代人的时间中解决。

表 I 音声都相同的汉字的频率统计表

音声相同的字数	种类	共占字数	音声相同的字数	种类	共占字数	音声相同的字数	种类	共占字数
1	230	230	31	—	—	61	—	—
2	157	314	32	—	—	62	—	—
3	138	414	33	—	—	63	—	—
4	119	476	34	1	34	64	—	—
5	73	365	35	1	35	65	—	—
6	74	444	36	—	—	66	—	—
7	77	539	37	1	37	67	1	67
8	62	496	38	—	—	68	—	—
9	51	459	39	—	—	69	1	69
10	39	390	40	1	40	70		
11	43	473	41	1	41			
12	34	408	42	1	42			
13	30	390	43	—	—			
14	14	196	44	1	44			
15	26	390	45	2	90			
16	19	304	46	—	—			
17	10	170	47	—	—			
18	8	144	48	—	—			
19	9	171	49	—	—			
20	12	240	50	1	50			
21	3	63	51	1	51			
22	5	110	52	—	—			
23	4	92	53	—	—			
24	6	144	54	—	—			
25	3	75	55	—	—			
26	3	78	56	—	—			
27	2	54	57	—	—			
28	2	56	58	—	—			
29	2	58	59	—	—			
30	3	90	60	—	—			

表Ⅱ 频率最高的音声相同的汉字

编序	同音同声的字数	音声符号	汉　字
1	69 (+15简)	yì	义乂(義)刈艾议(議)弋杙亿(億)艺(藝)忆(憶)吚(噫)蘙屹亦弈奕衣裔异(異)抑邑挹悒佚泆轶昳役疫毅译(譯)峄(嶧)怿(懌)驿(驛)绎(繹)易埸蜴佾诣狳羿翊翌翳翼益嗌溢缢镒鹢谊勩逸意薏臆(肊)镱癔肄蓺瘗(瘞)熠燚殪懿劓
2	67 (+2简)	xī	夕汐矽岁兮西茜恓栖氙牺(犠)硒舾粞吸希郗晞浠唏欷烯稀豨昔惜腊析蒴浙晰皙蜥肸膝饻息熄螅奚傒徯溪(谿)蹊漷瀴悉窸蟋禽嚱歙犀樨锡裼熙僖嬉熺犏巇羲曦爔醯
3	52 (+10简)	bì	币(幣)必邲芯閟泌毖铋秘(祕)闭毕(畢)哔(嗶)筚(篳)跸(蹕)庇陛毙(斃)狴桂荜(蓽)箅詖畀痹痺筚贲敝蔽弊币婢睥裨牌愎皕弼飶滗(潷)辟壁薜避嬖臂壁襞壁碧幨(篦)濞
4	50 (+11简)	yù	与(與)玉钰驭芋吁(籲)聿谷峪浴欲(慾)鹆裕饫妪(嫗)雨郁(鬱)育淯昱煜狱(獄)语彧域閾蜮(魖)预蓣滪豫谕喻愈(瘉、癒)尉蔚熨御(禦)寓遇奭滪遹熨鹬誉(譽)毓燠鹭
5	45 (+7简)	fú	夫芙扶蚨弗佛(彿、髴)甶拂怫绋氟艴伏茯洑枎袱(襆、襥)凫(鳧)芾苻罘孚俘郛莩浮桴(枹)罦蜉苻符服菔箙绂钹袚黻匐幅辐福蝠涪幞(襆)
6	45 (+19简)	zhì	至厔郅桎轾致(緻)铚室蛭膣志(誌)梽痣豸忮识(識)帜(幟)帙(袠)秩制(製)质(質)锧鑕踬(躓)炙治栉(櫛)峙时痔陟鸷贽(贄)挚(摯)鸷(鷙)捯(擲)智滞(滯)漈巇置(寘)雉稚(穉)壹(壷)瘿觯(鱓)
7	44 (+31简)	lì	力荔(荔)历(歷、曆、厤)坜(壢)茘(蘿)呖(嚦)岦(巁)沥(瀝)枥(櫪)疠癧雳(靂)厉(厲)励(勵)砺(礪)蛎(蠣)粝(糲)立莅(涖、蒞)粒笠吏丽(麗)俪(儷)俪郦(酈)利俐莉猁猁(鬁)例疠(癘)唳隶(隸、肄)栎(櫟)轹(轢)砾(礫)跞(躒)雳甂(甌)栗(慄)傈溧篥罱哩
8	42 (+12简)	jì	计记纪忌觊伎芰技妓系(繋)际(際)季悸剂(劑)荠(薺)济(濟)霁(霽)鲚(鱭)洎泊迹(跡、蹟)既暨鲫觊(覬)继(繼)偈绮寄祭稷寂绩(勣)基蓟稷髻冀骥(驥)蔚檵
9	41 (+7简)	shì	士仁氏舐示肞世(卋)贳市柿铈式试拭轼弑似饎势(勢)事侍峙恃饰视(眎)是适(適)室莳(蒔)逝誓释(釋)谥(諡)嗜筮噬奭襫螫匙殖
10	40 (+8简)	yú	于(於)盂竽与(與)玙(璵)欤(歟)予玗余(餘)馀徐畲臾谀萸腴鱼渔(漁)禺隅嵎愚懙昇俞揄嵛愉渝逾(踰)瑜榆觎窬(窳)蝓娱虞雩舆

表Ⅲ　同音(不管四声)汉字频率统计表

同音字数	种类	共占字数	同音字数	种类	共占字数	同音字数	种类	共占字数	同音字数	种类	共占字数
1	22	22	31	3	93	61	·	·	91	1	91
2	13	26	32	10	320	62	1	62	92	·	·
3	8	24	33	4	132	63	·	·	93	·	·
4	14	56	34	5	170	62	·	·	94	1	94
5	8	40	35	2	70	65	1	65	95	·	·
6	12	72	36	4	144	66	·	·	96	·	·
7	18	126	37	·	·	67	·	·	97	·	·
8	12	96	38	2	76	68	·	·	98	1	98
9	15	135	39	3	117	69	2	138	99	·	·
10	16	160	40	3	120	70	·	·	100	·	·
11	12	132	41	8	328	71	·	·	101	·	·
12	9	108	42	1	42	72	·	·	102	1	102
13	17	221	43	1	43	73	·	·	103	·	·
14	11	154	44	2	88	74	·	·	104	·	·
15	5	75	45	·	·	75	·	·	105	·	·
16	16	256	46	·	·	76	·	·	·	·	·
17	14	238	47	1	47	77	1	77	·	·	·
18	8	144	48	3	144	78	2	156	·	·	·
19	9	171	49	1	49	79	·	·	114	1	114
20	9	180	50	2	100	80	·	·	·	·	·
21	6	126	51	2	102	81	·	·	·	·	·
22	16	352	52	1	52	82	·	·	·	·	·
23	4	92	53	·	·	83	1	83	119	1	119
24	5	120	54	1	54	84	·	·	·	·	·
25	10	250	55	1	55	85	·	·	·	·	·
26	11	286	56	1	56	86	·	·	·	·	·
27	9	243	57	2	114	87	·	·	131	1	131
28	2	56	58	1	58	88	·	·			
29	12	348	59	1	59	89	·	·	共计	413	8 425
30	5	150	60	0	0	90	0	0			

表Ⅳ 字数最多的10种同音(不管四声)汉字

编序	同音字数	音声符号	汉　字
1	131	yī(17字)	一伊咿(呀)衣依铱医(醫、毉)祎猗椅漪壹(弌)揖鹥繄噫黟
		yí(29字)	匜仪(儀)圯夷荑咦姨胰痍沂诒饴怡贻眙迤(迆、迻)椸(簃)宜迻庍移簃宦胰蛇遗疑嶷彝(彞)
		yǐ(16字)	乙钇已以苡尾矣苢迤(迆)蚁(蟻、螘)舣(艤、檥)倚椅旖踦庡
		yì(69字)	义义(義)等,见表Ⅱ。
2	119	jī(35字)	几(幾)讥(譏)叽(嘰)饥(饑)玑(璣)机(機)肌矶(磯)击(擊)圾芨乩鸡(雞、鷄)奇剞畸唧积(積)笄屐姬基期(朞)箕赍(賫、齎)缉稽绩跻(躋)齑(齎)畿墼激羁(羈)
		jí(31字)	及汲伋岌级(極)极(極)笈吉佶诘即亟殛革急疾蒺嫉崤鹡瘠踖棘集楫(檝)辑戢葜蹐藉籍
		jǐ(11字)	几(幾)虮(蟣)麂己纪挤(擠)济(濟)给脊掎戟
		jì(42字)	计记等,见表Ⅱ。
3	114	yū(5字)	迂纡淤淤瘀
		yú(40字)	于俞等,见表Ⅱ。
		yǔ(19字)	与(與)屿(嶼)予伛(傴)俣宇羽雨禹瑀语圄(圉)歔龉圉庾瘐窳貐
		yù(50字)	玉育等,见表Ⅱ。
4	102	xī(67字)	夕西吸希昔悉等,见表Ⅱ。
		xí(9字)	习(習)嶍鳛席觋袭(襲)媳隰檄
		xǐ(11字)	洗铣枲玺(璽)徙葸屣喜禧蟢蓰
		xì(15字)	戏(戲)饩(餼)系(係、繫)屃(屭)细盻咥郤绤阋舄潟隙楔潝
5	98	fū(12字)	夫伕呋肤(膚)铁麸(麩)趺跗稃孵郛敷
		fú(45字)	佛弗伏等,见表Ⅱ。
		fǔ(16字)	父斧釜(鬴)滏甫辅脯蚥簠黼抚(撫)坿府俯(頫、俛)腑腐
		fù(25字)	父讣赴付附(坿)驸鲋负妇(婦)服阜复(復、複)腹蝮鳆覆馥洑副富赋傅缚赙咐

续　表

编序	同音字数	音声符号	汉　　字
6	94	zhī(18字)	之支吱枝肢氏胝祗只(隻)织(織)卮(巵)栀(梔)汁知椥蜘脂植
		zhí(13字)	执(執)絷(縶)直值埴植殖侄(姪)职(職)跖摭蹠踯(躑)
		zhǐ(18字)	止址(阯)芷沚祉趾只(祇、衹)枳轵咫疻旨(恉)指酯抵纸(帋)黹徵
		zhì(45字)	至致志帜制等，见表Ⅱ。
7	91	qī(20字)	七柒沏漆妻凄(凄、悽)郪栖(棲)桤(榿)戚(慼)嘁期欺颛敹缉溪蹊曦萋
		qí(38字)	亓齐(齊)脐(臍)蛴(蠐)祁圻祈颀蕲(蘄)芪衹岐歧跂其萁淇骐(騏)琪棋(棊、碁)祺蜞綦麒奇埼(碕)荠崎骑琦锜俟耆鳍(鰭)旂旗(旂)畦
		qǐ(13字)	乞芑屺岂(豈)玘杞企启(啓、啟)綮棨起绮稽
		qì(20字)	气(氣)汽讫汔迄弃(棄)妻炁泣亟契(栔)砌碛跂葺械器(噐)憩(憇)荠(薺)
8	83	lī(1字)	哩
		lí(23字)	丽(麗)骊(驪)鹂(鸝)鲡(鱺)厘(釐)喱狸离(離)漓(灕)缡缩篱(籬)酾梨(棃)犁(犂)嫠蔾㽟黎黧(黧)黎罹蠡劙
		lǐ(15字)	礼(禮)李里(裏、裡)俚哩澧娌理锂鲤逦(邐)澧醴鳢蠡
		lì(44字)	力历(歷、曆、厤)立利等，见表Ⅱ。
9	78	shī(15字)	尸(屍)鸤失师(師)狮(獅)鸸狮(溮)诗虱(蝨)施湿(濕、溼)蓍酾(釃)嘘
		shí(15字)	十什石祏鼫时(時、旹)埘(塒)鲥(鰣)识(識)实(實、寔)拾食蚀湜寔
		shǐ(7字)	史驶矢豕使始屎
		shì(41字)	士氏示世市式等，见表Ⅱ。

续 表

编序	同音字数	音声符号	汉　　字
10	78	jiān(28字) jiǎn(24字) jiàn(26字)	戋(戔)浅(淺)笺(箋、牋、椾)尖奸(姦)歼(殲)坚(堅)间(間)鲣(鰹)肩艰(艱)监(監)兼蒹搛缣鹣鳒菅渐键鞯湔煎缄缄鞯(韉)樐 团拣(揀)枧笕茧(繭、絸)柬俭(儉)捡(撿)检(檢)睑(瞼)研减(減)碱(堿)硷(礆、鹼、鹻)剪谫蔪铜裥简戬寋潋劗 见舰(艦)件牮间(間)涧铜饯贱践溅建健楗犍腱键荐(薦)剑(劍、劎)监(監)鉴(鑑、鋻)槛(檻)渐谏僭箭

附表：汉字同音同声频率表

说明：(1) 本表按《新华字典》所收字汇统计；
(2) 凡用黑体字者，其频率都超过15次；
(3) 字右侧数字即代表该音该声的汉字频率；
(4) 格中汉字为该音该声的代表汉字。

母音	44	33	27	65	B(ㄅ)	103	43	67	161	P(ㄆ)	70	125	42	58
a ai an ang ao	阿4 哀7 安11 肮1 凹2	嘎1 癌4 昂1 熬13	啊1 矮5 俺1 袄3	啊2 爱3 暗7 盎1 澳12	ba bai ban bang bao	巴12 扳1 班1 邦4 包9	拔1 白6 榜3 薄2	把3 百4 板4 榜3 保7	爸10 败9 半9 磅3 暴10	pa pai pan pang pao	趴3 拍1 潘3 乓4 抛1	琶8 牌6 盘8 龐1 炮8	迫1 盘3 膀3 跑1	怕5 派7 判7 胖5 泡8
e ei en eng	婀3 诶1 恩3 鞥1	鹅10 诶1	恶1 诶1	鄂20 诶1 摁1	bei ben beng	杯8 奔1 崩5	北1 本3 甭1	背23 笨5 绷2		pei pen peng	胚4 喷1 烹4	赔5 盆2 朋14	配1 棒4	配1 喷1 碰4
i ia ian iang iao					bi bian biao	逼1 边1 标9	鼻2 贬7 表3	比9 匾1 鳔1	必50 变13	pi pian piao	批12 片6 飘6	皮19 便4 嫖3	匹11 谝1 漂4	屁10 骗1 票1

续表

母音	44	33	27	65	B(ㄅ)	103	43	67	161	P(ㄆ)	70	125	42	58
ie in ing iong iu					bie bin bing	鱉$_3$ 賓$_{12}$ 冰$_5$	別$_2$ 丙$_9$	癟$_1$ 病$_4$	彆$_5$ 殯$_5$ 病$_4$	pie pin ping	撇$_3$ 姘$_3$ 乒$_3$	貧$_6$ 平$_{13}$	撇$_3$ 品$_3$	聘$_2$
o ong ou	喔$_1$ 歐$_7$	哦$_1$	噢$_1$ 偶$_4$	哦$_1$ 溫$_2$	bo	波$_9$ 剖$_1$	伯$_{27}$ 哀$_2$	跛$_3$ 掊$_1$	簸$_5$	po pou	波$_9$	婆$_4$	叵$_3$	迫$_7$
u ua uai uan					bu	脯$_2$	醭$_1$	補$_6$	不$_{13}$	pu	撲$_4$	僕$_{16}$	浦$_{11}$	瀑$_4$
uang ue uei (ui) uen (un) uo														
ě	誒$_1$	誒$_1$	誒$_1$	誒$_1$										
er(r)	兒$_2$	鴯$_1$	耳$_4$	二$_4$										

M(ㄇ)	19	128	76	111	F(ㄈ)	61	84	39	59	D(ㄉ)	109	65	63	175
ma mai man mang mao	媽$_5$ 顢$_1$ 犘$_1$ 猫$_1$	麻$_3$ 埋$_2$ 蠻$_3$ 忙$_{11}$ 毛$_{12}$	馬$_6$ 買$_1$ 满$_3$ 莽$_3$ 卯$_6$	罵$_8$ 麥$_7$ 慢$_1$ 慢$_1$ 冒$_{12}$	fa fan fang	發$_1$ 翻$_1$ 方$_6$	伐$_6$ 樊$_{11}$ 妨$_2$	法$_2$ 反$_6$ 舫$_5$	髮$_2$ 犯$_6$ 放$_1$	da dai dan dang dao	答$_8$ 呆$_3$ 丹$_{11}$ 当$_8$ 刀$_6$	達$_{11}$ 歹$_2$ 黨$_3$ 捯$_1$	打$_1$ 胆$_1$ 島$_1$	大$_1$ 代$_{20}$ 但$_{15}$ 當$_8$ 盜$_9$

续 表

M(ㄇ)	19	128	76	111	F(ㄈ)	61	84	39	59	D(ㄉ)	109	65	63	175
me	麼$_2$									de		德$_3$	的$_2$	
mei		沒$_{19}$	每$_4$	妹$_6$	fei	飛$_{11}$	肥$_4$	匪$_{10}$	費$_{11}$	dei			得$_1$	得$_1$
men	悶$_1$	門$_4$		燜$_3$	fen	分$_{10}$	坟$_1$	粉$_1$	糞$_1$	den		掙$_1$		
meng	矇$_1$	盟$_{14}$	猛$_9$	孟$_2$	feng	豐$_{15}$	逢$_4$	諷$_1$	奉$_7$	deng	登$_5$		等$_2$	鄧$_8$
mi	咪$_2$	彌$_{13}$	米$_6$	密$_{10}$						di	低$_9$	敵$_{16}$	底$_9$	地$_{15}$
										dia			嗲$_1$	
mian		棉$_3$	勉$_{12}$	面$_2$						dian	顛$_7$		點$_4$	電$_{16}$
miao	喵$_1$	苗$_4$	秒$_7$	妙$_3$						diao	刁$_8$			吊$_8$
mie	乜$_2$			滅$_4$						die	跌$_2$	蝶$_{17}$		
min		民$_6$	閔$_{11}$											
ming		名$_{12}$		命$_1$						ding	丁$_{11}$		頂$_3$	定$_8$
miu				謬$_2$						diu	丟$_2$			
mo	摸$_1$	模$_{13}$	抹$_1$	沒$_{25}$	fo		佛$_1$							
										dong	東$_1$		董$_2$	動$_{11}$
mou	哞$_1$	謀$_7$	某$_1$		fou			否$_2$		dou	兜$_5$		斗$_6$	豆$_8$
mu		模$_2$	母$_7$	木$_{16}$	fu	夫$_{12}$	伏$_{45}$	斧$_{16}$	負$_{25}$	du	都$_6$	毒$_{12}$	肚$_5$	度$_9$
										duan	端$_1$		短$_1$	段$_8$
										dui	堆$_1$			對$_1$
										dun	敦$_8$		躉$_1$	盾$_9$
										duo	多$_7$	奪$_4$	朵$_7$	舵$_{11}$

T(ㄊ)	77	154	59	73	N(ㄋ)	13	57	40	73	L(ㄌ)	19	240	101	210
ta	他$_9$		塔$_4$	踏$_{13}$	na		那$_1$	拿$_2$	那$_{10}$	la	拉$_3$	剌$_3$	喇$_1$	辣$_9$
tai	胎$_3$	台$_3$	坦$_1$	態$_7$	nai			乃$_4$	耐$_7$	lai		來$_6$		賴$_1$
tan	貪$_6$	談$_{13}$	坦$_1$	碳$_4$	nan		囡$_1$	南$_4$	難$_1$	lan		蘭$_{14}$	覽$_1$	爛$_1$
tang	湯$_7$	塘$_{15}$	躺$_8$	趟$_2$	nang		囊$_1$	馕$_1$	齉$_1$	lang	啷$_1$	狼$_1$	朗$_4$	浪$_4$
tao	滔$_8$	桃$_{11}$	討$_1$	套$_2$	nao		孬$_1$	撓$_9$	惱$_4$	lao	撈$_1$	勞$_6$	老$_7$	落$_1$
te				特$_5$	ne	哪$_1$		訥$_1$		le		肋$_1$	勒$_1$	樂$_9$
					nei		餒$_2$	內$_2$		lei		雷$_{11}$	壘$_7$	類$_5$

续 表

T(ㄊ)	77	154	59	73	N(ㄋ)	13	57	40	73	L(ㄌ)	19	240	101	210
teng	熥2	騰8			nen				嫩2	leng		棱4	冷1	愣3
					neng		能1							
ti	梯7	提11	體1	替14	ni	妮1	泥11	擬3	逆7	li	哩1	麗24	李15	力44
						嘻1				lia			倆1	
tian	天3	田11	舔8		nian	拈2	年3	撚5	唸2	lian	連13	臉1	練7	
					niang		娘1		釀1	liang	涼1	兩1	亮3	
tiao	挑3	條11	窕1	跳3	niao		鳥4	尿3		liao	撩2	聊16	瞭1	料4
tie	貼4		鐵2	帖1	nie	捏1	茶1		聶15	lie	咧1	裂1		烈13
					nin	您1				lin	拎1	林16	凜1	吝1
ting	聽6	庭10	艇8	挺1	ning		寧8	檸1	濘1	ling	泠1	泠28	領1	令9
					niu	妞1	牛1	扭5	拗1	liu	溜1	劉15	柳1	餾9
tong	通3	同20	統1	痛5	nong	農1	濃5			long	隆1	龍12	壟1	弄1
tou	偷2	頭1	敨1	透1	nou				鎒1	lou	摟1	樓10	簍1	陋1
tu	突4	圖9	土3	兔4	nu		怒3	努1	怒1	lu	嚕1	盧12	魯7	錄20
tuan	湍1	團1	疃1	彖1	nuan			暖1		luan	孿9		卵1	亂1
					nüe				虐1	lüe				略1
tui	推2	頹1	腿1	退4										
tun	吞3	囤1	氽1	褪1						lun	掄1	輪8		論1
tuo	拖4	陀14	妥1	唾1	nuo		娜3		諾6	luo	囉1	羅12	裸1	洛13
					ng		嗯1	嗯1	嗯1					
					nü			女2	恧3	lü		驢1	呂11	律1

G(ㄍ)	163	26	104	80	K(ㄎ)	83	19	52	84	H(ㄏ)	82	174	32	144
ga	咖4	軋1	乫1	尬1	ka	喀1		卡5		ha		哈2	暇1	哈1	哈1
gai	該5		改1	丐7	kai	開1		凱10	慨7	hai	咳1	孩1	海1	亥1
gan	乾15		桿1	乾1	kan	看1		砍6	勘7	han	酣6	含11	罕4	漢1
gang	岡10		港1	鋼1	kang	康5		扛1	抗1	hang	夯1		杭1	巷1
gao	高8		搞7	告5	kao	尻1		考4	靠1	hao	蒿3	豪1	好2	浩12

129

续　表

G(ㄍ)	163	26	104	80	K(ㄎ)	83	19	52	84	H(ㄏ)	82	174	32	144
ge	戈$_{13}$	革$_{15}$	各$_6$	個$_5$	ke	苛$_{22}$	殼$_3$	可$_4$	克$_{12}$	he	喝$_4$	和$_{26}$		賀$_{11}$
gei					kei	剋$_1$				hei	黑$_2$			
gen	根$_2$	哏$_1$	艮$_1$	茛$_3$	ken			肯$_4$	掯$_2$	hen		痕$_1$	很$_2$	恨$_1$
geng	更$_6$		梗$_7$	更$_1$	keng	坑$_4$				heng	亨$_1$		恒$_6$	橫$_1$
gong	工$_{15}$		栱$_5$	貢$_4$	kong	空$_3$		孔$_3$	控$_3$	hong	轟$_1$	弘$_{13}$	哄$_1$	訌$_1$
gou	勾$_{10}$		苟$_8$	夠$_{10}$	kou	抠$_2$		口$_1$	扣$_6$	hou	齁$_1$	侯$_7$	吼$_1$	厚$_4$
gu	姑$_{18}$	古$_{24}$	故$_{10}$		ku	枯$_1$		苦$_1$	庫$_4$	hu	呼$_3$	胡$_{22}$	虎$_4$	戶$_{15}$
gua	瓜$_9$	寡$_3$	掛$_4$		kua	誇$_1$		垮$_2$	跨$_3$	hua	華$_4$	划$_7$		化$_7$
guai	乖$_2$	拐$_1$	怪$_4$		kuai			蒯$_2$	快$_{11}$	huai	懷$_6$			壞$_2$
guan	關$_{10}$	館$_3$	貫$_{10}$		kuan	寬$_2$		款$_2$		huan	歡$_4$	還$_{16}$	幻$_1$	患$_{15}$
guang	光$_{14}$	廣$_1$	逛$_3$		kuang	匡$_6$		狂$_2$	礦$_9$	huang	荒$_4$	皇$_{22}$	恍$_5$	晃$_3$
gui	歸$_{12}$	鬼$_{11}$	貴$_4$		kui	虧$_6$	奎$_{13}$	傀$_2$	潰$_{10}$	hui	灰$_{15}$	回$_5$	悔$_2$	匯$_{27}$
gun		滾$_3$	棍$_2$		kun	坤$_{11}$		捆$_5$		hun	昏$_3$	魂$_1$		混$_5$
guo	鍋$_{10}$	國$_6$	果$_5$	過$_1$	kuo				濶$_6$	huo	豁$_2$	活$_3$	夥$_4$	或$_{12}$
										hm	噷$_1$			
										hng	哼$_1$			

J(ㄐ)	217	105	122	215	Q(ㄑ)	117	153	47	81	X(ㄒ)	205	101	55	143
ji	機$_{35}$	級$_{30}$	濟$_{10}$	記$_{42}$	qi	妻$_{20}$	齊$_{37}$	乞$_{13}$	氣$_{19}$	xi	西$_{67}$	席$_9$	喜$_{11}$	細$_{15}$
jia	加$_{30}$	夾$_8$	甲$_{11}$	價$_2$	qia	掐$_3$		卡$_1$	洽$_3$	xia	瞎$_1$	狹$_{13}$		夏$_6$
jian	堅$_{28}$	柬$_{24}$	件$_{26}$		qian	千$_{21}$	錢$_{11}$	淺$_5$	欠$_{10}$	xian	先$_{15}$	賢$_{12}$	鮮$_{14}$	現$_{16}$
jiang	江$_{10}$	講$_8$	將$_{10}$		qiang	羌$_{14}$	強$_5$	搶$_5$	嗆$_4$	xiang	鄉$_{12}$	降$_7$	想$_7$	項$_8$
jiao	交$_{21}$	嚼$_1$	角$_{18}$	叫$_{19}$	qiao	雀$_1$	喬$_{13}$	巧$_5$	竅$_4$	xiao	消$_{24}$	崤$_1$	小$_3$	孝$_8$
jie	階$_{13}$	節$_{24}$	解$_4$	界$_{18}$	qie	切$_1$	茄$_1$	且$_4$	竊$_{12}$	xie	歇$_7$	協$_5$	寫$_2$	卸$_{25}$
jin	今$_{11}$		儘$_{10}$	近$_{20}$	qin	侵$_6$	琴$_{14}$	寢$_1$	沁$_5$	xin	心$_{14}$			
jing	經$_{16}$	腈$_1$	井$_{10}$	净$_{14}$	qing	青$_9$	情$_7$	頃$_1$	親$_1$	xing	興$_8$	形$_{10}$	醒$_3$	姓$_8$
jiong	扃$_2$		窘$_8$		qiong		窮$_7$			xiong	兇$_9$	雄$_2$		复$_1$

续 表

J(ㄐ)	217	105	122	215	Q(ㄑ)	117	153	47	81	X(ㄒ)	205	101	55	143
jiu	究$_8$		久$_6$	舅$_{12}$	qiu	丘$_{11}$	求$_{17}$	糗$_1$		xiu	修$_9$		朽$_1$	秀$_{10}$
ju	居$_{22}$	菊$_7$	舉$_{12}$	具$_{24}$	qu	曲$_{17}$	渠$_{16}$	取$_5$	去$_4$	xu	須$_{19}$	徐$_7$	許$_8$	蓄$_{16}$
juan	捐$_8$		捲$_2$	絹$_{10}$	quan	圈$_2$	權$_{18}$	犬$_3$	勸$_2$	xuan	宣$_{11}$	玄$_7$	癬$_1$	旋$_9$
jue	嗣$_3$	決$_{34}$	蹶$_1$	倔$_1$	que	缺$_3$	瘸$_1$		却$_{10}$	xue	薛$_3$	穴$_7$	雪$_1$	血$_1$
jun	均$_{10}$			俊$_{13}$	qun	逡$_2$	群$_3$			xun	勛$_9$	旬$_{17}$		訓$_{13}$

Zh(ㄓ)	165	65	87	188	Ch(ㄔ)	83	137	50	78	Sh(ㄕ)	110	38	44	159
zha zhai zhan zhang zhao	渣$_{12}$ 摘$_3$ 黏$_{11}$ 張$_9$ 招$_7$	閘$_7$ 宅$_3$ 斬$_9$ 長$_1$ 著$_1$	眨$_5$ 窄$_{12}$ 長$_1$ 爪$_3$	榨$_{16}$ 寨$_4$ 戰$_9$ 丈$_{10}$ 照$_{10}$	cha chai chan chang chao	差$_8$ 飯$_4$ 摻$_4$ 昌$_7$ 超$_9$	茶$_{11}$ 柴$_5$ 禪$_{17}$ 長$_{11}$ 朝$_4$	叉$_7$ 茝$_1$ 產$_8$ 廠$_6$ 吵$_2$	岔$_9$ 蠆$_1$ 懺$_5$ 唱$_6$ 秒$_1$	sha shai shan shang shao	沙$_{12}$ 篩$_2$ 山$_{17}$ 商$_6$ 燒$_8$	啥$_1$ 色$_1$ 閃$_2$ 賞$_5$ 勺$_5$	傻$_1$ 晒$_1$ 閃$_1$ 上$_1$ 少$_1$	煞$_9$ 晒$_1$ 善$_{23}$ 上$_1$ 哨$_1$
zhe zhei zhen zheng	遮$_4$ 貞$_{20}$ 正$_{15}$	哲$_{11}$ 診$_1$ 整$_2$	者$_3$ 陣$_{10}$ 政$_9$	這$_8$ 這$_1$	che chen cheng	車$_2$ 嗔$_1$ 稱$_7$	尺$_2$ 陳$_1$ 誠$_{19}$	徹$_5$ 碜$_1$ 逞$_3$	 趁$_8$ 秤$_1$	she shei shen sheng	賒$_7$ 誰$_1$ 申$_{13}$ 生$_6$	蛇$_5$ 神$_1$ 繩$_2$	捨$_1$ 沈$_6$ 省$_2$	社$_{12}$ 甚$_9$ 乘$_7$
zhi	之$_{18}$	直$_{13}$	止$_{18}$	至$_{45}$	chi	吃$_{13}$	池$_{11}$	齒$_7$	赤$_{10}$	shi	失$_{15}$	石$_{15}$	史$_7$	氏$_{41}$
zhong	中$_9$		塚$_3$	衆$_5$	chong	冲$_2$	蟲$_4$	寵$_1$	銃$_1$					
zhou	州$_{12}$	軸$_2$	肘$_1$	軸$_{17}$	chou	抽$_5$	讎$_{13}$	丑$_1$	臭$_1$	shou	收$_1$	熟$_1$	首$_3$	受$_1$
zhu zhua zhuai zhuan zhuang	朱$_{15}$ 抓$_3$ 拽$_1$ 專$_4$ 莊$_4$	竹$_{10}$ 爪$_1$ 踹$_1$ 轉$_1$ 獎$_1$	主$_8$ 拽$_1$ 傳$_7$ 狀$_6$	助$_{24}$	chu chua chuai chuan chuang	初$_1$ 欻$_1$ 揣$_1$ 川$_1$ 窗$_3$	除$_{12}$ 腶$_1$ 船$_1$ 牀$_1$	處$_7$ 揣$_1$ 喘$_1$ 闖$_1$	觸$_{12}$ 踹$_6$ 串$_1$ 創$_2$	shu shua shuai shuan shuang	書$_{19}$ 刷$_2$ 衰$_2$ 栓$_1$ 雙$_7$	孰$_5$ 甩$_1$	暑$_9$ 耍$_1$	樹$_{16}$ 刷$_1$ 率$_1$ 涮$_1$ 爽$_1$

续 表

Zh(ㄓ)	165	65	87	188	Ch(ㄔ)	83	137	50	78	Sh(ㄕ)	110	38	44	159
zhui	追$_5$			墜$_7$	chui	吹$_2$	垂$_7$			shui	誰$_1$	水$_1$		税$_4$
zhun	肫$_5$		准$_2$		chun	春$_3$	唇$_7$			shun		楯$_2$		順$_4$
zhuo	捉$_8$	酌$_{18}$			chuo	戳$_1$			綽$_7$	shuo	説$_1$			朔$_9$

R(日)	4	51	21	40	Z(ㄗ)	73	27	44	62	C(ㄘ)	50	51	17	54
					za	扎$_4$	雜	咋$_1$	臢	ca	擦$_4$			礤$_1$
					zai	災$_4$		宰$_3$	在$_3$	cai	猜$_2$	材$_4$	采$_4$	綵$_3$
Ran		然$_4$	冉$_2$	染$_1$	zan	糌	咱	拶	贊$_5$	can	參$_3$	殘$_3$	慘$_4$	粲$_3$
Rang	嚷$_5$	襄$_6$	攘$_3$	讓$_1$	zang	臟	駔	藏		cang	倉$_6$	藏$_1$		
Rao		饒$_4$	擾$_2$	繞$_1$	zao	糟$_2$	鑿	早$_6$	造$_9$	cao	操$_2$	曹$_7$	草$_1$	
Re	喏$_1$		惹$_1$	熱$_1$	ze		則$_{11}$		仄$_3$	ce				側$_6$
					zei		賊$_2$							
Ren		人$_4$	忍$_3$	任$_{13}$	zen			怎$_1$	譖	cen	參$_1$	岑$_2$		
Reng	仍$_2$	祁$_1$			zeng		曾$_6$	綜	贈$_4$	ceng	噌$_1$	層$_6$		蹭$_1$
Ri				日$_1$	zi	資$_{26}$		子$_{12}$	字$_8$	ci	刺$_4$	詞$_4$	此$_3$	次$_5$
Rong		容$_{12}$	冗$_2$		zong	宗$_7$		總$_2$	縱$_4$	cong	匆$_7$	從$_7$		
Rou			柔$_7$	肉$_1$	zou	鄒$_7$		走$_1$	奏$_2$	cou				湊$_3$
Ru		如$_{11}$	汝$_4$	入$_5$	zu	租$_2$	足$_6$	阻$_5$		cu	粗$_4$	徂$_2$		醋$_{10}$
Ruan			軟$_3$		zuan	鑽$_2$		纂$_2$	賺	cuan	躥$_4$			窜$_4$
Rui		蕤$_1$	蕊$_1$	鋭$_7$	zui			嘴$_3$	醉$_7$	cui	催$_6$		璀$_2$	翠$_9$
Run				閏$_2$	zun	尊$_3$				cun	村$_2$	存$_1$	忖$_1$	吋$_3$
Ruo		掾$_1$		若$_7$	zuo	作$_2$	昨$_3$	左$_3$	坐$_9$	cuo	撮$_4$	嵯$_6$	胜$_1$	措

132

S(ㄙ)	86	8	30	71	Y	129	216	100	251	W	49	45	66	68
sa sai san sang sao	洒₃ 塞₅ 三₃ 桑₂ 騷₄	撒₃ 嗓₄ 掃₂	薩₆ 傘₄ 喪₁ 臊₃	賽₂ 散₁ 	ya yan yang yao	押₆ 烟₁₅ 央₆ 約₈	牙₁₀ 嚴₁₇ 楊₁₅ 姚₁₉	雅₂ 演₂₃ 養₄ 咬₅	亞₁₂ 硯₂₂ 樣₇ 要₈	wa wai wan wang	洼₅ 歪₂ 彎₆ 汪₂	娃₁ 玩₈ 王₂	瓦₂ 崴₁ 宛₁₃ 枉₁	襪₃ 外₁ 萬₃ 忘₅
se sen seng	 森₁ 僧₁		色₇		ye	耶₆	爺₄	也₃	葉₁₃	wei wen weng	危₆ 溫₁ 翁₅	維₁₆ 文₇	偉₂₀ 刎₅ 翁₂	為₁₇ 問₆ 甕₃
si	司₂₁		寺₂₀		yi yin ying	一₁₆ 因₁₇ 英₁₄	儀₂₉ 銀₁₅ 迎₂₀	乙₁₆ 引₈ 影₅	意₆₀ 印₆ 應₄					
song sou	松₆ 搜₁₀	慫₅ 叟₅	宋₅ 嗽₂		yo yong you	喲₃ 庸₁₅ 優₈	噷₂ 由₁₉	詠₁₀ 有₉	用₂ 右₁₅	wo	渦₉			臥₁₁
su suan sui sun suo	蘇₅ 酸₃ 雖₆ 孫₄ 莎₁₂	俗₁ 綏₄ 笋₄ 	素₂₀ 算₃ 髓₁₁ 索₅	 遂₁₁ 	yu yuan yue yun	淤₅ 冤₇ 約₄ 暈₃	魚₄₀ 元₂₄ 雲₁₂	雨₁₉ 遠₁ 喊₁ 允₄	玉₅₀ 院₈ 岳₂₀ 韵₁₃	wu	烏₁₁	無₁₁	五₁₆	物₂₀

《中国历史上的科学发明》[*]
(修订版)绪言

  《中国历史上的科学发明》一书是1952年间分段写成,1953年由中国青年出版社出版的。当时正是抗美援朝后期,全国人民在中国共产党的领导下,一边无私地支援朝鲜人民的战斗,一边热情地进行大规模的建设,改变着贫穷落后的面貌。祖国大地如沉睡初醒,不论城市还是乡村,到处都有劳动大军的建设工地。但是,对科学技术能否赶上世界先进水平,在不少人心目中存有疑问。为了鼓舞国人的自尊心,尤其是青年一代的自尊和自信,特用我国历史上大量科学发明和创造的事实,草成此书,供国人参考,特别是供青年人阅读。所以,本书的体裁,既非历史,又非学术考古,是一本尽可能浅明易懂的杂文汇编,是一本宣传爱国主义的青年通俗读物。

  1953年以后,我国各出版社曾出版了大量类似的读物,多数只专于一个方面,有些是考证性的,有些是历史性的,它们给50年代一辈的青年提供了大量丰富的营养。当时大批的青年们信心百倍地走向祖国各条战线,奋发图强,以能继承和发展祖国的优秀文化

---

[*] 该书1953年8月由中国青年出版社出版,1989年1月由重庆出版社修订再版,曾由民族出版社译成维吾尔文、蒙古文等出版。

和物质建设而自豪。可惜曾几何时,在进入60年代和70年代以后,这种实事求是的爱国主义教育少见了,这类出版物不仅变成凤毛麟角,而且还沦为批判的对象。

自1978年起,在党中央改革开放的英明政策号召下,我国不断从世界工业先进国家引进设备,引进技术,引进人才,也大量派遣留学生和科技人员出国进修深造。为了短期内赶上国际先进的生产水平,这些措施是必要的,而且成效也是显著的。但在这改革开放的过程中,全国也刮起了一阵惟洋是好的崇洋媚外之风,给青年一代带来了毒害。另一方面,那种夜郎自大、闭关自守的风气,给我国人民带来的落后和不幸,是人所共见的,若任其发展,则在当前世界各民族的激烈竞争过程中,中华民族不免有被开除球籍的危机。党中央改革开放的决策的实施,及时阻止了这一危险的动向,这是我国人民的大幸。改革开放使我们看到了现代科学技术在世界各国的成就和实况,也看到了各先进工业国家经济发展和生产建设的经验和教训,使我们有可能在别人现有的基础上努力攀登,创新前进。同时,也使我们认识到,真正的现代化的实现,还是要靠我国广大的工人、农民、知识分子在自尊自信的基础上,团结自强、奋发创造,才能达到。《中国历史上的科学发明》一书在重庆出版社修订出版,就在于鼓动我国青年在改革开放进行宏伟的现代化建设中,应该发扬自尊自信的爱国主义精神。

这里也必须指出,本书1953年版中的指南针和指南车、造纸和印刷术、火药等三章,曾翻译成维吾尔文及蒙古文,编入民族出版社出版的《爱我们伟大的祖国》(1953年)一书中。此外,本书1953年版中的建筑一章,曾由刘泓同志译成俄文,在苏联科学院《科学技术史问题》创刊号上发表(1956年)。同时,在1976年,本书1953年版曾在香港出现了"盗版",该盗版和原版在内容上完全一致,只是书名改为《科学发明史话》,作者改为"伟场",出版者改为"香港青年出版社"。所有这些都说明,本书的修订版,对青年的爱国主义教育仍有参考价值。我们伟大的民族曾为人类历史写下辉煌的篇章,华夏后裔一定要有信心珍视过去,开创未来。

振兴教育　刻不容缓*

近年来,社会各界对我国教育存在的问题多方呼吁,反映了教育方面所面临的严峻形势。我们中国民主同盟的成员多数从事教育工作,对我国教育的现状和前途十分关注,在坚持和完善共产党领导下的多党合作制度中,我们更有责任提出自己的意见和建议。从80年代初,我们曾多次对我国的教育问题提出过意见和建议。去年10月以后,民盟中央再次通过民盟地方组织和民盟盟员,着重征集对当前教育问题的意见,并且召开会议进行研讨。最近由费孝通主席致函中共中央,提出了十条建议,中共中央很快复信表示真诚欢迎。这表明我国的民主渠道是畅通的,民主党派在参与决策和政治协商、民主监督方面能够发挥积极的作用,这对于促进国家决策的民主化和科学化是很有帮助的。

现在,我根据民盟在研讨会上所提出的意见和建议,阐述我们对教育问题的一些看法,请各位委员指正。

一、应该把提高全民族素质作为教育的根本目的,确立明确的培育方针

十年来,我国教育事业在中共中央的领导下,改变了"文革"十

---

* 1989年3月代表中国民主同盟中央在全国政协七届二次会议上的发言。

年所遗留下来的残破局面,在教育改革和建设方面取得了进展。但是由于积累的问题很多,现在教育面临的困境令人忧虑。回顾40年来我国教育事业的历程,我们认为重要的问题是,没有明确把培养做社会主义国家的合格公民、提高全民族素质作为教育的根本目的。多年来在教育方针上出现过多种提法,至今还没有明确的定论。教育工作首先应该培养怎样做人和怎样做一个好公民,要让学生懂得和遵守社会主义公民的行为准则。但是,由于长期以来受"以阶级斗争为纲"的错误思想的干扰,加上十年动乱的破坏,教育的根本目的被忽视,结果不少青年学生连做人的最基本要求都不知道。发展到今天不少人只知道追求金钱和享受,缺乏理想和信念,爱国主义和集体主义精神淡薄,民族自信心和自豪感丧失。有些人甚至失去起码的公民品德,各种不良现象和犯罪行为大量存在。这种趋势如果任其发展,必然会导致民族素质下降。民族素质,特别是道德、文化素质的高低,不仅关系到当前的"四化"建设、改革大业和社会安定,而且关系到我们今后能不能自立于世界民族之林的问题。问题如此严重和紧迫,不能不引起我们的关注。

民盟中央1985年在讨论《中共中央关于教育体制改革的决定》(草案)时,曾明确提出教育的根本目的是提高全民族的素质。现在,我们再次呼吁把提高全民族素质、为社会主义祖国造就合格公民,确定为教育的根本目的,在这个基础上才谈得上培养为社会主义现代化建设作贡献的人才。我们希望以这一思想为指导,制定明确的教育方针。

二、提高教师的社会、经济地位,改善办学条件,是振兴教育的当务之急

我国教师的社会地位与其所承担的崇高职责是很不相称的。侵犯教师权益和人身安全的事件屡有发生,已经引起社会的严重

关注。教师从事着繁重而辛勤的劳动，现在有些人竟然连自己的生活都难以维持，教师所作的贡献与所得的报酬形成强烈的反差。目前出现的教师人心浮动，大批教师流失改行，新的一代不愿从教的情况，造成师资面临断代威胁。去年的某一天《解放日报》发表的"闽东800教师弃教，百余学校被迫关门"的报道，足以发人深省。

教师是我们国家和民族得以生存和发展的文化载体，是精神文明火种的传递者，是人类灵魂的工程师。为了我国教育事业的发展，要千方百计稳定教师队伍，坚持和发扬"尊师重教"的好传统，对于侮辱、迫害、殴打、残害教师的行为，必须按照政纪国法从严惩处。要采取切实的措施，大力发展师范教育和师资培训，提高师资质量。提高教师的经济待遇，已是刻不容缓的问题。当前，首要的是应该采取切实的措施，保证教师的实际收入不再下降；同时，在今后两三年内要逐步做到教师的收入按国际通行的惯例高于社会其他行业。各级教师的住房问题要作出计划，在五年内分批解决。凡以教师名义建造的宿舍，必须100%分配给教师。可以断言，只有到了教师成为最令人羡慕、最有吸引力的职业之日，才是我国教育事业兴旺发达之时。

教育经费的严重不足，是当前教育面临的最实际、最明显的困难。几年来，许多有识之士和民盟盟员多次大声疾呼，列举大量事实和统计数字，反映了当前不少学校难以维持正常教学活动的困难情况。教育公用费下降，教学设施残破不堪，校舍不足，大量危房得不到修缮，房屋倒塌砸死师生的事故时有发生，这是令人触目惊心的。教育经费主要靠国家投入，应根本改变视教育投入为"剩余财政"的做法，在制定国家和地方财政计划时，首先要保证教育经费的支出，并以立法形式予以规定，由全国人大通过，各级人大监督执行。我们支持各界人士提出的教育经费不低于国民生产总值4%，以及当前特别要保证教育经费占国家财政支出的15%，省、市、自治区财政支出的20%以上的建议。这只是最低的、也是切实可行的要求。对于克扣、挪用、贪污、浪费教育经费的行为，必须从严处置，不得姑息。同时还应该提倡艰苦朴素、勤俭办学的精神，使有限的教育经费发挥应有的效益。

维修学校危房是最为急迫的问题。一类危房必须立即封闭，撤出人员，由政府出资在今年内一次性解决。如学校危房确实无法修缮，可腾出政府机构办公用房，征用楼堂馆所或与其他部门调剂解决，以供教学使用。要明确规定，由于学校房屋倒塌造成师生伤亡事故，必须严肃追究当地政府主要负责人的责任。目前，首都的许多中小学操场还在逐渐被侵占，使学生只能在马路或街头空地上体育课。要严厉制止占用学校操场和校舍的现象，已占用的要限期退回，以保证学校教学活动的正常进行。

三、全面深化教育体制改革，理顺教育机制；大力发展社会力量办学，动员全民兴办教育

我国教育归属于行政体系，受到官本位、衙门化的严重腐蚀。教职员工队伍庞大，尤其是高等院校更是叠床架屋，人浮于事，"人头费"不断膨胀。由于物价上涨使已经感到严重短缺的教育经费更加入不敷出。学校成为行政机关的附属品，以致教育不能适应经济的发展和变化，更不能从经济发展的前景出发先行发展。中小学教育片面追求升学率，形成"千军万马过独木桥"的局面。大学专业设置和课程内容、教学方法、考试方法不能适应现代科学技术和经济文化发展的要求。

与此同时，在教育政策中又出现了某些失误，有的已经对教育造成危害。例如，"放宽政策"让学校搞"创收"实行"自我改善"，使许多学校，特别是中小学"破墙开店"、开旅馆，工作重点转向营利，严重干扰了教师和学生的正常工作和学习，事实上对青少年灌输了"见利忘义"的错误的人生哲学，并污染了教育环境，影响学生身

心健康，后果十分严重。现在在各级学校实行的职称评定和聘任制度做法混乱，破坏了教师间的正常人际关系，挫伤了教师的积极性，产生了严重的流弊。教师待遇套用官阶体制的不合理规定，引起教师的极大反感等等，都加剧了教育内部的矛盾。

要摆脱目前我国教育的困境，并使其得到发展的唯一出路在于改革。只有通过改革，才能逐步理顺教育机制，建立起适应社会主义商品经济发展和社会主义民主政治建设需要的教育体制。我们建议，应该根据中共中央的有关规定，实行校长负责制，明确权限，给学校以自主权。各级各类学校的校长都要选拔具有教学经验、热爱教育事业、作风正派的人担任，不能把学校作为安置冗员的场所。要实行教师管理学校，建立民主办校制度。

还应提倡多渠道办学。国家应制定相应的政策措施，鼓励和支持社会力量办学，坚决反对对民办学校管得过死的做法。应该弘扬我国民间办学的优良传统，提倡为教育事业献身、出力的精神，发动全民兴办教育事业。

四、重建扫盲教育，实行以法治教

我国人口众多，而受教育面却十分狭窄，又不巩固。目前我国文盲已有2亿多，并且在继续增加，而扫盲教育又长期没有抓紧进行，人均受教育年限不足五年，处于世界低下水平。近年来，青少年中普遍产生厌学情绪，新的"读书无用论"思潮正在蔓延。与"文革"时期比较，那时是"想学而不让学"，现在是"让学而不想学"。许多青少年丧失了求知上进的积极性，结果是大量学生辍学、流失，这无疑将会给我国今后的经济建设和科学文化发展造成无穷的后患。

我国教育立法十分薄弱。仅有的《义务教育法》也执行不力，许多地方没有真正落实。为解决当前教育所面临的一系列严重问题，应根据宪法的规定，立即着手制定各项必要的法规，目的在于使教育事业和教师的权益得到法律保障,也可以使教育部门和人民群众有法可依,有章可循。只有以法律来确立教育和教师的地位,并且调整教育内部和教育与其他部门的关系,实行以法治教,我国的教育事业才能迈上正轨。

为此,我们建议:第一,设立全国性的扫盲机构,重建扫盲教育,责令地方政府作出计划,组织人力、物力、财力,争取在十年内扫除青壮年文盲,并杜绝新文盲产生。其次,各级政府应立即采取法律和行政措施,防止中小学生进一步流失,已流失的要尽快使其返回学校就读。要制定法律,规定雇佣童工是犯罪行为,予以严惩。第三,提高大学生、研究生毕业后的起点工资,改善回国留学生的工作条件和生活条件。第四,各级政府部门要因地制宜地为《义务教育法》的分步骤贯彻执行,制定具体措施。

各位委员:当今的世界正处于激烈竞争和充满挑战的时代。由于国际形势进一步趋于缓和,和平和发展将成为世界的主流,经济和科学技术的竞争已成为决定命运的因素。教育是经济和科学技术发展的基础。一个国家在当今和未来21世纪的景况如何,很大程度上取决于今天的教育。我们深为我国教育面临的日益严重的危机而感到忧虑和不安。这种情况如不尽快加以改变,后果将不堪设想。如能以此为契机,正视当前的严峻形势,下大决心,振兴教育,就能变危机为转机,使我国的教育事业进入一个新的发展时期。问题的关键还在于各级领导干部要充分认识教育的重要性,并以主要力量投入发展教育事业。为此,我们建议,在中共中央领导下,进行一次全国性的广泛讨论,围绕教育在国家经济建设和社会发展中的地位、作用以及教育思想、方针、体制、政策、措施、方法等,进行实事求是的总结和检查。要通过讨论,提高全民族对教育重要性的认识。不仅使各级领导干部真正树立起"百年大计,教育为本"的思想,克服"先经济后教育"、急功近利的倾向和短期行为的抉择,而且要使全国各行各业人人关心、重视、热爱和支持教育，视教育为光荣、崇高的事业，为它的改革和发展作出努力。我们相信，只要上下一致，提高认识，采取有力措施，我国的教育事业和其他各项事业一样，是有着美好的前景的。

振兴中华,汉字大有可为

汉语拉丁化不符合中国国情

现在推行普通话是很好的,但是也只能大概地统一我们的方言。我的无锡腔的普通话比陆定一高明一点,陆定一的话根本没办法(懂)。我们国家里有很多地区,很多音是辨别不清的。比如四川管"拉车子"叫"拿车子",n、l 不分。我们有许多方言、方音是很复杂的。因此想先统一了官话,再搞拼音文字。就是这个拼音文字,大家"仰望"的话,没有三十年至五十年是办不到的。要大概统一容易,像我这种官话就算通过了。其实很惭愧,带了很多我的无锡口音。

有人说我们汉字很难学很难写,因此要拼音化。我说他们是崇洋媚外。外国人为什么是拼音化呢?因为他们是多音节语。我们是单音节语。我们一共只有 435 个独立的音节,假如把声调算进去,我们只有 1 152 个音节。而有区别的"字",那就多得不得了。我们的同音字太多了。假如四声不分的话,有很多音要有 100 多个字。你怎么办?有人说,我们也拼起来,按词类拼,这样就清楚了。其实也不是。最简单的,pi ba 两个字,一个是吃的"枇杷",一

---

* 原载《汉字文化》1989 年第 4 期。

个是玩的"琵琶"。你不写出来怎么办？拿一把 pí bá 来吧,可以是拿一把琵琶弹的,也可以是拿一把枇杷吃的。还有更多的,我统计过。"gōng sī",我统计过有 42 个 gōng sī 完全不同。如：公私两立,现在我们公司开得很痛快。还有大使馆的"公使",还有"公事",很多方音就念 gōng sī,等等,有 42 个,完全不一样。还有我们数学用的"公式"。赵元任是很反对拼音的,写了两篇文章。一篇叫"施氏食狮史",全文四百多个字,全部是 shī shí shǐ shì……念起来根本不懂,写出来才懂。因为我们同音字太多,所以不适合于搞拼音。这是反面。因为我们有这样的汉字,所以我们适用于各地方言。

我到山东成山角去,成山有块碑。说一个杭州的绸缎商在康熙年间乘船到天津去,贩丝绸,翻了船。爬到海滩上,还活着。海滩上只有一个山东老农。两人语言不通,胶东话也是很难听懂的。那一位是杭州话,是杭州官话。两个人搞了半天不懂。后来在沙滩上写字交流,老农明白了,于是把他救回去。后来商人在那儿竖起了一块碑。碑上很明确地说,我们要感谢李斯、秦始皇"书同文",解决了我的问题。我看了以后,觉得完全对。三百多年前的商人都知道汉字"书同文"的伟大功用。今天我们更应该看到我们的实际国情,不能看到外国人都是拼音的我们也要拼音。

汉字信息量多,容易吸收外来文化

我们的每一个汉字信息量都很多,而且很巧妙。信息量多就是这个字和另外一个字放在一起,一个新意义就出来了。对于我们搞科学的很清楚,因为现在层出不穷的新的科学词多得很,比如 atom 我们就不叫"阿特姆",日文也叫アトム,我们翻"原子"很好。laser,我们叫"激光",从意义上去认识这个事物,而不必叫一个"镭射"等等。汉字信息量大,容易吸收新的文化,我们很容易吸收全世界的文化。如唐僧翻译佛经的时候，用了很多梵文，用音译，如"难无阿弥陀佛"，但这是少量的。佛经中完全写音的地方，老实说是没人懂的。真正懂得的还是意译的那种经，如《心经》大家都容易懂，很简单。所以我们很容易接受新的文化。

要现代化还要靠我们的汉字，否则我们的语言整个儿要改。假如我们没有汉字这样一个基础，老实说，我们现在可能有三十几个国家。现在外国人有很多人是好的愿望，但也不乏某些人企图用文字来搞分裂。有这么一批人尽到少数民族地区去，给少数民族搞拼音文字，企图把他们分裂出去。因为文字一不在一起，就很容易分裂出去。时间长一点就出事。这是一个未来信息量多，容易吸收外国文化，容易自己统一的一个很重要的条件。第二个条件，我们的文字，严格来说应叫符号文字。

符号文字最具国际性，汉字大有希望

符号文字应该是国际交流最有效的东西。现在全世界接受的符号只有几种，一种是化合物的符号，全世界是一样的。还有乐谱，五线谱，中外一样。还有一种符号是 1、2、3、4、5、6 7、8、9、10，这个符号全世界完全一样。中国人念 yī èr sān sì wǔ……美国人念 one、two、three、four、five……发音虽然都不一样，但写下来都一样。还有数学方程式符号，全世界统一。数学的国际会议最容易开，用不着讲，方程一写出来，就懂了是怎么回事。所以符号的国际交流的重要性，现在越来越看得清楚。凡是先进的部分，都是一致的。现在计算机用的软件符号，慢慢也要统一。因为它是符号性质的东西。我们汉字这个符号文字，将来可能是未来世界语的一个基础。我们说世界语是走不通的，我们这里也有世界语，它是用拼音文字搞的。我这个话说了，一登报准有人骂我。现在已经有人骂我。将来真正的国际文字。语言要改过来是很难的，因为孩子生出来一吃奶就学地道的母语。语言要统一是很困难的。可是文字要统一是很容易的,我刚才举了四例,一个音乐,一个数学符号,一个阿拉伯数字,还有化学符号,全世界统一。因为它是符号,代表了先进的东西。为什么我们将来不能有一种文字是符号文字?为什么汉字能两千年统一?现在竹简出土拿出来,我们完全能念。你看看西方能吗?他们也有考古,但文字符号都不能念。五百年前的就不认得了。符号文字就有这么一个很大的特点。

有人说你这么现代化不行,你太古了。我搞了十年的中文信息学会,开始时全国只有200多人,现在我们有20万人。现在汉字输入机器,全部解决。汉字印刷,计算机也全部解决,而且很容易。我们已经超过日本。快、容易学,系统完全搞出来了。阻碍现代化的问题不存在了。我们现在这套东西拿来比英文打字机还快,英文打字啰唆得很。我们很简单,我们的文字比较简明,是非常合理的。最合理的东西总是最简单的。我有这么一个感觉,越是繁的东西它总是不合理的,总有许多多余的东西。所以我说我们的汉字很有前途,在现代化的过程中汉字的优越性逐步地呈现出来。

为求"书同文字",两岸要共商大计

我也要讲几句关于简化的事。我觉得各种文字都在变,随着时代要改革,要变。我们过去汉字变了许多了,汉朝的汉字有许多不用了。可是这种变是渐变的,容易让人们慢慢接受。你不能一来就一大批。不能这样搞。第二批简化字中有许多不好。不能为简化而简化,为简化而简化一定是强迫的,没有道理的。我举一个例子,汉字的"汉",我也不晓得是怎么简化出来的,这右边的"又"代表好几个字,如"漢",改成"汉",还有一个字"歡",改成"欢",还有"樹"的中间部分也改成"又"。凡是笔画多的都简化成"又",这怎么可以呢?应该系统地简化,这几个字还应该是不一样的,应该用不同的符号代表这几个字。那么现在汉字就发生一个问题,"汉口"的"汉"是一个"汉",还有灌溉的"灌"呢?右边简化后应该也是一个"又",但为了不混在一起,写成关口的"关",即"浂"。所以应该系统地简化,这样可以使我们汉字原来那种结构能够保持,字形可以略加变化。

有一阵,第二批简化汉字谁也不知道就忽然公布了。说是汉字简化委员会公布的。我也是汉字简化委员会的委员,忽然公布了,我就提抗议。连征求我的意见都没有,还说是用文字改革委员会的名义发表。这不是偷天换日吗?一个"展览"的"展",简化成一个"尸"字下边加一横,成"尸",成为一条尸首,这显然是不成的。"宣传"的"宣"简化成"宀","蒙古"的"蒙"也简化成"艹"。那样都是一横不就完了?不能这样搞法。可是真正复杂的字,没有简化。如"鼻子"的"鼻",很麻烦。至今还是这个样子。所以真正笔画多的他没有去考虑,尽简化一些无须简化的字,简化了不少。简化是可以的,不过应该审慎,应该系统地简化,不要弄得面目全非。

我们有文化继承的问题,而且现在发生了两岸关系的问题。老实说我们内地的报纸拿到香港没人看,主要是不认得你这一套字。台湾现在意见也很大。那我们还要两岸统一,你自己先搞得不统一。人家还是原来的字,当然我们说你们也有简化的,"台湾"的"台",原来是很复杂的"臺",现在已简化成"台"与大陆的简化字一致,不过他们非常小心,他们也有简化。下面一个阶段我们要很好地和台湾联系,使这个文字的简化,能够部分地让他们接受,比如像"马"字,简化得好,他肯定接受。它是从草书而来,他们一定接受。至于"展览"的"尸",他们一定不接受。我们现在有许多工作要做,我们两岸关系要改进,首先在文字上面大家要谦让谦让,大体上要通才行。现在不行,他们的东西我们现在看不懂,小孩儿都看不懂,香港报纸来了小孩儿都看不懂。不必害怕,不过还是应该使两岸繁体简体字有个折中办法。折中办法就是他们要改一批字,他们能同意的,可是我们的简体字中有一批要作废。不管它第一批、第二批,不作废有些是不合理的。重新要进行研究,要进行科学的、系统的研究。怎么改变,不能像现在那样,在过去就是碰到什么改什么,那怎么行?这是一个国家的大业,这不是个人的爱好问题。关于汉字的问题,是很重要的,大家的很多意见我是同意的,而且是拥护的。

《钱伟长科学论文选集》*自序

自1935年大学毕业以来,业已从事科学工作52年。在这52年中一共写成科学论文和研究报告约180篇,其中约有50篇由于种种原因从未发表,而且在十年动乱中丢失了。其余还有一些是在第二次世界大战中所从事的有关美国、加拿大两国的技术研究报告,由于当时的保密要求,未能由私人保留带回国内,亦属于"丢失"一类。这里仅选其重要论文84篇,汇编成《钱伟长科学论文选集》,由福建教育出版社出版,以供同好。福建教育出版社重视我国科学事业,大力耗资出版本选集,著者借自序之机,致崇高的敬意。

在本选集中有25篇是用外文发表的,35篇只有中文发表过,其余24篇,既用中文又用英文发表过,在这种情况下,我只收取其中文稿。

本选集按论文发表年份先后编排。论文1~3三篇光谱分析的论文,都是在清华大学研究院期间(1935~1939年),在高梦旦奖金资助下完成的。当然在这些年中,还有一些其他方面的工作。例如,关于北京地区大气电的测定实验工作,它是从1934年5月至1935年6月和同班同学顾汉章一起在自制仪器的基础上合作

---

* 该书1989年9月由福建教育出版社出版。

的,当时夜以继日,轮流值班而测定了我国第一份大气电的数据。从这一全年的数据中,我们分析了北京地区大气电密度和风向、风速、湿度以及晴阴雨的定量关系,写了一篇论文,也是我的第一篇科学论文,在1936年6月中国物理学会的青岛年会上宣读了,但该文未及发表,就在日寇占领清华大学(1937年8月)时丢失了。顾汉章同学已于1935年9月因积劳去世,这里顺此致哀。1935年至1937年是"一二·九"运动风起云涌的时期,我的大量精力和时间用来参加抗日救亡运动和民族解放宣传队的群众活动,用在业务上的时间较少,但也在导师吴有训教授指导下进行一些有关X射线衍射研究,以及在黄子卿教授指导下进行了一些有关溶液理论的物理化学研究,可惜所写的有关这方面的论文稿都在日寇占领清华时丢失了。从1938～1939年,我在西南联大物理系工作,除了完成了光谱学论文2～3篇外,还研究了弹性板壳的内禀理论,但论文尚未发表,就考取了留英公费生去加拿大多伦多大学应用数学系学习。

论文4～8、10、15、17都是1940～1941年在加拿大多伦多大学应用数学系的工作成果。在这期间,我在板壳内禀理论4、6、7、8、15方面做了不少工作,论文4是我在多伦多大学期间和导师 J. L. Synge 合作并在 Th. von Kármán 教授的60岁祝寿纪念刊上发表的。这是我在国外发表的第一篇论文,也是该刊登载论文作者中的唯一中国青年,颇受 Th. von Kármán 注意。这也是我在获得博士学位后能转到加利福尼亚理工大学,在他领导下从事博士后工作和喷射推进研究的原因之一。

当我初到多伦多大学,第二次进谒导师 J. L. Synge 教授时,就了解到他亦正在研究弹性薄壳薄板的统一理论,当时就把我在昆明的工作计划和初步成果交给了他。他也就把他的成果给我讲了一遍。我们发现虽然研究的是同一问题,但走的路线不同,他从宏观方面研究板壳,得到各种壳和板的统一的内力素平衡方程,当然是用中面上的任意正交坐标系中的张量表示的。我则从微观方面研究板壳的静力平衡条件,把板壳内所有各点的应力和应变都用中面内的三个应变分量和三个曲率变形分量来表示。这些分量之间同时还满足弹性体变形的协调条件。我们当时决定虽然这两部分还没有融合在一起,但可以分宏观理论和微观理论两部分,在统一数学符号的基础上写成一篇论文,送给 Th. von Kármán 教授,祝贺他的 60 寿辰。我们留英公费生是 1940 年 9 月 4 日抵达加拿大的,9 月 20 日选定了学校和导师,办完了入学手续。9 月底决定合写这篇论文,10 月底初稿完成,11 月中旬送出,前后只花了 50 天的时间,这可以算是非常高速度的了。这篇文章在 1941 年 6 月出版,发现像我这样一个默默无闻的中国青年竟和 A. Einstein, R. Von Mises, H. Bateman, P. S. Epstein, R. Courant, S. Timoshenko, Hans Reissner, A. Nadai 等国际权威教授 26 人同在一本纪念集上发表文章,实非始料所及。这是我一生中所受到的最大的精神鼓励。从此,我不论处于顺境和逆境,都有充分自信,以高昂的精神投入搏斗,克服在科研工作中一个又一个困难,47 年如一日。

我的博士论文是 1941 年 10 月完成的,11 月进行了答辩。论文把宏观理论和微观理论统一起来。同时利用中面应变分量和中面曲率变化的分量按各种量级大小进行渐近的近似,得到了按渐近方程的不同形式而分类的办法,求得了板的理论 12 种,壳的理论 35 种。这样把板壳理论引入了一个新的阶段(见论文 6～8、15)。博士论文中大约还有 1/3 的内容,涉及有关边界层的问题,一直没有发表。这四篇论文在 40～50 年代曾产生较大影响。1982 年 5 月 18～23 日,由中国数学会、中国机械工程学会和中国力学学会联合召开的"合肥有限元研讨会"上,R. H. Gallagher 教授向听众介绍我时,就曾指出在 1950 年前后,当他是研究生时,这四篇文章都是必读的参考材料。在 1945～1955 年间,国际上美国、苏联、澳大利亚等国都在这些文章的基础上出版了好几本专著，他们都把其中的浅壳大挠度方程称为"钱伟长方程"。

在1941～1942年间，我曾参加了加拿大国家研究院应用数学特别委员会关于雷达的波导管内各种天线的电阻电抗研究，写了若干份保密的研究报告。本选集论文10、17都是这些研究报告内容的一部分，都是战后解密之后发表的。这期间，我也和A. Weinstein教授合作发表了论文5，还写过有关储油罐的强度分析研究，但并未发表。

从1943年至1946年夏季之间，我在美国加省理工学院航空系工作，初期是Th. von Kármán教授的博士后科研人员，半年以后，即正式加入Th. von Kármán教授亲自主持的喷射推进研究所(J.P.L.)工作。在这三年半的工作中，有钱学森、林家翘、郭永怀诸同学朝夕共事，互相讨论，我在学术上和在多伦多大学应用数学系时一样，正处于兴旺多产上进的年月。在这期间，主要从事固体和液体燃料的火箭的研究，完成了许多保密的研究报告，包括有关火箭的弹道计算工作、误差估计和弹道修正、火箭的空气动力学设计、弹型设计、高空气象火箭研究、地球人造卫星的轨道计算以及气阻损失、降落伞运动设计、火箭飞行的稳定性等，可惜所有这些报告都在返国时留在美国，没有片纸只字携返祖国。在这三年多内，也从事了一些纯学术的理论研究（如论文9、11、12）。其中尤以变扭的扭转论文9和关于超声速对称锥流的摄动法11两文较为重要。前者是在von Kármán教授指导下合作完成的。von Kármán在他的自传中，曾把此文称作为他一生中最后一篇固体力学的著作，并称该文是他一生所写的最富有经典气息的文章。此文曾受到欧美各国学者的重视，苏联学者符拉索夫对它曾有详尽的讨论。关于锥流的那篇文章，采用了当时尚未公认的奇异摄动法，原来是1945年在加利福尼亚理工大学航空系召开的超音速气动力学研讨会上的一次报告，只发表了一个提要和简单结果，但一个月后即得到英国 J. Lighthill 教授的重视并来信索取全文。由于种种原因,论文 11 是在返国后在清华工程学报上发表的,遗憾的是该文中有一个方程有计算错误(少了一个系数 1/2),在本选集中,已做了修正。

从 1940 年 9 月至 1946 年 6 月之间短短 6 年内,由于我在美国、加拿大的生活条件安定、工作条件优越,形成了我在科学工作上的青年的黄金时代。在这个时期中,先后完成了约 40 篇学术论文和研究报告,其中包括一些重要贡献。

1946 年 6 月抗战胜利后我返回祖国,一直到北京解放为止,都在清华大学机械系任教授。这是一个革命活动非常活跃的时期,一方面币制贬值,金圆券、关金券闹得民不聊生,群众运动高涨,参加反内战、反饥饿、反美扶日等学生运动,连绵不断;一方面是学校教学任务很重,每星期上课曾达 15 小时之多,所以,在这时期内研究工作较少,主要只有这里收集的四篇论文,即 12、13、14、18,其中 12、14 两篇是较重要的。论文 12 提出了用最大中心挠度为参数将圆薄板大挠度问题的解展开为以无量纲中心挠度为参数的级数的摄动解,这是该问题自 von Kármán 教授在 1907 年提出后的第一个接近实验数据的分析解。在 50 年代和 60 年代,国外称本法为"钱伟长法"。1956 年该文获得了国家科学奖。论文 14 研究了圆薄板在挠度很大时的渐近解,它是以 Hencky 薄膜解为基础的,并把边界层的解和它叠加在一起,来逐级满足边界固定条件的解,这是一种奇异摄动法,也是在国际上首先涉及奇异摄动理论的一篇论文。最近周焕文同志指出了这一事实,并把这种创新的奇异摄动法称为合成展开法。这里必须指出,在国际上奇异摄动理论是从 50 年代开始的,我国学者郭永怀、林家翘、钱学森对这个理论的创立和贡献,都是人所周知的。我的这篇文章是新中国成立前夕发表在清华理科学报上的,印出时,北京业已解放,该学报长期积压,无人过问,到 1952 年院系调整时,才发现这个事实。那时限于国际条件，只在国内发行，所以这篇文章鲜为人知。论文18是国际上第一篇用变分法处理润滑理论的文章，首先解决了有限宽滑动轴承的承载计算问题。

新中国成立以后到1957年以前，这一段既有大量的社会活动，又有繁重的教学行政工作，同时还先后讲授了应用力学、材料力学、大学普通物理、应用数学、弹性力学等课程，编写了大量讲义。同时在后期，还领导了数学研究所力学研究室、力学研究所，筹建了自动化研究所，以及参加了耗时很多的12年科学规划，所以在这长长的9年中，论文写得不多。这里收集了19～29等11篇文章，其中还有5篇是和研究生合作的，内容涉及压延加工19、连续梁20、扭转问题21、建筑史26、扁壳跳跃29，以及大量的薄板大挠度问题的推广工作（即22、23、24、25、27、28等）。

这里必须指出，扁壳跳跃问题是我在美国时某温控仪器公司提出的一个技术咨询问题，我当时是用变分法求得了实用的和实验基本符合的设计公式，这个公式到目前还在使用。这是一个扁壳问题，应该用论文8的扁壳大挠度方程（亦即"钱伟长方程"）求解。论文29只是这一问题的初步工作，这一点美国冯元桢教授亦曾在60年代明确指出过。

这一时期，我把薄板大挠度工作扩大延伸到圆薄板的各种边界条件24、25，同时还研究了矩形板的大挠度问题27。论文28、29都是我国参加在比利时首都布鲁塞尔召开的"第九届国际应用力学大会"的论文，其中28是在大会全体会上宣读的，也是在国际上长期被引用的论文。

1957年起到1977年止，由于众所周知的原因，我很少发表科学论文。

自1977年以后，"四害"已除，我重新获得了从事科学工作的权利。欣逢1978年党中央十一届三中全会召开，号召全民为建设"四化"而努力，奋起之情油然而生，虽已年近七旬，还能为"四化"

效力，感到无限幸福。我力图夺回久已逝去的美好岁月，夜以继日地工作着。本书收集了 50 篇在这 10 年中发表的论文（即论文 36～85）。除此而外，还有一些限于篇幅，只好割爱。

这 50 篇论文中，约可分为 10 部分：环壳理论、变分法、有限元、中文计算机、薄板大挠度问题、管板、断裂力学、加肋壳、三角级数等，还有一些杂论。

环壳理论共有 9 篇，即论文 37～39、47、48、49、52、67、73。其中尤以 37、49 两篇最重要，这里提出了一个环壳方程的精确解。这是波纹壳、波纹板问题的一个新的起点，其他各篇都是它的应用。主要把环壳解应用到波纹壳和波纹板方面的成果。当然，这个解也可以用来计算瓶肩的应力。

变分法论文有 40、55、64、65、66、69、70、71、72、76、77、78、81、83、84、85 等 16 篇。这些论文，都是没有发表的那篇关于广义变分原理的发展。其中论文 40 最重要，它大大扩大了论文 31 的成果，曾获得 1982 年的国家科学进步奖。论文 77 是又一篇非常重要的文章，它大大改进了不协调有限元的使用范围，被收入国际力学权威杂志《应用力学进展》，作为 1984 年力学工作的重要进展的一个方面。65、70、85 三篇是为纠正胡海昌的错误论点而写的文章。

有限元方面有论文 41、42、43、44、56、59、60、61 等八篇论文，其中对角线化的一致质量矩阵工作是有新的重要创造的，它对动力学计算特别重要。

中文计算机有 62、82 两篇，后面一篇涉及我提出的编码，被称为"钱码"。这个"钱码"曾获得上海市 1986 年发明奖和 1987 年全国发明奖，并在 1986 年国务院标准局主办的中文计算机比赛中获得甲等级的评比胜利。

薄板大挠度问题有 54、79 两篇，都是 40 年代和 50 年代工作的发展和继续深入。

管板论文 53，断裂力学 45，加强肋 24、75，三角级数 36、50、51

共七篇论文。管板和加强肋的论文都是60年代写成但因故未能发表的论文,它们都是劫后遗稿,原稿上还留有杂乱的皮鞋脚印。断裂力学的英文稿曾在美国的《断裂工程月刊》上发表过。三角级数是我的一部三角级数之和(共1万条级数之和)大表上的第一部分,其余将以专著的形式出版。

其他杂论为46、57、58、63、65,它们都是一些重要会议上的学术报告。

这10年是丰收的10年!

这本书的出版,充分体现了祖国在"四化"的征途中党对科学工作者的关心和鼓励。这和"左"倾路线影响下的经历,有着鲜明的对比。对我来说,有决心有信心,在这振兴中华、建设有中国特色的社会主义的长征中贡献一份力量。在这次党的十三大胜利闭幕的欢呼声中,谨以实际工作向党献礼,并表明我的心愿。

贺上海市价值工程协会成立*

上海市价值工程协会：

欣悉上海市价值工程协会成立，谨致以热烈的祝贺！

价值工程是一门技术与经济工作相结合的管理科学，在现代管理中，推行价值工程，对于提高产品质量，降低物资消耗、增加经济效益，起着显著的作用。

上海的广大工程技术人员在推广和应用价值工程理论方面做了大量的工作，取得了很大的成绩，积累了许多有益的经验。今天成立协会，则是百尺竿头，更进一步，必将为促进企业管理现代化和全市的经济发展作出更大的贡献。

承蒙邀请参加成立大会，但因即日赴京，不克出席。

祝会议圆满成功！

祝同志们新年愉快！

---

* 写于1987年12月27日。原载《价值工程》1989年第 S1 期。

1990

怀念我的老师吴有训教授[*]

当1931年我从中学毕业考入清华大学时,吴有训教授在全校师生的心目中,是一位声望很高的青年教授。在过去一年间,清华大学的全体师生团结奋斗,轰走了国民党派来的校长罗某,而由教授会公推叶企孙教授掌握校印,代行校长职务,公推吴有训教授为代表到南京向蒋介石据理力争,要求当时任留美学生监督的物理学教授梅贻琦为新任校长。蒋介石因理屈词穷而致恼怒,竟用手杖打了吴教授,一说是踢了吴教授一脚,但吴有训教授坚持争辩,终于取得胜利。从此,梅校长任职18年,使清华建成为有文、法、理、工、农五个学院,有较高学术水平、蜚声中外的大学。当时同学中都绘声绘色地传颂着吴有训教授那种坚持正义、不畏强暴的正直形象。在以后长期的接触中,使我更深切地体会到,他以这样的品德教育陶冶着我们下一辈学生们。

当时,在清华园里尤其是在物理系里,大家都饶有兴趣地谈论着图书馆里新到的一本书——诺贝尔奖金获得者康普顿教授著的《X光学》。20年代后期,康普顿教授从X光的衍射实验中,探索

---

[*] 选自《吴有训》,该书1990年由中国文史出版社出版。

到了一种后人称为"康普顿效应"的现象,而这种现象正是研究原子的电子层结构能级的重要根据。吴老师当时就学于康普顿教授,所做的探索实验和测量技术,以及理论研究,都使这种现象得到了无可怀疑的深入结论,受到康普顿教授的很高推赞,《X光学》中竟有三十多节引用了吴老师的结论和贡献。国际上也有称这种效应为"康普顿-吴效应"的。因此,在青年教师和学生中,大家都以有这样一位教授当物理系主任而感到荣幸。在清华四年中,我听了吴老师的大学普通物理、光学、近代物理和X光学四门课,毕业后又考入研究院,在吴老师指导下进行过一整年的X光衍射实验工作。他的治学态度、教课精神,以及在管理上以身作则的严格要求,对我们影响很深,都成为我们终生学习和工作的楷模。

  进入大学的第一件事是选系。我在中学里确实爱好文科,而对理科特别是数学、物理视为畏途。但在"九一八"事变后,和大多数青年一样激发了"科学救国"的热情,可是也并不理解科学是什么,以为数理化即科学,所以我就决心弃文学理。学校里既然有这么一位人人传颂的科学家在物理系任主任,我自然力图进入物理系。在1931级的106位新生中,要求进物理系的竟有21人。对那些入学考试物理、数学成绩好的同学,系里当然欢迎,而对我却尽力劝说到别系去。我一再找系主任吴有训教授,他就拿出我的全部入学试卷,恳切地提出我学中国文学或历史最合适,并说中文系的杨树达教授很欣赏我的那篇作文,希望我到中文系去;历史系的教授对我的答卷也特别满意(题目是写出二十四史的名称、卷数、作者、注者),希望我到历史系去。但是我的数理化三科考分的总和不到100分(其他同学的成绩都在200分以上),英文也考得不好(当时理科教材多是用英文本),将增加学习困难。吴老师极力劝导我学中文或历史,说中国文学和历史也是国家民族所需要的。他见我身体瘦小羸弱,特别关切地说要根据个人的条件选择科系,物理系每届都有一半同学承受不了学习负担而转系,对学校和个人都是损失。他担心我承受不了物理系功课的负担。吴老师没有料到他所面对的是一个下定决心、态度坚决的青年。要弃文学理,是我经过反复思考决定的愿望,是不会轻易更改的了。经过一个多星期的恳谈,最后吴老师同意我暂时读物理系,但是要我保证在学年结束时,物理和微积分的成绩都超过70分,同时选修化学,还要加强体育锻炼,向马约翰教授学习。这对我的确是全面要求,每周除上课外,有两个下午的物理实验和两个下午的化学实验,还有课外锻炼,我必须加倍努力克服困难,达到要求,否则就得"转系"。

经过一个多星期的恳谈,以及后来的长期接触,我发现吴老师每天清晨7时就到系里,上午办公、讲课、谈话和研究问题,除午餐、晚餐外,整个下午和晚上都在实验室和图书馆里,孜孜不倦地从事科学工作。实验室的小车间里有两架车床,实验用的X光衍射和测量设备,以及强电源都是自制的,有时吴老师自己就在车床上工作。当时吴老师的助手是陆学善和余瑞璜,两位后来都成为知名的物理学教授。我逐步理解了什么是科学工作,什么是一个现代中国青年对民族和祖国的责任,也更理解到从事科学工作对一个人的一生将要付出的代价是无法想象的。接触得越多,向他学习的心意越坚定。是鼓励、是诱导,没有说教,没有训斥,而吴老师自己的言行品德,却在起着教育作用,深刻地影响着青年们。

吴老师热情关注学生,不论工作多忙,他总是和颜悦色地接待我们,不厌其烦地解难释疑。他更细致全面地了解学生。对于我选系的问题,事后才知道,他曾访问我的叔父和我在苏州中学的老同学,详细分析我的情况,或许他认为我是一个有些潜力和执著的人吧,因而同意我有条件地进入物理系。

我得以实现弃文学理的愿望,也必然承担物理系学习的压力。最困难的是第一个学期,除学习正课和做实验外,还要自己补习英文和中学的一些基础数学,只得夜以继日地苦读。大学一年级的普通物理是吴老师亲自讲授。吴老师讲课与众不同，从不带讲稿，不是照本宣科。每堂讲一个基本概念，从历史的发展讲起，人们怎样从不全面的自然现象和生产经验中，得到一些原始的往往是不正确的概念，以后从积累的生产经验中发现有矛盾，又怎样从人们有控制的有意安排的实验中，来分辨这些矛盾概念的正确和错误，从而得出改进了的概念。在进一步的实验中，又发现这种概念的不完备性和矛盾，再用人为的实验进一步验证和分辨其真伪。这种人类对物理世界的认识，以及怎样用这种认识来提高我们的生产水平和满足生活需用的各种事实，激发了同学们对知识的追求探索，启迪了同学们掌握学习的正确道路。听这样的课，真是最高的科学享受。

开始我听课记笔记，仍用中学生的办法，但效果不好，每周20分钟的课堂测验，我竟一连七个星期不及格。吴老师不断给我指导，告诉我学物理不像学中文，不要追求文字的记忆硬背，而要体会其严格的概念，要学通，通就是懂了，懂了才能用，用了就自然记得了。劝我不要上课只顾记笔记，至多写一些简单的标题和名词，重要的是仔细听讲，力求当堂听懂，课后用自己的语言择其关键简明写出，一堂课至多写出5条到10条就足够了。在写的过程中发现有不明白的，可以看有关的参考书。为减轻我读英文的困难，吴老师给我一本某校的中译本讲义，便于查阅。以后还经常给我具体指导，使我从死记硬背改进到掌握学习的科学方法，培养了有效的自学能力，逐步提高了学习成绩。第一学期物理及格了，学年终了时各科都追到八十多分，实现了我的保证，四年后以优异的成绩毕业。

吴老师非常重视实验的培养。记得第一堂物理实验课，是安排用一根2厘米的短尺，度量一段约3米的距离，必须达到一定要求的准确度。这种训练是为教育同学们认真对待测量误差问题的。二三年级以后，要同学自己选取实验的用具和仪器，并安排联结实验的工具。到做毕业论文时,连测量仪器都是同学们自行设计、自己焊接的。我们在物理系的四年里受到严格训练,不少同学基本上以实验室为家,有人甚至一连多少天睡在实验室里的行军床上。吴老师总是和同学们在一起的,哪里有成果,哪里就有他的笑声;哪里有挫折,哪里就有他的带着浓重江西口音的鼓励话语,和同学们一齐寻求克服困难的路子。

吴老师和叶企孙教授一样,非常重视科学知识的全面培养,不仅要求我们学好本系的课程,并且指导我们多选修数学、化学等外系的重要课程。我们班就有好几位同学既学了不少数学课,也学了分析化学、有机化学、物理化学和工业化学等课,而且严格要求和化学系的同学一样,要做满全部实验课。我们也还分头选读了直流交流电机、热工原理、结构学和结构理论等工学院的重点课,有的同学甚至于读满了两个系或三个系的学分。这样的训练,为一生从事教育、科研工作打下了坚实的基础,易于联系实际,适应生产需要。

吴老师和叶企孙教授都很重视为祖国科学建设事业的全面发展而培养人才。我们班的"状元"陈新民,入学之后,吴老师认为他在化学上有更大的潜力,说服他进了化学系,同时多选修物理系的课。以后陈新民教授在冶金化学方面有贡献,曾任中南矿业学院院长。30年代国内缺乏气象、地质方面的人才,吴、叶两位老师鼓励我们去听气象和地质的课程。他们很重视这两门学科的发展,并要求一些同学出国后转学这些学科。像物理系的学生翁文波、赵九章、傅承义、赫崇本等,都是在他们的鼓励下走上了地质、地震、海洋、气象等科学行列的,也都成为新中国成立后我国在这些方面的学术带头人。吴老师、叶老师为祖国科学事业的全面发展运筹培育人才的功绩,是应予颂扬的。

我在大学毕业后,考取了中央研究院实习研究员,同时也考取了清华物理系研究生。实习研究员月薪70元,研究生只有每月津贴24元。我因家境贫困,要担负母亲和弟妹的生活,考虑放弃研究生,但心里实在想继续学习。吴老师了解到我的处境,告诉我说争取去考上海商务印书馆的高梦旦奖学金。我幸而考取,每年得奖学金300元,就可以解决家庭经济负担,才决定留清华读研究生,直到考取留英公费出国。吴老师爱护青年学子以至于关注到生活问题,这是我亲身感受的。

吴老师一生从事科学工作,为祖国热心培育下一代的科技人才,为人正直不阿,是我们尊敬的师表。

没有一个独立富强的国家
就没有个人的一切*

由于我们的工作没有做好,使我们国家的老百姓现在还没有过上应该过的好日子,使我们民族五千年的光辉受到一定影响。我们这几代人虽然没有把国家搞成本来应该有的那么兴旺,但国家确实是有很大进步的。不过开"门"一看我们仍然是很落后的,我们应该努力解决这个问题。解决的办法不是逃避,不是躲开,而是要勇敢地担当起责任来。可是,时间对像我这样年龄的人来说,最多不过十多年吧?而你们还有几十年或上百年的工作要做,你们不做谁做?我听说现在学校里有股风叫"TDK","T"是念"托福","D"是跳舞,"K"是谈恋爱,这样做就不符合国家和民族对大家的要求了。我们的民族若没有那么一批人敢于把国家的责任挑起来,用全部精力来为国家和民族工作,我们这个民族就会永远被人欺压。你们中一些人是体会不到这一点的。我们从旧社会来的人都知道,若没有一个独立富强的国家,就不可能有一个民族的尊严,更不会有一个民族中个人的一切。解放前,上海黄浦江边公园门口挂着"华人与狗不得入内"的牌子,外国殖民者竟然荒谬无耻

---

* 1990年在上海工业大学研究生奖学金授奖大会上的讲话。原载上海工业大学《高教研究》1990年第1期。

到这般地步！你们没有受过这样的侮辱体会不到这种心情。若没有几百年来特别是近百年来我们民族优秀儿女和大批革命仁人志士的流血牺牲奋斗，我们连今天的这一点权利也不会有的。现在，帝国主义者用各种办法来分裂我们国家，想打破我们的团结，以期达到他们的目的，这股气焰还是相当嚣张的。

　　现在想出国的人很多，我不反对这点。但是你们应首先考虑到，出国的目的不应是解决个人的问题。只有国家和民族的问题解决了，个人的问题才能真正得到解决，才能有个人的自由和个人的一切。国家的富强要经过几代人的共同努力奋斗，只有顶得住各种外部侵扰，才能有中华民族的振兴和我们的生存！据说在三百多年前，美国印第安人有800万到1 000万人口，文化很高，他们的文化系统很接近我国的文化，但现在这个民族的人口只剩100万左右了。经过300年，他们的文化变成了供美国旅游的对象了。还有南美的玛雅人，历史上相当繁荣，文化很高，但在西班牙和葡萄牙的殖民统治下也是人口减少，文化每况愈下。所以不要以为我们有11亿人口垮不了，没那么回事，若再糊涂下去，也非垮掉不可。实际上，垮掉的民族多得很，非洲就有很多民族在近一二百年的殖民者侵略过程中垮掉了。我们不能糊涂，必须认识到没有一个统一的、团结的、强大的国家，就没有一个民族真正的生存条件。若一个民族连独立生存的条件都没有，整个民族是一个无国籍、没归宿的群体，你个人又逃到何方？现在有不少人梦寐以求地想出国，为"TDK"而奋斗，只是这个追求，不是想报效祖国，那实在是可悲的，这就谈不上有什么最起码的人格和品德。你应该晓得在世界各国之间还存在着不平等关系。我们讲和平共处五项原则，但有的人不和你讲这个，他能欺你就欺你，能占领你就占领你，占领后能赖着不走就赖着不走，他们哪里把落后国家的人民当人看待！

　　近百年来，我们中国有很多学生出去留学了，去学习人家先进的东西，目的是为了改变我们国家落后的面貌。解放前上海有个留学生,他从日本留学回来,办了个天厨化工厂,当时叫天厨味精厂。他一辈子献身这个事业,他对我国化学定名方面作出了贡献。他当时看到很多人无钱读书,就把天厨厂的大部分利润提出来办了个"清寒奖学金",从1928年到1937年间,每年有一百多人得到这个奖学金的资助上了大学,为国家培养了不少人才。解放后,这个厂发展得更大,成了上海较大型的化工企业。历史上有许多人曾想改变我们国家不合理的政治制度,如光绪年间的维新派人士梁启超等人都是留日学生。维新失败,二三十个人脑袋搬了家,梁启超逃出来,幸免一死。接下来是孙中山领导的革命,也全部是留日学生,后期有了留学欧洲的学生,黄花岗72烈士就是72个留学生,他们牺牲在广州。中国共产党的领导人很多是留法的学生,他们出国勤工俭学,是为中国革命事业而去,也不是去解决自己的问题的。

我再说一件事:1972年美国出了一本书,书名叫《中国的云彩》,书中有一套观点,就是美国没把当年一批留美学生留下来,使他们回中国后搞成了原子弹,说这是美国的失策。当然,接着搞成导弹那是1972年的事,当时美国不知道。书中批评美国政府说若能把这批科技精英留在美国,中国就没办法啦。书中指名道姓的人有王淦昌、赵忠尧、钱学森和我等一批人。不让我们这些人回国,他们的居心何在?无非是把你当成他们国家的工具,为他们的利益服务,用你来对抗甚至消灭中国。可是现在我们中有不少人不明白这一点,糊里糊涂。我们中国人应当有远大的理想和抱负,应当有高尚的思想去指导自己的工作和生活。当前国家有困难,困难怎么来的?一是怪我们自己不争气,再加上外国欺负我们,在国际大环境中不给我们平等条件。我们这辈人从小就知道有不平等条约,现在不常给你们提了,因为我们中国已经站起来了,这些不平等条约不起作用了。但是人家还是要围困我们,把我们封锁了30年,我们现在主动打开国门,他们又搞了个"你开放我渗透",

我们有些人上了当。我希望你们把眼前个人的问题放开点，把国家民族的大业放在首位，学习那些见义勇为的同志，学习今天受表扬受奖励同志的精神风貌，多为我们民族的未来和前途着想。我们承认现在社会上还有很多不公平的事情，对此，我们不能光抱怨，因为我们都是社会中的一分子，这个社会有问题，我们自己同样有责任。所以要求大家共同努力，对自己的问题考虑得少一点，把民族国家的前途问题多考虑些。这样，当你们到老年的时候，就不会像我们现在挨下辈人的骂，说："你们这些老头子怎么搞的，搞了那么多年，怎么把国家搞成这个样子！"到那时你们就可以给自己下这样的结论："我是对得起自己的民族和国家的。"

最后，我补充讲两个例子，说明工作不对口时，只要自己努力仍然可以大展宏图。第一个例子，上海灯泡厂有个女干部叫黄菊珍，她原来是学经济的，到该厂后做经济管理工作。她看到我国灯泡寿命短、易损坏，就想方设法进行改进，历经七年苦干成功了，不但解决了原有问题，而且使我国灯丝大量出口。去年她出席了全国先进工作者会议，是全国一百二十几个先进工作者之一。当初，有很多工程师认为她是胡闹，她学经济的不懂冶金，不可能对此有所作为，但结果她却为我国的电力事业作出了特殊的贡献。所以，不管对口不对口，只要有志气按国家需要的工作去做，就会出成绩。现在你们学的可能以后工作中用不到，但工作方法和基础是一样的。第二个例子是清华水利系有个三年级学生，叫党治国，家住在延安南面的韩城，就是司马迁的故乡。他家几代老革命，父亲是个矿工。他认为水利对他家乡山区很重要，考上了清华水利系，还担任了三年级学生党支部书记。当年他不过提了个意见就被打成右派，开除党籍。但他不管是不是右派仍认为自己的意见是正确的。以后被送到门头沟煤矿劳改，他去后干了七年，与工人关系相处得很好，就因为不承认当年的"错误"，又把他定为反革命分子判刑20年。后转到他家乡韩城坐牢。韩城有个煤矿，他在那里的七年坐牢中修理过整个煤矿的所有机械。韩城煤矿是个老矿,经常出毛病停产待修,找人又修不好,常找他来修,修后让他再去坐牢。直到1978年为止,他不知修好过多少次卷煤机和其他机械。他在那里一边坐牢,一边钻研煤矿机械技术,叫做边劳改边自学吧。虽然他是水利系的,但因为有一般的理论基础容易学其他的技术。1978年科技大会时放他出来了。出来后他首先提出搞煤矿上一种高功率风镐,那是煤矿上很重要的一种设备。他各方找人配合,但无人相信他能做好这项工作,最后找到了我。当时我是开封矿山机械厂总顾问,我答应想法把他调到矿山机械厂。去后他做了工程师。我当时劝他:"以前的事已经过去了,类似情况很多,不应再去想了。"他说:"我根本不去计较这些,我考虑的是国家的生产!"我说:"很对!"前几年他的先进工作曾多次得到表扬。他的贡献不是他原来所学的水利本行,而是他现场工作地方的另一种工作。

我举上面两个例子无非是告诉大家,今后的工作不可能像大家现在设想的那样一帆风顺。但有一条应该牢记:要立足于自己的工作单位,做好本职工作,把它搞好,其他一切不应计较。我提出上述要求鼓励大家,也是以此要求我自己。我是不论在什么岗位上都干的,没有岗位我也一样干,我曾有20年是没有岗位的,照样在努力干工作。比如搞坦克不是我的岗位吧,但我也为它作出过贡献。我们要有在哪里工作就在哪里干出成绩的思想,希望大家有这个共同的认识。如果你们各位都这样,我们国家就又增加了一百多人的真正力量。请大家记住:关键是把本职工作做好,不管把你们安排在哪里。

在汉字现代化研究会上的讲话*

今天这个会,主要是为弘扬我们汉字的无穷威力,为21世纪中华民族能在世界民族之林得到我们应有的地位而召开的一次会议。我祝贺这次会议能产生巨大的影响!

我并不是搞文字学的,我与文字学发生关系是因为我受了气。我曾经参加过一个国际会议。那次会议上有人公开说:"汉字是会影响你们现代化的。"那是1979年,我们国家刚刚提出现代化的口号,号召全民去努力。他还说:"你们的文字应该改为拼音文字,只有拼音文字才能救你们,因为你们的文字是无法进入计算机的。""今后计算机是社会的信息机构,是脑袋。"甚至有人说:"你们的文字进入计算机要靠我们。"也就是说要靠他们,靠某某公司,等他们发明出办法来卖给我们。所以会后我一回来就四处奔波,成立了一个"中文信息学会"。我就不相信,我们国家的文字已有3 000年历史了,还要让只有300年历史的国家的人来帮我们,这伤了我们的自尊心。这个学会成立十年了,我们已经解决了这个问题,而且解决得比英文还好。

我们从十几个人开始,现在全国在这方面工作的人已经达到50万左右。我们已有五百多个方案进行工作,而且还能改进。我

---

* 原载《汉字文化》1990年第3期。

们现在计算机输入汉字平均每分钟已达200字,有的已经达到450字,比英文快得多。因为我们有一个中文的特点,就是刚才安子介先生说的"联想"的特点。联想的确是我们中文的特点。我们很多的方案都是采用联想的方案,使我们输入得更快,运用得更快。现在不是有个中文计算机公司叫"联想公司"吗?来源就在这里。"联想公司"比"长城公司"又进了一步。我相信我们中国人的创造无需洋人来帮助。我们完全可以自己解决问题,而且解决得很好。为什么?因为我们国家的文字已经有3 000年了,世界上没有一个国家的文字经过3 000年了而现代人还能看得懂。英国才400年历史,可早期的英文一般人已看不懂,要文字学专家才能看。我们不是这样,为什么?因为我们是符号文字。符号文字是可以作为统一全国的工具的。为什么我们民族被外族侵略过多次,最后,这些民族都与我们中华民族融会在一起?这主要是因为我们有这种比较先进的文字。文字永远是在变化的,我只能说是比较先进。这些文字促成了那么多外族都融会到我们这里来,因为汉字也适应于这些人。现在我们国家有许多文学家、文字学家是满族人。为什么?按拼音文字那是不可能的。

  同时,我们的文化与我们的文字是紧紧联系着的,假如我们改成拼音文字,那么老实说,诗、词、对联、书法家都不存在了。在座的大概有很多人有这方面嗜好的。我与这些毫无关系,可是我觉得这是我们中华文化很重要的一部分。我们的诗词无论如何可以远远超过各国的诗词,一个词的妙用可以把一首诗写活。我们现在经常搞书法展览。你说拼音文字有什么书法展览?你看见过没有?全世界没有看见过拼音文字的书法展览,这有什么可写的,尽是歪歪扭扭一大堆。当然,现在有未来派的艺术家,我看见在纽约拍卖,那是歪歪扭扭地一大堆。这样的艺术我不懂,我当然不能完全否定它,但是我不懂,也不能欣赏。

  下面有一个问题,就是所有的文字,因为它不是母语,外文学起来都比较困难。所以,世界性的、国际性的文字,过去所搞过的世界语,它是脱离母语搞的,就无法推行,到现在还普及不了。当然,英文是根据殖民主义和帝国主义的力量在全世界推行了。我们因为要与他们来往,必须学英语,这是对的,可是很多人学英语都是相当艰苦的。我们中国人学英语比所有国家都好,比印度人好,比日本人好,比德国人好。德国人学英语到现在还忘不了-ing 的 g 读作"格"。我们没有这个问题。苏联人念英文也不太高明。讲英语我们这个民族是不错的。可是呢,英文是拼音文字,符号文字富有国际性。今后信息社会开展以后,一定要互相交流,而符号文字富有交流的特点。我们这个符号文字交流的特点就使我们中华民族统一起来了,虽然可以用不同的方言来读音,可是其意义是共同的。我们现在国际上真正统一的东西是什么? 都是符号,数学符号完全统一了,数学方程式统一了。我们数学家开会,无论用何种语言,只要把数学方程式写出来,我完全能懂。化学符号是统一的,还有音乐符号是统一的五线谱,你看全世界用的都一样,可是每人讲的话不一样,发的音不一样。而中文富有这个特点,它是共用的。为什么南朝鲜人还用我们的汉字,为什么日本人用我们的汉字? 本来他们限用 1 920 个汉字,因为要进入计算机,他们的键盘只能这么大,现在发现不行了,又改回来了。现在听说要用汉字到 2 800 字。汉字是废不了的,可是他们的发音和我们的完全不一样。阿拉伯数字:0、1、2、3、4、5、6、7、8、9 这 10 个符号全世界念得都不一样,但写出来是一样的,你写出来大家都承认。我们的文字就是这样。所以,我觉得这是未来的国际文字,我们应该保护它,这是我们中华民族对世界的贡献。

所以,汉字现代化研究会现在开这样一个会,我们觉得到时候了。应该大声疾呼:我们要保护我们国家的文化,从保护我们国家的文字着手。大声疾呼,希望大家重视,希望大家研究。我们并不是说汉字不能改革,因为文字是永远在变的,可是你得按系统来变。我们的文字是有系统的,不能改得把系统都改掉,不能按外国人的系统改我们的汉字系统,不能说我们的汉字没有办法适应现代化。我们现在解决了汉字输入计算机的问题,做得相当好。只要大家学习使用,不要害怕,计算机是很容易学的。很多人一听计算机就害怕,不用害怕,计算机就是让你不害怕的东西。台湾不是叫电脑吗?电脑就是代替你脑袋活动的,可以帮你忙的,你害怕什么?所以我们下个阶段,就是大量推广中文计算机,中文电脑。我们过去中文电脑会议在国内开,别人不太感兴趣。最近在长沙开了一个国际会议,世界各地的人都来了,就是在今年,两个月前。来了以后,他们发现,我们的国家是好样的,那些说"等我们发明了你们再来买"的人,他们不说话了,而且我们和中国台湾、香港地区各方面的人取得了很好的合作。现在我们的系统还不太一样,我们准备明年8月份在台湾开一次大规模的会议。我们去50人,要研究一些问题,使两岸的文字能逐步地再度统一起来。现在我们在宣传上吃了很大的亏。我们的简化字在全世界还有许多华侨没有承认。我们的报纸没人看,因为是简化字。我们的书籍也是如此,我们有很好的书籍,我们编了一本《大不列颠百科全书简编》,花了四年时间编出来了。其中有的完全是中国的东西,是我们写的。过去《大不列颠百科全书》都是外国人写中国的东西,很多都是错的,我们把它全部纠正过来了。可是,这是用简化字印的,用拼音排的次序。这两点使这部书在国外销不出去。台湾中华书局拿去后,重排成繁体字,而且按中文的编排来排,就大不一样了,因为所有的华侨都要这样的东西。东西是我们的,利润呢,台湾中华书局拿去了。当然,我们不因为这个利润而和他争吵。理由还是聪明的,为弘扬中国民族文化,我们不能让外国人来讲我们,讲错了,别人还以为全是正确的。

所以,今天这个会很有意义。我们大家来努力,这是开了个头。汉字现代化研究会做了一桩好事,我们拥护。我的话完了,谢谢大家。

重视发挥民主党派在地方
经济建设中的作用[*]

民主党派人士多数是学有专长的知识分子,如何充分发挥他们在地方经济建设中的积极作用,是一个不容忽视的问题。今年5月下旬,我到四川省遂宁市考察,发现中国民主同盟四川省委会很重视这项工作。他们组织盟员对遂宁市的经济技术发展实行定向支援,为改变川中丘陵地区面貌做出了贡献。我认为他们的经验有启发意义,值得借鉴和推广。

遂宁市位于四川盆地中部,辖市中区及蓬溪、射洪两县,面积5 300平方公里,人口337万,是个典型的丘陵农业区。遂宁是1985年建市的。1986年举行的中共遂宁市一届一次党代会提出,探索川中丘陵地区经济发展、人民致富的路子,除了共产党的领导外,还应该重视民主党派的力量,通过他们去联系一批知识分子,发挥民主党派的智力优势,为遂宁经济建设服务。1986年,中共遂宁市委副书记、市长席义方同志亲自寻求和四川省民主党派联系的途径,争取智力支援,很快与民盟四川省委会挂上了钩。民盟四川省委会对中共遂宁市委、市政府提出的综合性、大规模、需要持续进行的整体智力支援的要求,进行了认真研究,在考察论证的基

---

* 原载《求是》1990年第16期。

础上，同遂宁市签订了长期合作协议书。

1989年初，在民盟四川省委会提供智力支援的情况下，遂宁市市中区参加省科委技术综合开发试点县的投标而获中，被列为省试点县之一。民盟四川省委会作为技术依托单位又与市中区签订了技术综合开发协议，对各开发项目分别签订了合作协议。其他合作项目则由有关专家与遂宁市有关部门签订协议，明确双方的责权利关系，共同为振兴川中丘陵地区经济贡献力量。

五年来，民盟四川省委会组织数十位著名专家，针对遂宁市经济建设的实际和特点，提出了有价值的可行性建议百余项，撰写论文五十余篇，签订种植业、养殖业、农产品加工业及农业经济管理等方面的技术咨询、合作开发及技术培训项目五十余个，提供农作物良种五千多千克，帮助联系订购良种三千多吨，引进先进农作物栽培、禽畜饲养、农产品加工技术项目20余个，举办各种培训班28次，培养农业技术和经营管理人员五千余人次。在双方合作工作中，他们创造了一些有效的形式：① 建立科技示范乡，以点带面，推动科技兴农的发展。川农、绵阳、南充三个农科所的民盟支部相继在柳树、太宗、横山建立起科技试验示范基地乡，使这三个乡的经济达到"一年起步"的要求，有力地推动了全市科技兴农工作。② 共同承担"丘陵地区技术综合开发试点"工作。遂宁市市中区在四川全省八十余个丘陵县参加的激烈投标竞争中，由于得到民盟四川省委会组织的专家班子为技术依托而中标。一年来，民盟四川省委会共组织专家百余人次到市中区进行综合论证和实地指导。③ 论证和指导了对全市经济发展有影响的项目，如建立电热加温塑料大棚，试办农村社会审计组织，进行生态农业试点等。④ 在论证遂宁市2000年战略规划的基础上，开展全市经济发展战略研究。目前，这个研究课题已形成综合研究报告（初稿）。

百闻不如一见。我还用了几天时间进行实地考察，感到民主党派人士确为振兴遂宁做了大量工作。

在离市区25公里的决山乡,我察看了一年五熟的旱地。这五熟是小麦、玉米、黄豆、红苕、玉米,每亩年总产量超过1吨。川中丘陵地区这类旱地很多,一年五熟当然效益可观。此时小麦已收,地里长着玉米和间作的黄豆,丘陵地整齐的田畴郁郁葱葱。乡长说,庄稼长得这样好,多亏了民盟南充农科所支部高级农艺师熊凡等粮食专家们的指导;他们还绘制印发了一万多份《旱地改制规范种植图》,几乎每个农户家里都贴了一张。

扩大水稻种植面积,增加水稻栽种密度,选择新的组合,这是专家们指导粮食增产的重要措施。他们还指导农民在稻田中养鱼。我站在田塍观看了在稻田中游戏的鲢鱼,大的已长到半尺。据说,每亩稻田一年可产鱼150千克;市中区稻田养鱼片已达3.93万亩,成鱼总产量260万千克,为农民致富开辟了一条重要途径。

养猪是农民家庭经济收入的另一重要来源。我在农民陈荣志家中看到,这里正在试行利用红苕科学饲养商品瘦肉猪的配套技术。这项技术是在原四川农学院院长杨凤教授的指导下进行的。杨教授是纳西族人,已年逾七旬,多次到遂宁指导工作,精神可敬。现在在这里经常帮助农民科学养猪的是四川农大年近花甲的贾老师。他说,按这种科学方法喂猪,6个月可达90～100千克,日增400～450克,瘦肉率达50%以上。农民见到示范之后,争先恐后地照这种方法去做。

农民陈祖贵的房子是新盖的,上下两层六间,二楼养了不少蚕。据他介绍,民盟的专家首先帮助他们选用一代杂交桑种,使用现代催青设备;养蚕实行专业消毒、小蚕共育等技术;又在区里推行86-1型热风灶烘茧技术,全区增加收入近80万元。针对他家贴的一副有迷信色彩的对联,我告诉他们,要拥护共产党领导,接受科学家帮助,希望他勤奋加科学。陈祖贵夫妇很高兴。

为了克服农村合作经济组织中财经管理混乱现象,西南农业大学侯德坤教授和市中区审计局的干部于1988年2月在安居坝试办农村社会审计组。区长告诉我,目前已建立了6个农村社会审计事务所、31个服务站,逐步开展了审计监督、公证和咨询服务工作,查出违纪违法金额10.5万元。

遂宁市的干部和群众多次介绍民盟的专家帮助他们建立蔬菜电热加温塑料大棚的事迹。这座去年9月开始的工程如今已取得显著的经济效益。它是在年近七旬的西南农业大学女教授、著名栽培学家刘佩英同志倡议和指导下建立的,目的在于进行电热温床育苗、温室栽培、品比试验、农药效应试验等。还定期或不定期举行现场技术培训会,为遂宁市提供早熟、丰产、优质、抗病的菜苗,传播先进的栽培、植保技艺。我来这里参观时,只见占地约10亩的14个大棚,管理得井井有条。据介绍,到去年年底,这里已育出35个品种的各类菜苗60万株,培训菜农300人次。同时他们还搞了20亩西红柿、黄瓜"菜稻菜"的连作示范,效果很好。有一位西农大的园艺家雷万方同志,他受刘佩英同志的委托,长期住在遂宁指导塑料大棚工作。从去年9月到现在他都没回过家,春节是在农民家里过的,女儿在重庆结婚,也只去信表示祝贺,真可以说是一心扑在工作上。

最使我感佩的是西农大82岁的叶谦吉教授。这位国内外著名的农业生态学家,不顾年高,毅然到遂宁创建生态农业试点。这次我在遂宁见到他,他热情地邀请我去参观他在桂花镇建立的生态农业试验区。汽车经过崎岖的山道,他领我在山坡上观看,只见山坳里一片翠绿,所有的山坡、空地都被利用起来了,有的种树,有的种竹,有的种粮,有的种菜,牛羊放牧在草坪上,溪水潺潺。叶老说,去年对112户、555人的示范已取得了成功,年产粮食31万千克,人均558千克,比全镇平均数高出1倍多。这些农户在当地被称为生态农业户。

蓬溪县隆盛水果高产优质试验示范区也是在民盟的专家们帮助下建立起来的。我在这个县的回马镇听他们介绍说,目前已培训果技骨干 3 898 人次，协助建立植保专业队 14 个，引进良种苗 6 000 株，新品种 23 个，穗条 30 075 支，指导嫁接 24 514 株，成活率在 95％以上。

射洪县的太宗乡是民盟绵阳市农科所支部的农业科技试验示范基地。两年来，在张美年、张朝品、杨发生、袁代斌等老专家的指导下，这个乡发生了可喜的变化。1989 年全乡粮食总产量比上一年增加 4％，棉花生产创历史最高水平，平均亩产 150 斤，人均出售肥猪 1.03 头，比上一年增长 5.1％。今年庄稼长势良好，又是一派丰收景象。

以上就是我在遂宁四天中的见闻。现任中共遂宁市委书记席义方、市长任全辉说，遂宁市建市五年来，1989 年全市社会总产值达到 46.04 亿元，比 1984 年增加 27.46 亿元，国民收入和财政收入翻番，这里面自然有民盟专家们的一份功劳。

为什么民盟四川省委会和遂宁市各级领导能长期合作，而且能取得显著效益呢？最根本的原因是目标一致——把我国建设成为社会主义现代化强国。民盟是一个由中上层知识分子组成的致力于社会主义事业的民主党派。民盟地方组织适时地组织成员参加一个地区或一个方面的智力咨询服务工作，为这些专业科技人员提供了发挥作用的机会。广大农村特别像遂宁这样的贫困地区，科学文化落后，亟须大批这样的专业人员的智力支援。遂宁市的领导同志尊重知识、尊重人才，脚踏实地地走科技兴农的道路，使这些专业人员能够发挥自己的聪明才智，大显身手。

在这里我特别要赞颂那些直接或间接地为遂宁经济发展做出贡献的近 200 位专家。他们多数年过花甲，有些人早已驰名中外，如叶谦吉、刘佩英、杨凤、黎汉云、刘诗白、雷起荃等教授，他们本身的教学科研任务很重，仍然经常离开大城市，深入川中贫困山区，为川中丘陵地区经济发展、人民致富贡献力量。在他们身上体现出一种极可贵的为社会主义事业奋斗的奉献精神。这种奉献精神正是在中国共产党哺育下，在长期的社会实践中形成的。民盟四川省委会和遂宁市的合作，也是在探索一条知识分子了解国情、联系实践的道路。许多专家学者把对遂宁的智力支援同自己的教学科研结合起来，有的还在工作中发现了新的研究课题。他们感到，知识分子应该运用自己的专业为工农业生产服务，而不应该抛弃自己的专业去搞表面形式上的结合。这样做，自己的专长有了用武之地，也会使自己的思想境界更高、更开阔。82岁的叶谦吉教授说："我的上帝就是农民。作为民盟盟员，我要在有生之年，把自己的学识贡献给遂宁，让那里的农民尽快富起来。"他这番话，是发自肺腑的，是他长期同遂宁农民相结合的真实写照。

中国共产党领导的多党合作制，是一种新型的社会主义政党制度，从根本上区别于西方资本主义国家的两党制或多党制。一切以资产阶级政党观来观察我国社会主义政党制度的人，其结论总是错误的。这是因为中国各民主党派同中国共产党在长期的革命与建设的实践中形成了共同的利益和要求，具有共同的奋斗目标。在当前，就是要坚持社会主义初级阶段的基本路线，为把我国建设成为富强、民主、文明的社会主义现代化国家，为统一祖国、振兴中华而奋斗。当然，中国共产党领导的多党合作制还有待于进一步完善，在形式和内容上都必须作进一步探索和尝试。民盟四川省委会和遂宁市的长期合作，不仅为遂宁市带来了经济和社会效益，促进了民主施政，同时，又丰富了民盟参政议政的内容，密切了民盟和中国共产党的团结。从这个意义上说，民盟四川省委会和遂宁市的合作，充实了中国共产党领导的多党合作制的内容。

祝贺"首届中国学生营养日大会"召开[*]

欣悉中国学生营养促进会举行首届中国学生营养日大会。我因到外地访问,不能应邀参加大会,很是遗憾。

学生的营养确是一门科学,也确是一项群众性的政治工作,它不仅关系到青少年个人的健康,而是关系到祖国未来的一代人的成长问题;它不仅是家庭、学校要关注的,而是全社会要关注的工作。

中国学生营养促进会举行这次大会是很有意义的,我祝贺大会的召开,并祝愿今后更广泛地开展工作!

近年于若木同志致力于营养学的研究,倡议、主持中国学生营养促进会,为有益于人民的事业做出贡献,并此致敬!

---

[*] 原载《中国学校卫生》1990 年第 3 期。

群言兴邦[*]
——贺《群言》杂志创刊五周年

我们说群言兴邦,并不是说这月刊《群言》能兴邦,而是说推动广大群众关心国家大事,关心祖国的政治、经济、文化和社会主义建设的发展,用马列主义毛泽东思想观察和研究这些问题,群策群力,在建设有中国特色的社会主义中,议论探讨,提供一得之见。这就是每一位有识之士,在兴华夏之邦的大业上,作出了应有的贡献。如果人人这样做,岂不就是群言兴邦。

群言,总是一些个人一得之见的总和。既然是一得之见,免不了有不同程度的片面性;既然是个人的一得之见,就不可能像一个组织那样,对所议论的问题都经过系统的、全面的调查,而总是在一个特殊情况下遇见了问题,从感性的接触上产生了特殊的理性的反应,从而产生了议论。这些议论会带有片面性,是可想而知的。"盲人摸象"的故事,就说明每个盲人根据他个人所摸到的象体局部来议论全象,当然他们的认识片面得可笑之至。但是他们到底还是每人摸到了象的一部分,如果几个盲人把自己摸到的情况,在一起议论一番,综合分析,其共同结论就能更接近于全局。因此,群言的作用就在于能在议论中消除个人认识的片面性。我

---

[*] 原载《群言》1990年第4期。

们不能完全否定摸象盲人式的群言,它含有哪怕是很局部的真理,但可以通过群言式的议论,达到正确的结论。我们要彻底否定的应是那些充满谎言和谣言的骗人式的"群言",因为那些"群言"半点真理也没有。

我国古代文化中也有贬责那些散布谣言和谎言的骗人"群言"的故事。"曾参杀人"就是一个有名的历史故事:曾母三度听见曾参杀人的谣传,几乎为其所动。所以骗人式的"群言"是有害的,我们在提倡群言时应该力自警戒。在遇到传谣式的"群言"时,我们应该"力排众议",为坚持真理而斗争。

对于群众而言,应该鼓励群言,做到知无不言、言无不尽。对于领导而言,我国的古训是"兼听则明"。能兼听才能启发群言,有群言仍需开明的兼听。否则,群言既无益于兴邦,而且必会造成万马齐喑的局面。

谨此祝贺《群言》创刊五周年。

多党合作与发挥知识分子的作用*
——遂宁经验的启示

民主党派如何在中国共产党领导的多党合作制中发挥作用,目前各方面都在继续探索。民盟是以中高级知识分子为主体的致力于为社会主义服务的政党,因此,要实现这个任务和目标,归根到底是如何组织和发挥民盟成员及其联系的知识分子的积极性。不久前,我到四川遂宁考察,从遂宁的经验中受到了启发。

遂宁位于四川省中部,属丘陵地带,人口稠密,以农业为主,经济不发达。1985年建市以后,中共市委领导同志感到,要探索川中丘陵地区经济发展的道路,除依靠中共的力量外,还应该重视民主党派的力量。他们亲自登门与民盟四川省委联系,争取智力支援。民盟四川省委在对中共遂宁市委、遂宁市政府提出的要求进行了认真研究之后,觉得虽然困难较大,也应该责无旁贷地承担起这一光荣任务。于是,双方一拍即合,签订了长期合作协议书。

五年来,民盟四川省委从遂宁的实际经济条件出发,提出了有价值的可行性建议100余项,签订各类技术咨询、合作开发及技术培训项目50余个;同时,组织了几百名科技人员到农村开展科技兴农活动,其中包括著名的专家、教授,如叶谦吉、刘佩英、杨凤、黎

---

* 原载《群言》1990年第9期。

汉云、刘诗白、雷起荃等人。

在离市区 25 公里的决山乡,我察看了一年五熟的旱地庄稼,这是在盟员、高级农艺师熊凡等同志组成的粮食专家们指导下种植的。这五熟是小麦、玉米、黄豆、红苕、蚕豆,总产量每亩超过 1 吨。川中丘陵地区这类旱地很多,一年五熟自然是个创举。专家们还指导农民在稻田中科学养鱼,每亩稻田一年能产鱼 300 来斤,这自然也是农民致富的一条途径。

养猪是农民家庭收入的重要来源。我在农民家中看到正在试行利用红苕科学饲养瘦肉猪。这项技术是在盟员杨风教授指导下进行的。用这种方法喂养的小猪,6 个月可长到 90～100 公斤,瘦肉率达 50% 以上。农民见到示范后,争先恐后地学习这种技术。

遂宁市的干部和群众多次向我介绍盟员刘佩英教授帮助建立蔬菜电热加温塑料大棚的事迹。用这种大棚培植蔬菜优良种苗出售,经济效益十分显著。

最使我敬佩的是西南农大 82 岁的盟员叶谦吉教授。这位国内外著名的农业生态学家,热情地邀请我去参观他建立的生态农业试验区。只见四面环山的山坳里一片翠绿,所有山坡空地都被利用起来了。据他介绍,去年通过对 112 户的示范已取得了成功,年产粮食 31 万公斤,人均 558 公斤,比全镇平均数高出 2 倍多。

就是在中共遂宁市委和市政府的领导下,民盟地方组织密切协作,使科技兴农、科技兴工在遂宁结出了硕果。

1989 年全市社会总产值达 6 404 亿元,比 1984 年增加了 27.46 亿元,国民收入和财政收入翻番。这里面自然有民盟中的专家的一份功劳。

遂宁的经验回答了知识分子如何与工农相结合的问题。过去 40 年这种结合收效甚微,原因是路子不对,把结合简单化为与工农一起从事体力劳动。遂宁的经验告诉我们,知识分子与工农结合,应该是用他们所学知识为生产服务,对国家作出贡献。这样做,不仅使知识分子的才能有施展的天地,而且思想境界也会更高。参加智力支遂的民盟成员有的在农村一住就是好几年,工作再辛苦,生活条件再不好,也心甘情愿,因为他们的知识在改变农村的贫困面貌中派上了用场。叶谦吉教授说:"我的上帝就是农民,我要在有生之年把知识贡献给遂宁,让农民尽快富起来。"他们这种奉献精神,是很值得称赞的。中国现在有2 000多万知识分子,如果每100人中有一人去带富一批农民,那成绩就非常可观了。

遂宁的经验也丰富了民盟地方组织参政议政的内容。参政议政不是要做官,不是要在政府里分几个位子,而是要让民盟成员及其联系的知识分子在经济建设中发挥作用,为社会主义服务。民盟四川省委在遂宁从单项智力支援开始,发展到帮助遂宁制订2000年经济发展规划,进而直接参加某些管理工作,这是真正的参政议政。它根本有别于那种清谈式的参政议政,是一种更深层次的参政议政。这种参政议政一方面能使民盟更加了解国情、省情、市情和民情,深知党和政府的前进目标和存在的困难,因而也就能更好地提出利国利民的建议和参与具体事务的管理;另一方面也能加深中共地方组织和政府对民主党派作用的认识。这些都有利于民盟同中国共产党的团结合作。

遂宁经验反映的虽然只是局部地区的实践,但给了我们十分有益的启示。

隔岸悼四叔

悼文

宾四吾叔灵鉴：

燕山苍苍，东海茫茫。呜呼吾叔，思之断肠。幼失父怙，多赖提携。养育深恩，无时或忘。国学根深，闻名远邦。桃李万千，纷列门墙。忧国忧民，渴望富强。骨肉暌离，分隔两方。人道何如？含恨泉壤。祖国大陆，山高水长。科技飞跃，城乡熙攘。十亿同心，共坚如钢。立足世界，何惧外强？亲临祭祀，寄我哀思。海峡未通，此心怏怏。家国团圆，必非梦想。心驰台北，魂牵灵旁。挥泪哀悼，伏维尚飨。

侄钱伟长拜祭

挽联

生我者父母幼吾者贤叔旧事数从头感念深恩宁有尽
于公为老师在家为尊长今朝俱往矣缅怀遗范不胜悲

---

* 原载《群言》1990年第11期。

谈四叔钱穆[*]

我家世代都是读书人。曾祖父鞠如公是前清举人,但一生没有做官。祖父承沛公为秀才,闲居乡里,常仗义执言,好打抱不平,为乡邻所敬重。

家虽清寒,但父辈昆仲皆好学之士,兄弟怡怡,感情弥笃。家父钱挚国学基础好,对《资治通鉴》研究有素,以工整的小楷作了密密层层的圈点批注。四叔钱穆(字宾四)对圈点本视为珍品,爱不释手。诸兄弟皆善琴棋书画,家父能吹拉弹唱,尤擅长笙和琵琶,四叔长于箫笛,六叔钱艺也能演奏几种乐器,八叔钱文18岁起即在《小说世界》上发表多篇散文,又是拉二胡的好手。寒暑假期间,晚饭以后,在太湖之滨的乡间村舍,江南丝竹悠扬悦耳,在明月的清辉映照下,时而高山流水,时而百鸟和鸣,大弦嘈嘈,小弦切切,委婉动人。家庭音乐会其乐融融,上自祖辈,下至童稚,旁及左邻右舍,都喜悦地欣赏。

家父和四叔均先后求学于无锡荡口果育小学和常州中学。但迫于生计,家父高中未毕业,即回到母校果育小学和梅村小学任教,月薪12元,用以养家糊口,同时供弟妹读书。四叔钱穆中学毕业后也分挑了家庭重担,先后在三兼、鸿模、县立四小和后宅小学

---

[*] 原载《文汇报》1990年11月4日。

任教。

不少人对四叔未经大学深造而成为大学问家感到惊奇,他自己也曾为青年时未能上大学而憾。但是否成才,还在于自己是否好自为之。我从来不信天才,成就来自勤奋。鼓励他自学成才的是华山老师。四叔有一篇作文,被华老师称为佳作,给他升了一级,奖给他一本由蒋百里译的日本学者写的《修学篇》。该书列举世界上自修苦学的数十位事业上大有成就的名人传记,此书对他走自学成才的道路影响很大。良师的点拨教诲使学生受惠无穷。

1912年我出生,为祖母之长孙,按例由家父取名字,兄弟谦让,由四叔替我取名伟长。建安七子中有一徐干,字伟长,颇有文才。四叔替我取这名字有见贤思齐的景仰之意。4岁起开始有记忆,记得我童稚时喜玩,母亲嫌我贪玩,祖母总是护着我,动辄"心肝宝贝肉"。家父与四叔对如何教育我成长时有磋商,父亲觉得在老祖母管带下的孩子过于宠爱,纵观历史和现实,溺爱往往使孩子过于娇嫩,念不好书,日后也经不起坎坷,难以成才。记得7岁那年,由四叔带我到后宅小学住读。小小年纪的我便开始半独立生活。四叔25岁就任后宅小学校长,对办好小学很有作为,在祠堂后面新建两层楼校舍,辟操场,设图书馆。他设计筹划一手操持,与泥木匠一同商量,还参加一些劳动,很受乡里人尊重。

四叔在后宅小学一边教书,一边孜孜读书,手不释卷。那时他最感兴趣的是读欧洲文艺复兴时期以来的各种名著,文、史、哲、经都读。他钻研学问,总要我陪伴在侧,读自己的小学课文,也可翻阅《三国演义》、《水浒》等书籍,西方名著我也似懂非懂地看一些。陪四叔读书几年,使我养成爱好读书的习惯。"少成若天性,习惯成自然。"养成良好的习惯于童蒙,终生受用。四叔除读书以外,便是练字。纸张贵,就在旧报纸上练字,字越写越好。我也跟着练字,画图画。我对文史方面的兴趣得益于四叔的熏陶和影响。

1922年,他由施之勉的鼓励,应聘去厦门集美学校授课。在集美他通读了《船山遗书》，撰写了《近三百年学术史》，其中王船山一章的资料出于该书。尔后写的《楚辞地名考》、《史记地名考》、《周初地理考》等著作，均受王船山注《楚辞·九歌》细心考证湘水的启发，刻意留心历史上地名的变迁。后因集美发生学潮事返回无锡。

1923年，四叔由钱基博教授推荐赴无锡第三师范学校任教。在三师四年他撰写了《论语概要》、《孟子概要》、《公孙龙子解》等著作。两年后，我虚龄14岁，小学毕业。邻家比我稍大一点的孩子，有的穿着绿色的制服当邮差，有的穿着黑色的制服当铁路员工，不但服装漂亮，而且月薪大洋3块，祖母和母亲都为之动心，那时3块大洋可买六七斗米哩。一天妈妈温和地对我说："伟长，你小学毕业了，本来也该上中学，可家里境况你知道，学费哪里来？你下面还有弟弟妹妹。"祖母接下去用特别爱怜的声调说："当邮差和铁路工人可是铁饭碗啊，你要是能出去养家……"我眼泪簌簌而下，我多么向往读书啊。可是，想到家中的困境，只好"嗯"了一声，无可奈何地答应了。

这件事，祖母和母亲当然要和我父亲商量，他毕竟是当家人。父亲从梅里赶回家，坚决主张让我继续读书，说家里虽穷，可孩子的知识不能少，读书犹如播种，春华秋实，必有出息。四叔也支持我继续读书。可以说，这一主意的改变，决定了我今后的生活道路。若不是父亲和四叔的支持，我走的也许是另一种生活道路。

钱穆的学术声望日增，到1927年秋，由胡达人先生推荐，省立苏州中学聘请他出任主任教席。四叔来信嘱我去报考苏州中学。

考试终于录取了，发榜时一看是最后一名。父亲爽朗地笑着说："你这次可真成了孙山。"我也笑了，但笑得勉强，初二程度考上高一，跳了级，焉能不笑？且又可在四叔的身边继续得到他示范式的启导；笑中又有苦涩，因我叨陪末座，用当地人的说法是倒数第一名。

我至今还记得，开学时父亲于细雨蒙蒙之中和我合撑一把破伞，乘船去苏州的情景。那时父亲的身体和心境都不佳。"四一二"事变，父亲当时所在的县中有八位教师惨遭杀害，作为教务主任，他怎不揪心？他面色蜡黄，一边咳嗽，一边断断续续地说："时世艰难，你今天能进苏州中学，机会难得，那里名师荟萃，你当学点真本事，家里虽困苦，总尽力让你读完高中。你在困境中读书，更要奋发有为，莫让时间虚掷……"父亲的这一席话滋润我心田。我们钱家有一家风是好的：长辈教育孩子，从不疾言厉色，更不打骂，而是示范、启导、熏陶，家父与四叔都是如此。祖祖辈辈都鼓励读书上进，学业有成。

我到苏州中学读书，学费、书杂费、生活开支都由四叔负担。他在苏州任教时，朝迎启明、夜伴繁星地苦读，并和我父亲共同把积攒的一点钱凑起买了一部《四部备要》。经、史、子、集，无不精读，时而吟咏，时而沉思，时而豁然开朗，我看他读书的滋味简直胜于任何美餐。与当年一样我仍从旁伴读，有时还听四叔讲文学，从《诗经》、《史记》、《六朝文赋》讲到唐宋诗词，从《元曲》讲到桐城学派、晚清小说，脉络清楚，人物故事有情有节，有典故有比喻，妙语连珠，扣人心弦。就这样，我和他朝夕相处，耳濡目染，学到不少东西。记得我在考清华大学时，考卷中有一道题，问二十四史的作者、注者和卷数，许多人觉得出人意料，被考住了，而我却作了完满的回答。这是从四叔平时闲谈中获得的知识。

这期间家门不幸，四婶母和他的孩子几个月内先后去世，家父为料理弟媳及侄儿的丧事操劳过度，加上早已积劳成疾，也不幸逝世。我们全家都处在极度悲痛之中。

四叔在苏州中学三年，学术上突飞猛进。他为商务书局的万有文库写《墨子》、《王守仁》，可谓振笔疾书，一周写一本书，内容翔实，颇有点"读书破万卷，下笔如有神"之状。而他写《先秦诸子系年考》一书，体系宏大，下笔凝重，穷数年之力，数易其稿。功夫不负苦心人，书稿得到史学界同仁的好评，有的专家甚至称誉读此书犹如读顾亭林之作。

在苏州中学,他初识胡适之和顾颉刚。当时,校方宴请胡适之,钱穆作陪。席间他以《史记·六国年表》中的问题求教于胡适之,胡适之无可答。钱穆有点后悔,后来他说:"初见面不当以僻书相询,事近刁难。然积疑积闷已久,骤见天下之名学人,不禁出口,亦书生不习世故。"事后胡适之给他的信中有"无缘得尽意"句,可见初次见面就不愉快。钱穆回忆中写道:"此后余亦终不与适相通问。"而钱穆与顾颉刚的关系却很好。顾颉刚读《先秦诸子系年考》后说:"君似不宜在中学教国文,宜去大学教历史。"顾颉刚又约他为《燕京学报》撰文。顾颉刚在校中主讲康有为,而钱穆对康有为的《新学伪经考》心中有疑,就写了一篇《刘向歆父子年谱》,与顾颉刚见解不同。顾颉刚恢宏大度,并不介意,学报全文刊登,并与郭绍虞教授一起联名推荐钱穆至燕京大学任教。顾还称钱为奇才。《刘向歆父子年谱》是钱穆的成名之作,文中提出了新旧儒学的分界线,使钱穆一时名震史学界。

钱穆到燕京大学之初,还有个插曲。一天晚上,燕大监督司徒雷登设宴,席上都是新到燕大的教师。司徒雷登问各位对学校印象如何?钱穆毫不客气地说:听说燕大是中国教会大学中最中国化的,来了后感到大不然,入校门即见 M 楼 S 楼,中国化何在?与会者心里为之一惊,一时举座默然。后来燕大开校务会议,将 M 楼改为穆楼。一年左右,他因有几件琐事不悦而离开燕大。

不久,又因顾颉刚先生的推荐,四叔应聘在北大教历史,并在清华兼课。

其时我高中毕业,祖母和母亲又希望我赶快工作,负担家庭生活,而我希望考大学深造。四叔知我心愿,毅然挑起了维持全家生计的重担。但那时进大学读书,学费昂贵,难以解决。后来听说上海有位化学家吴蕴初,也是清寒子弟出身,他创办天厨味精厂等实业成功,每年从利润中提取 3 000 大洋,为 12 名品学兼优的清寒子弟提供奖学金。我抱着一线希望,去申请吴蕴初奖学金,并报考清华、唐山交大、厦大、武大、中央大学,结果全都录取,同时也获得了吴蕴初奖学金。我有幸进高等院校深造,实应感谢吴蕴初先生的奖掖提携。我之进清华大学,却是四叔的建议,一则清华办学认真,二则他可以就近照顾。北上读书,穿着一件竹布长衫,衣衫单薄,天气渐寒,婶母为我缝制寒衣。四叔对我家中的接济,他在我面前从未有任何流露。我在清华的生活费也全由他提供。随后我考清华研究院,靠的是高梦旦(商务印书馆总编辑)奖学金。

四叔在北大授课,史论纵横,甚得好评。当时许多历史教授都讲断代史,而胡适之博学,主张讲通史,并率先开课。顾颉刚先生提议钱穆也可讲通史。胡适之名气大,起初听课学生坐满大礼堂,而四叔只在课堂上讲通史。有的学生上午这儿听课,下午那儿听课,将胡适之与钱穆作比较,说长道短。胡适之长于议论,钱穆长于史料丰富,内容翔实,且常有新颖见解,渐渐大礼堂让位于钱穆。听说后来胡适之就不大讲通史了。

有一次,胡适之与钱穆交谈,说:商务书局要编一本中学国文课本,你在中学教国文课多年,富有实际经验,盼我两人合作。钱穆回答说:对中国文学上意见,我们两人大相违异,倘各编一部中学国文教课书,让国人对比着读,一定很有好处的。两人终因学术见解不同,彼此没有合作。

钱穆在北大七年多,有一位很得力的帮手——贾克文先生。四叔晚年著文称他为"永留记忆的一人"。贾君原是某学者所聘的书记(文书),聘者要他倒洗脸水,他是位个性倔强的人,说:"我不是杂役,宁可辞职。"某学者起初吃了一惊,渐即感到心中不安,再三表示歉意,转介绍给钱穆。钱穆觉得贾克文为人朴实厚道,请他抄写文稿,改一遍抄一遍,几度修改,就几度抄写,他不但不厌其烦,反而乐此不疲,觉得从中可以学到学问。我四婶母南下时,贾先生甚至甘心为钱穆做饭烧菜。四叔和他聊天,问他:你怎么做起厨师来了？贾克文说："先生视我为一家弟子，每月用款交我掌管支配，先生从不过问，为之感动，我视先生为老父。"可见四叔待人宽厚，诚朴足以感人。

1935年"一二·九"运动爆发，我投入运动，骑自行车南下宣传抗日，在南京被拘。四叔多方奔走，设法营救，清华大学梅贻琦校长出面交涉，不久我们被押送回北平，终于获释。

抗日战争爆发，四叔随校南下。我在天津耀华中学教了一年书，积蓄薪水作旅费，到云南西南联大，叶企孙教授要我教热力学。我是在学生运动中认识了孔祥瑛女士，咱们是自由恋爱，她家打听钱伟长其人如何？人们第一句便说："他是钱穆侄儿。"四叔在人们心目中的地位，由此可知。孔祥瑛学中文，是闻一多、朱自清的学生，我是吴有训的学生。1939年我们结婚时，朱自清、吴有训为证婚人。1940年夏我出国留学，新婚不久的妻子留在国内，赖四叔关心，托蒙文通先生设法介绍进成都图书馆工作。

抗日战争胜利后，1946年我回国，北大许多教授都纷纷回校，各就各位。但胡适之、傅斯年却不向钱穆发聘书。胡适之因与钱穆学术意见不合，而傅斯年一副洋派，他瞧不起没有大学学历的钱穆。四叔则认为傅斯年飞扬跋扈。1946年至1947年间，他在云南五华书院讲授中国思想史，但常思念故乡无锡。1948年春，应荣德生先生之请，钱穆出任江南大学文学院院长。1949年春，他只身去香港，家属均留在大陆。1949年新中国成立至1979年底，由于众所周知的原因，云水相隔，天各一方。我们叔侄之间三十多年未通音讯。

党的十一届三中全会后，1981年我和朱光潜先生去香港参加学术活动，钱穆亦相约抵香港。朱光潜和钱穆是老友相遇，我们是叔侄相聚。别后三十多年几经沧桑，他已是耄耋之年，垂垂老矣，我也年届古稀。我们互道别后情形。80年代我和他先后在香港三次相聚，断断续续地知道他的一些境况：1949年后他久居香港，创办以弘扬中华文化为目的的新亚书院。起初备尝艰辛,租了几间屋,白天作课堂,夜间作寝室。后得到友人资助,租桂林街两层楼面,延聘教师,渐渐声誉日隆,而今已纳入香港中文大学。1954年,四叔与新亚学院早期学生胡美琦结为夫妇。四叔曾去美国、马来西亚及英、法、意大利讲学,直至1967年才定居台湾。

1980年,他在大陆的子女去香港与老父叙天伦之乐。

四叔与我先后在香港三次晤面,均谈家常。他谈起家父圈注的《资治通鉴》失而复得的故事。四叔在北平历年积蓄,都用于买书,约5万部20万册,装20余大箱,托人保管。1949年只身去香港,仍记挂此大批书籍,其中就有《资治通鉴》圈注本。香港新亚书院在当地旧书店购书,买到《资治通鉴》一部,一看正是家父的圈注本,手书笔迹清晰可辨。四叔为重获此书而高兴不已,但又为存书已散失而惋惜。

我也叙述了在大陆的情形。我当过右派,早已平反,现一切安好,他也不加评述,只说"你不莽撞,我就放心了"。近年来,他在香港发表谈话,主张中国统一,大意是中国历史上统一的年代长,分裂的时间短,中国凡统一时,国力就强,反之国力就弱。振兴中华民族的希望在于统一。

四叔已与世长辞。他仅上过中学,靠非凡的刻苦自学成才,学术上卓有成就。毕生著作甚丰,多达76部(本),经、史、子、集皆精通,香港学术界称他是"博通四部、著作等身"的"国学大师"。他表示殁后遗体安葬故乡。这个遗愿即可实现。

1991

《张佑启科学论文集》* 代序

张佑启教授是国际上一位杰出的工程科学家。他在有限元法的工程应用方面和有限条法的开创性贡献方面,都在国际上受到了普遍推崇。今天在工程设计计算中,有限元法和有限条法之所以能为国际工程界普遍使用,和张佑启教授的汗马功劳是分不开的。张佑启教授的科学论文集就记载了这些辉煌战功。

1978年以前,我在一次会议上偶然遇见了张佑启教授。从那时起,我才觉察到从1964年以来,在结构力学有关学报上经常见到的Cheung. Y. K,原来就是张佑启教授。我在1972年作为中国科学家代表团的成员访问英国,在伦敦的皇家科学院的招待会上遇到过威尔斯大学斯旺西学院的辛克维奇(O. C. Zienkiewicz)教授,他谈到了他的学生和同事Cheung. Y. K的勤奋和才华,他特别推崇中华人民共和国的大学工程训练的严格和高要求,要我多推荐几位高才生给他。他说当他见到这些富有才华的年轻英俊的未来学者时,就有说不出的高兴。当然,我在他那里了解了Cheung. Y. K毕业于华南工学院土木系。除此以外,从这位波兰

---

* 该书为英文版,1991年由科学出版社出版。

名门的英国科学家那里,无法解决 Cheung. Y. K 究竟姓庄呢,还是姓章,甚或姓强,因为我不会广东话,怎么也没有想到是姓张。那天晚上我和辛克维奇教授躲在招待会的一个角落里,长谈了有限元的发展前途。我们谈了非协调元、非线性有限元,谈了质量矩阵的非协调性、半解析有限元法的各种可能发展等。我们之间有不少双方都熟知的波兰科学家,两人又都是波兰科学院院士。他痛惜 Cheung. Y. K 在几年前已离开斯旺西去了加拿大,他说他像少了一条手臂,他很想在中国再招一位像 Cheung. Y. K 那样的青年。为了证明斯旺西的工作条件好,希望我连夜去他那里参观访问,他当然也很希望去一趟中国。我当时随代表团行动,无法去斯旺西,他在短期内也无法到中国。但是这次会面,加强了我和辛克维奇教授之间的关系和以后的来往,也增加了我对 Cheung. Y. K 教授的崇敬心情。

张佑启教授从 1967 年离开斯旺西以后,到了加拿大卡加里大学任土木系副教授,在 1970 年任该校教授,提出了有名的有限条法,首次独创了半解析有限元法,大大提高了结构计算的效率,并将这些方法开拓到结构动力计算中去。当时他才大学毕业后不到 12 年,就业已闻名于世。1974 年转任澳大利亚阿德雷特大学土木工程系主任兼教授。1977 年返香港,任香港大学土木及结构工程系主任兼教授,旋任工学院院长,声名鹊起。现任香港大学副校长。

1980 年,我们在国内创办科学学报《应用数学和力学》,张佑启教授和美国林家翘、吴耀祖、徐皆苏、易家训、卞学鐄、张建平等教授同时应邀为特邀编委。张佑启教授 10 年来为该学报的编辑给予了很大的关心指导。该学报英文版目前已在全世界发行,这和这些特邀编委的支持、指导是分不开的。

从 1979 年到 1983 年的五年中,我曾在全国各省市约 120 个城市发表了有关"四化"建设和知识分子问题的学术报告共约 250

次。在这些报告中，我经常用张佑启教授的杰出科学成就来说明我国科学技术人员的才能卓越，只要给予机会，就能在科学事业上达到国际领先的地位。我用张佑启教授的事迹来唤醒一般干部重视科学、重视科学人才的意识。

从1980年迄今十年中，我七次到香港，多次在港讲学，又在1982年的上海有限元国际会议等多次国际会议上曾见到张佑启教授，对他有了更深刻的了解。张教授不仅是位国际上知名的、有卓越才华的优秀科学家和工程师，而且是位非常爱国的学者。不论任何条件，只要祖国对他召唤，他总是尽力参与。他在这些年来，不辞辛苦，在国内领导和参与了许多学术活动，对国内学术繁荣做出了贡献。例如，他和他的学生及同事在1982年上海有限元国际会议上提出了七篇论文，1984年香港—广州的高层建筑国际会议上提出了五篇论文，1988年香港—上海的高层建筑国际会议上提出了四篇论文。由此可见一斑。

最近十年来虽然由于来往增多，对张佑启教授的科学事业有了更多更深的理解，但见到张教授已发表过的论文目录后，我才发现我所读过的张教授的论文只是其中的一小部分，其理解也是零碎的、不连续的。在我见到了目录以后，又查阅手头现有的材料，才体会了张教授过去30年科学工作的真正全貌。

张教授的工作是紧紧结合着60年代初期第三代电子计算机的出现这个时代特点的，他是把有限元这一当时还不很成熟的数学工具用来冲击复杂工程结构的计算的第一批学者之一。他一方面重视工程结构的具体问题，另一方面发展各种计算单元的技术。他证明了在某一类问题中有限元计算优于有限差分计算，逐渐推广到水坝、岩石应力计算、弹性板、热应力、水槽、冷却塔、混凝土板桥及其他桥梁、热传导、折板结构和一些结构动力学问题。在求解这些问题时，他提出了有限条法、有限层法和高阶有限元法，以及三角形配点有限元法、罚有限元法等，进一步用这些方法求解三维问题、多层板壳问题、正交材料问题、高层建筑问题等。80年代中期,张教授主要工作转向结构的动力学问题和稳定问题。张教授提出了增量有限元法来处理非线性振动问题,获得了较大的成功,从而开辟了一个很大的工作园地。这方面的工作正在日新月异,方兴未艾。

通观这些论文,不仅说明了张佑启教授是一位杰出的科学家,而且同样说明他是一位多才多艺的优秀工程师。他的工作涉及许多工程实际问题,是一个严格执行理论结合实际的典范。

《现代数学》*序言

现代数学是物理科学和工程科学非常有用的工具,而且物理科学和工程科学也为现代数学提供了营养,促成了现代数学的高速发展,甚或开辟了新的领域。但是不可讳言,有不少科学技术工作者对现代数学的不少领域还是生疏的,从而很大程度上制约着科学技术工作者驾驭现代数学并从中得到助益的能力。因此,我和我的同行们一直在提倡近代数学与科学,特别是力学的结合。这种结合对高科技产业的发展、传统产业的改造和各类管理工作的现代化,起着极其重要的作用。

从严格的科学意义上讲,在学科发展的高起点上进行上述结合,是我在1987年4~5月在上海工业大学举办全国性辐射和天线研讨班计划的最主要目的。这个班由密西根大学教授、美国工程科学院院士、微波天线权威戴振铎教授系统主讲专业的基础理论和前沿工作,成都电讯工程学院谢处方教授和刘盛纲教授讲授有关的现代专题。这次研讨班内容涉及多种学科领域,学员又来自全国各地,有的具有良好的数学和物理基本锻炼,有的已经做过大量实际工作。为他们系统提高和补充数学物理方法,就成为一项普遍的要求和特殊的任务。这个任务之所以特殊,是因为要在

---

* 该书由郭友中著,1991年由上海科学技术出版社出版。

众多的现代数学领域中选择当前对物理科学和工程科学工作者最有用的内容，加以系统化。我和中国科学院数学物理研究所研究员郭友中教授分别设计了相互联系而又独立的两个课程，它们的格调力求与现行教材有较大的区别。我之所以选聘这些作者来撰稿和讲解，是考虑到他们的知识对这项计划的紧密相关性，以及他们个人所做大量研究工作的重要性。

我认为本书大致可以分为四个有机的部分来看待。第一部分是让读者熟悉应用数学的全过程，复习数学物理的基本内容，和用近代观点统一认识文献中常用的许多有效的数学方法。因此，作者在引言和第一章中由控制论和泛函分析切入是有道理的。第二部分非常简练地介绍了数学物理的较为经典的部分，直到非常近代的方法，构成了本书的主要部分，为读者整理已有的知识和掌握新的数学工具，学习学科的前沿理论和独立开展研究工作打下了基础。它们由第三章至第十章组成，其中第六章不包括在内。这些方法对科学研究和实际应用同样重要。从各章的标题可见，本书题材范围广泛，观点较高，许多论点很有特色，内容安排上前后呼应，又相对独立，照顾到了读者自学的方便。第三部分是为了对数学物理方法在已讲授的内容基础上，从数学物理角度进行提高，提醒读者认识应用数学和纯粹数学之间的联系，和基础研究的极端重要性。这部分内容相应于书中的第六章、第十一章至第十四章。第四部分看来是作者为了从两个不同角度开阔视野而安排的，即从纯分析的角度和从偏物理的角度，它们就是第二章和最后一章。外微分形式是一个很重要的数学分支，可惜至今尚未为科技工作者所掌握和重视。作者用了很短的篇幅，浓缩地介绍了他们自己的一套处理方法，使得场论中的许多复杂内容成为一目了然的事实。虽说初学者可能会跳过本章往下读，我倒愿意向读者推荐，不可不读！本书变分和变分不等式等问题本质上是非线性的，所以非线性问题一章重点在于分叉、怪引子、阵发性与浑沌等概念，这是目前的热门话题，已有许多著作出版。作者用轻松的格调介绍了这些重要的非线性现象。从开始和结尾，从数学和物理两个侧面将读者的视野引向更为广阔的天地。

诚嫌不足的是，从作为教材要求，全书省去了习题，给教、学双方带来了不便；从作为满足应用来说，三个附录内容显得过于省略，希望能在再版时加以补充。

利用这个机会，十分高兴向广大读者推荐这部有明显特点的著作。

在"汉字是科学、易学、智能型、国际性的优秀文字"座谈会上的发言*

研究汉字是个大问题,大家都应该关心

我要利用这个机会,跟老前辈们谈一谈,我怎么会对中国文字发生了兴趣,和发生了兴趣之后逐步认识的许多问题。

我本来是学数学、物理的,跟文字的确是关系不大。虽然安子介先生把"动"放在了第一位,力学问题主要是讲"动"的问题对不对?可是我对文字的确兴趣不大。在"文化大革命"后期,我经历了一个事情。因为我跟工宣队关系比较不错。那时候,工宣队是监督劳动的,我们在劳动过程中互相有所了解,他们对我还不错,告诉我一桩事情。他们说你们这些文化界人士对中国的文字完全不关心。我说怎么至于呢?他说,我们新华印刷厂有个工人姓张,他在主持一个工作,要对中国的常用字进行统计。找文化界谁也没有兴趣,所以,他跟北京八十几个中学的学生来做这个工作。有多少张报纸、杂志,再把中学、大学的教科书放在一起统计。他们的目标本来是 5 000 万字,做出字频来。你应当去看看。当时工人阶级是领导阶级,他的话对我是个教育,于是我就去了。这件事对

---

* 原载《汉字文化》1991 年第 3 期。

我印象很深,这是第一次我对中国文字关心,原来是一位工人在热情主持这一工作,而且,他不要酬报。从这件事情上我认识到研究中国文字是个大问题。

过去好多人写文章,说我们的文化不发达,就是因为中文难学。所以,那时候的权威——文字改革委员会提出要用拼音文字代替汉字。因为拼音文字只有26个字母,他们认为这下容易了。拼音文字可以作注音的拐杖,拿拼音来代替汉字不会有成果。总理在当时那样大的潮流之下,只同意了作为拐棍,不是作为文字,这是了不起的决定。这对我印象很深刻。

全国的方言很多,我们首先要统一语言,统一了语言才可以统一我们的文字,——如果要用拼音的话。我们那么多方言要统一成拼音文字,老实说,我们会没有法子谈话。像我的官话是兰青官话,安先生官话好,已经听不出来是宁波人了。我的话一听就是苏州无锡人。口音在那,没办法。母语很清楚,逃不了。

中国的事情,不要迷信盲从外国人

1979年我在香港开了一个会,香港有中文计算机学会。开会时,他们邀请我去,我就去了。因为那时我已经开始对中国文字感兴趣了。去了以后,世界各国的大的计算机公司,像IBM、王安、西门子公司都去了。每人拿出一台打印中文的计算机,键盘都很大,让我看。在看的过程里,我感觉我受了污辱。所有这些洋人,他们说你们这个太难了、太复杂了。我说,我们自己也可以干干。他们不信,并说等待我们研究好了,你们用就是了。我觉得作为一个中国人我受到了污辱。我想在座各位如果当面听到这种话,没有一个人会说是是是的。我当时告诉他们:中国既然创造出这样一种文字,使用了三千年,开始可能是五六千年,在现代化的过程里,我们会想办法把中文放入计算机里去的。而且计算机是中文的计算机,不用你们的洋文。我们的软件慢慢研究推广,我们一定能够办到，而且要办得比你们好得多！在会上，我当时就把他顶回去。我说：我们搞试验，就算我们差一点，搞10年，10年以后你再来看。现在他们不来了，因为我们搞五年就比他们强了。当时我们组织了一个中文信息研究会，因为成立学会我们不够资格，那时候，我们一共才有52个人。我们开成立大会，袁晓园女士第一个来了，我就是在那个地方认得她的。我们成立研究会的目的，就是要用我们的办法，我们中国人的智慧来完成这个任务。我们要做自己的事情肯定比世界各国要好得多。现在我也不知道有多少会员了。当时科协说你们人少不够成立学会，所以我们改成为研究会。

在电脑用字上，汉字的存废争论到今天

从1979年研究会成立以后，我们就推动起来，不到三年，我们的方案已有四百多套，现在差不多有六百多个。我们号召大家想办法。当时发生了一个很大的争论，我想袁先生大约也晓得。有人说你们搞这个干什么？用拼音式的不就完了吗？有很多有名的人说：你们这是笨了，最聪明就是用拼音文字嘛，就用英文计算机就行了嘛。这个争论在第一次会上就开始了，一直延续到每次会都有这个争论。他们要放弃我们现有的文字，改成拼音文字。当然这是很不现实的。不现实在哪儿呢？我这里只要举一个例子。现在，拼音文字已经存在不少，国家嘛，没有承认。我们出口的商标上有许多拼音文字，请大家检查一下，10种商标里面几乎有一半是错的。我们有那么多方言，湖南省拼出来的音就跟河北省的不一样。因为是方音，这没有办法，要真正统一，就得让这些人背，学官话没有别的办法。虽然比较困难，当然并不是没有希望的，可能要五六代的人才能解决。现在我们的领导同志官话比以前要好得多，20年前，那可是不行。我叫官话，有人叫普通话，有人叫京话。官话虽是以北京音为基准，但北京的老太太们讲的话，就是北京的京片子我听不懂。虽然我在北京待了60年，可还是听不懂。我们现在的普通话是知识分子讲的北京话,还不是中学生讲的北京话。中学生讲的北京话我也听不懂。而且有很多词儿根本不懂。北京中学生有他们的字词,说什么"玩漂","漂"字怎么写的,我也不知道。那时候用这词,现在不太用了。中学生有很多他们的词。在电车上,北京的老太太说话一讲快,我就听不懂。她们发音连起来,而且有儿化,有艺术性,但听不懂。就像电视剧《四世同堂》里面有些词语,外地人听不懂,所以要用拼音文字是很困难的。上述的争论在我们会上反复地争吵。不过,我们说你也可以搞,拼音文字你可以用起来,其他的我们也应广泛地搞。所以,三年里差不多搞了四百多个方案。很多纸面的不算数,一般用微机。我创造了各种小键盘,因为大键盘需要更多的物质设备。在这个条件之下,工作就开头了,有人取得专利,有不少好思想。

不怕重码,整词输入,速度真快

在这三年里出来的东西都有一个共同的思想,就是每个字要编成号,每个号对一个字,一对一的对应,不能一个号出来两个字,要单码,拼命避免重码。这样一来,就像刚才有人说的,一个字4到5个号码,还有一个字要用7个号码,因为每个汉字要分开,7个阿拉伯数字才代表一个汉字。到1985年,我提出来一个设想,这个设想是我们不要害怕重码,重码有什么关系,只要我们把同一编码的重码字按使用频率次序排列,最常用的字排在第一位,当把这一编码输入计算机后,文本就出现这个最常用的字,同时在辅助屏幕上出现其重码汉字,当文本上出现的不是你所需要的汉字时,可以用选择键上你所需要的字。从害怕重码到不怕重码,是计算机试制的一个重要问题。从那时开始,我们的计算机开始成熟了。

第二个设想大概在1986~1987年开始的。这个设想也很了不起,就是整个以词来输入,不再以一个字为单位,比如我们文章里发现有个名字安子介,输入一个码进去,安子介三个字同时出来了。当然还有其他同码的词,文字不一样,码一样的,那它又是重码,重码词可以调替。这样一来,我们的输入就快得多了。现在每分钟达到 500 多个字,只要是词码键,一个码进去是一串字。就像这本书里头千字文这三个字要出现好多次,有一个码就使三个字同时出来了。比如:我们国家的人民代表大会、全国人民代表大会,这一个码一出来就是一串。中华人民共和国也是一个码一出来就是中华人民共和国。这样一来,我们打字就快了。现在全国各种编码软件都是具备这两种思想:一个是不怕重码,一个是用词输入,常用词排在前头,不常用的词排在后头。假如一个词不常用,但在另一篇文章里是常用,计算机能自动调整,把这个词调为常用的。只要出现过一次,下面再出现这个词,计算机就自动变为常用的。这一套是我们中国人的一个创造。所有的洋人连想都没想到。因此,现在我们的输入和我们的技术应该说是完备了。现在的问题是,怎么样降低成本,利于普及,当然现在方案还很多。用了这种,还有许多别的方案。我觉得方案多了不要紧,年年竞争,会有新的东西出来。

汉字是以形义为主的联想系统

我觉得我们中国的文字是唯一的一种符号文字,2 200 年前就用上了。虽有改变,但改变不大,可以说基本上保留了原来的形态和结构,而这个形态是有系统的,并不像有些人认为的那样没有系统。我们现在教学的困难就是对于这个系统认识不够。系统是以联想联系起来的。所以安先生认为"联想"二字是侧重我们这个系统的特点。我们这个系统是个联想系统。这是一个很大特点。第二,我们不以发音为主,以形义为主,因此我们的文字同外国不一样。外国叫 read book,我们叫看书。因为我们是通过大概的形象来认识文字的。我们的文字真要写出来就是哪儿应该有个点呀、有个钩呀,好像很复杂。其实你认这个字的时候是以总的形象为主，所以我们可以一目十行。尽管具体的模模糊糊看不准，但总的形象看个大概齐。外国人不能一目十行，他们是按拼音一个字一个字念下去的，所以他们叫读书，我们叫看书。我们用不着念出来，念出来的话，你苏州人念苏州话，无锡人念无锡话，广东人念广东话，字都一样，形象一样，联系的意义都一样，只是声音不一样。我们现在文字改革的简化字有很多是违背认识规律的，比如同音替代。简化字有很多的同音替代，这是违反我们文字的特点的。我们文字的特点是形象，是符号，是通过联想来认识它的意义的，用不着一个一个地念出来，一看样子就知其义。舞会的舞和中午的午完全是同音的，现在弄得没办法，那中午的舞会怎么办呢？很多这样的同音替代的问题，现在大家感到不方便，提些意见，这个不要紧。文字嘛，你不从主观上改它，在客观上也慢慢改了不少，从汉朝到现在已经改了不少，不用主观去改它。我提出这点作参考。

因为有些同志尽想把我们中文简化，用拼音文字来代替。所有同音，我研究过了，一共是多少个音呢？有436个音，一共就这么多字是同音，连词都是这样。比如："枇杷"、"琵琶"两个pi pa，一个是吃的，一个是玩的。这样的词儿很多，又如"公司""公私""公事""攻势"等，我做过统计，有42个这样的词儿。所以拿词来代替字还是不行。现在有个倾向，要把同音的姓变成一个字，比如：严、颜、言、阎、燕，共有五个这样的字，都是同音，又都是姓。如果用汉语拼音都是一样的一个音，外国人分不清。我最怕看外国人的文献，外国人的文献一提中国人名，他用拼音拼的，究竟是谁闹不清楚了。一个C. C. 王，C. C. 王很多，美国的电话本一查，纽约叫C. C. 王的最多，有两页。我要找个C. C. 王可难了，所以是有问题。我们还是要维持我们这个符号文字。我们有11亿、近12亿人，436个音怎么拼啊？将来同姓同名的太多了，这不行啊。据说北京有一个名字，有300多人是这同一个名字。上海阿大这个名字最多。

那么现在有个问题,你在提倡这个,你不违反世界潮流吗?世界各国的符号文字都垮台了,现在就是我们这个顽固的一家。人家都是拼音文字,你不是违反潮流,顽固维持国际上行不通的事吗?对此,我有回答。这回答就是:除非是靠军事的力量征服了你,让你用他的文字。英文就是靠这个,所以英文现在很普及,靠殖民主义去推动。它的文字并没有什么特点,他300年前的文字就看不懂了。而我们呢,2 000年前的《史记》我们一样能念。《史记》基本上都能念懂。只要不是拼音字的《史记》,我看很多人都能念懂。而拼音文字的音仍在变化,老实说,北京话,跟我念书时的北京话不太一样,在变。我们汉字的鼻祖在哪?是羌族的早期的文字。这种早期文字现在还有,被羌族迁移到云南北部,在丽江地区有羌书的后人,这次在北京有个介绍,他们把羌族文字跟早期甲骨文对比一下,很多字是一样的。我们的文字是来源于甲骨文,后经汉族统一后有了印刷体,所以渊源很早。丽江地区发现的文字与甲骨文是同一源流,可是许多发音不一样。这次在民族宫有一个展览,有280个字,一个一个地对比,用甲骨文与现代字对比很有意思。这种文字在丽江还在用,是活的文字。我们的国家是个民族文化交混的国家,汉族在文化上和少数民族有许多血缘上交混的地方,这是个好现象。

第二个问题,谈谈我最近到客家地区,梅州的话谁也听不懂,——梅县现在叫梅州了。那个地方的音和我们不同,我们只有四声,他们有七声,是老的古音。如果你是真正学古音学的能听懂,我就听不懂,因为我不是搞古音学的。他们那种音是古老的中原地区的音带到那里去后保留下来的。而我们由于历次外族战乱,以后古音就变了。我们现在的官话是一种混合话。像梅州那种能保留下来古音的主要原因是什么?为什么巴比伦和古埃及的文字不能保留下来,为什么?这个问题很值得研究。问题就在于

在"汉字是科学、易学、智能型、国际性的优秀文字"座谈会上的发言

我们的文字是"联想"、"会意",而他们是拼音文字,一直没有发展。我们还吸收了很多外国语,像"枇杷"就是外国语,这样的事情很多。我们为什么能发展我们的文字?因为我们的文字是会意的文字,我们对于外来文化翻译一般不翻发的音的,而刚才那两个字是照搬原来音的。在这方面,我们把它创造了一下。

我们的科学文字是不译音的

我们的科学语言是决不译音的,这点我们和日本是不一样的,日本译音。我举几个例子,这个很重要。我们的化学名称很聪明。气体上面都加个"气",非金属的都加个"石"字,金属的都加"金"字。一看就让人知道是金属还是非金属的,辨认起来很方便。我们现在学化学也容易得多。你如果把日文移过来,ヨージド(iodide 碘化物)就不知道是些什么。这是一个问题。第二是我们对"激光"二字的翻译。现在北京大学搞了激光照排机,这是很了不起的事,日本人都服了。"激光"是在分子上激发出来的光。而台湾根据译音翻译成"镭射"。哪个好?我要告诉台湾的同行,"激光"比"镭射"好。"镭射"只是译音。还有其他的比如"雷达"。"雷达"应该是短波通信。这就是译音,为好读起见就叫"雷达",它不包含义。再比如我们翻译为"电子计算机",台湾翻译成"电脑"、"计算器"。科学名词的翻译是非常重要的,它在充实我们的文化,不离开我们的文化底蕴。译义比译音好,译义容易普及。我们走的路是对的,但也有些个别的较困难。现在翻译的是越来越怪,有些商品译的是广东音。"曲奇"就是广东音,现在"曲奇"到北京来卖。我看到"曲奇",不知它是什么玩意儿?你们刚看到它时,晓得是什么玩意儿吗?原来是饼干。所以译音里面有好多问题,尤其是商品中问题较多。现在崇洋媚外的倾向很厉害,好像商品要带点外国音就卖得出去。这是一个时代的风气,我们希望改一改。搞文字工作的同志要联系社会实际的话,有很多实际工作可做。

汉字可能成为未来通用的世界文字

我要讲一讲,汉字可能是世界未来通用的文字。世界上现在能够通用的东西不多。只有几个东西是通用的。像阿拉伯数字:1234567890,这是全世界通用的。发音不一样,北京人和宁波人发音就不一样,不过一写出来就都认识了。另外,数学方程式和数学符号全世界是统一的,所以数学的国际会议最容易开。你随便讲什么话,只要一写出数学方程式,大家就都明白,因为数学和数学公式是统一的。另外还有乐谱是世界统一的,五线谱上面的符号,什么加强、拍节啦,都是统一的。所以,欧洲的乐谱拿到哪里去都是统一通用的。还有什么是世界统一的呢?化学符号。化学符号有几个不太好,像苏联有几个符号和我们是不一样的,德国也有几个不同。只有少数几个不同,其他大都是统一的,因此,化学也有国际性,容易学习。

国际性很重要。因为我们的世界是越来越接近,当然现在还是有纷争的。最近十年里大概还会很乱,我们心理上都要有所准备。不过乱是统一的前提,有了战国,才有秦始皇。将来语言的统一,大家都能接受的,应该不改变母语。而世界语脱离了每一个人的母语,不易接受,等于外来一个母语加在自己的头上,所以不易被接受。有多少人是跟自己的土地有关的,他们是不能离开自己的土地的。我们的文字是带音也可不带音的,是看图识字得出来的。这有它的优点,现在这个优点逐步受到人们重视。我们宣传不多,总觉得自己不足,因为我们吃了150年帝国主义侵略压迫的亏。人家的炮比我们大,飞机比我们厉害,我们好像不行。其实不是,从文化上来讲的话,我们的民族文化是优秀的,我们应该很好地宣传,不要怕外国人,没有什么可怕的。他不认识我们的汉字,教他一、二、三,他就认识了。教他一个"人"字,"人"有两条腿。可以这样一点点地、慢慢地学,不会觉得难。

我们的文字有这样优秀的内涵。就因为这种内涵,才使我们的文字能够长久生存下来,不要自己把这个内涵破坏了。中文字我们统计下来,常用字是3 600个。学文学的用的字多,认6 200个,其他都是些古怪的姓和名字,这个没办法。认识这6 000个字就是有学问的人了。而英文词数有多少呢? 26个字母,就26万,每年还要加四五千字。所以,说汉字多,我觉得不多。现在要学有困难,是忘掉了系统性,关键是我们的教学没有系统性,我们现在的教育是一种机会主义式的教育,用一个字,教学生一个字。小学教科书上,我记得第一页是一句口号,一大堆笔画复杂的字,现在没有了。这就是按机会学。发现了,我教他一个字。首先要按系统教一些基本的,按系统教容易得多,最后联系起来。《千字文》、《三字经》,现在看来还是有道理的,有联想的。我们能编新的《三字经》把常用的字都编在里头,教育就省很多时间。我们的工作还是大有可为的。虽然我不是学汉字的,但是我也应支持你们的工作,致力于汉字的科学应用。所以,我每次开会都来。谢谢大家。

在"海峡两岸汉字学术交流会"上的讲话*

各位朋友,台湾来的朋友们:

今天在这里我们有机会通过两岸的学术交流来谈论一个我们国家的很重要的问题,就是汉字问题。我觉得这对统一是有促进作用的。我们大家都是赞成统一的。由于相互隔离了40年,今天我们谈论统一的问题时,大家会有许多不同的经验。这些不同的经验会聚在一起的时候,总会有差异,总会有不同的情况,也会得出不同的结论。因此,我们应该在一起来讨论这些问题。中国文字是一个问题。

今天我想谈三个问题。第一个问题是:为什么叫汉字学术交流会,不叫中文学术交流会?这个情况我想说一下。我们国家所说的"中文",范围比较大,除了汉字以外,还有蒙古文、西藏文、维吾尔族文字,等等,还有好多文字,使用的人也不少。它们也都属于中国的文字。所以,我们有时候对外称为"中文",对内呢,就叫汉字了。汉字只是指我们现在的方块字。这一点要声明一下,并不是说我们不叫它"中文",汉字也叫作"中文",但"中文"还包括其他的民族文字。

---

* 原载《汉字文化》1991年第4期。

我们国内还有一个跟文字学家关系不大的一个会。这个会现在已经有50万名会员，就是"中文信息学会"，也叫"中文信息处理学会"。这个学会跟台湾同行来往很多。最近还要开会。我们已经开过八九次会了，就是研究中文怎么在计算机里使用。最近一个期间，我们的研究有了很大的发展。现在中文输入的效率比以前大大提高了。现在有各种各样的方案700多个，其中已付诸实施的有300个方案。它们的效率大多达到每分钟500个字以上。这中间没有一个是拼音文字，都是方块字的输入。这个学会叫"中文信息学会"，不叫"汉字信息学会"，因为这个学会还负责使其他的民族文字同样能够输入计算机，并打印出来。这个学会的50万名会员中，大概有八九万人是搞民族语言文字的。这里声明一下，我是这个会的创始人，已经搞了10年了。我也代表这个学会向大家表示祝贺，向今天这个汉字学术交流会表示祝贺，希望会议能够得到很大成功。

第二个问题，我想谈的就是刚才袁老谈的我们的汉字有它的特点。她刚才谈得很多了，我只预备补充几点，就是汉字是中国文化的载体。"载体"两个字，不晓得台湾用不用？我们现在开始用了。我们的语言不断在发展。语言不是死的，语言是活的。随着社会的进步，它要不断地发展。我们国内有许多新词，像"载体"这个词，现在大家慢慢用了，也认识了，台湾也有这样的词，有很多，待会儿我再讲。我们要讲中国的文化，离不开中国的文字。比如中国文化里有书法，拼音文字还有什么书法可言呢？没有什么可言的了。书法，我们说它是一门艺术。它是中国文字的艺术。假如写出汉语拼音来的话，我看没人来看这个东西。没人来欣赏这个东西。所以说汉字是文化的载体，这是一条。

我们当前要弘扬中华民族的文化，必须弘扬我们的汉字，因为它是载体嘛！值得不值得弘扬，我再补充一句话，就是我曾经说过，我们的汉字是符号文字。这是简化了的一句话。我们的符号文字跟世界上有名的符号文字相比，它们都消亡了，而我们一直保留至今。世界上有名的三个符号文字：一个是巴比伦的符号文字，它是象形的，另一个是埃及的象形文字。它们只是象形，因此就活不长，所以现在它们已经消亡了。而我们的符号文字不只是象形，而且还有会意的成分；不仅是有表义的成分，而且还有表音的成分。音当然是我们普遍使用的普通话的音了。如果要按方言分的话，音就比较乱了。因为北京话是掺杂了满族的。统治阶级的遗留的东西，我们现在的音有变化，没有读入声的音了，这是兰青官话带过来的。我现在讲的也是兰青官话，但还带着苏州口音。这没有办法，母语影响人的一辈子。我没有学好官话，现在我们叫作普通话。台湾叫国语是吧？台湾这方面比我们成功。你们教育得很好，我们得向你们学习。你们使所有的学校都进行了国语的训练。所以，现在各位谈的话我们都能听得懂。你们要讲闽南话的话，我们就得要请翻译了。所以，国家大力在推广普通话，可是还不够。我们现在晓得，还有几个省的中学和大学里讲课，有时候还是用他们本地话讲的。另外，我们的电台里头，还有用本地话播讲的电台。因为，普通话还没有完全普及嘛。我们的国家实在大，人也实在多。所以，我们现在还没有达到完全普及的地步。在我们上海的学校里，还有人用上海话讲科学技术，因此，这方面的工作还要改进。

  应该看到，我们的符号文字是表义的，表义文字的特点是能促进思维能力的。刚才张公也谈了这个问题。学生通过中文的训练，智商能够提高，能够善于思考一些问题。而且我们的文学作品很能深入描写人物的心理状态。这方面，汉字要比英文、德文等其他文字高明得多。我们的小说，文艺作品的文字描写非常能够深入地反映人物的心理活动。这就是因为我们具有巧妙的文字。比如说"哭"就有很多讲法，"笑"也有很多讲法，"高兴"和"不高兴"都有很多种的写法。这是一个很不容易的事情，外文是达不到的。

符号文字的特点有两条：一条是所有符号文字很容易国际化，现在所有国际化的东西，都是用共同的符号。比如乐谱，五线谱都是一样的。谁说中国人的五线谱和外国人的五线谱用的不一样，不是吧？德国跟美国的文字不一样，可是，他们的五线谱是一样的。这是一个例证。还有一个证明：我们使用的阿拉伯数字1234567890，全世界通用。各人说个人的，发音可以不一样，但是意思是统一的，它具有国际性。另外，我们的化学符号是统一的，当然有个别的不同，我们用"I"表示碘，德文用"J"，那个关系不大。他们本文里没有这个符号。化学符号是统一的。我们的数学方程式是统一的，也都是符号。我们开数学会很容易。你用中文讲，只要用数学方程式写出来，大家点头。因为，符号都是一样的。用不着非讲英文他们才能懂。我们中国人出去最容易讲的是数学，你写出来就行了。因为数学符号是属于国际性的。而我们的文字也的确是属于国际性的。日本人用了我们的文字。我们每一个汉字，他们发音都不一样，这有什么关系呢？本来他们想把汉字都废掉。因为有了计算机了，他们以为片假名只有50个字就能解决了，所以用了1 945个汉字。最近，他们发现不行，所以又扩大了，可以加倍。这就是说，汉字是个很好的符号，在日本用，它也废不了。有一批人反对这个，反对那个，把汉字缩小到1 945个，现在呢，又加倍。我不能说这是中国文化，我们只能说，这个符号文字很好使用，大家都可以共同使用。用长了以后，文化就和它结合起来，就拿不下来了。新加坡也用了汉字，他们现在使用的是简化字。

简化字也是经过很多人研究的。第一批简化字总的讲还不错，个别讲还有问题，这个关系不大。的确还是有好处的。这是一个，它具有国际性。学英文就得从小开始。一个其他民族的人，他的母语是其他的语言，学英文是非常困难的，因为他是从母语开始的。母语是从小孩开始说的，要扭转比较困难。而中文呢，它是符号,是可以通用的。它具有通用性,所以,我们能够弘扬汉字。现在,联合国正式用了。联合国共用了五个大国的文字。虽然我们还有文盲,但是连同台湾在内,至少世界上有十几亿人在用汉字。全世界才有多少亿人呀? 所以,中文的确是应当弘扬的。

第三个问题,我要谈的是我们现在用的汉字和台湾的用字有些差异。不只是字上面有差异,简体字、繁体字,实际上台湾现在也在简化。问题是,这种差异不是我们哪个人之间的,而是长期分离的结果,分隔四十多年没有交流,当然会有差异。我们得承认这是客观存在的。这个差异,我觉得可以通过逐步交往来消除。我们现在的差异很多,不光是字,语言上的差异也存在。我举几个例子来谈,比如说:三年前我们一开始来往的时候,就发现有几个词是台湾同胞带来的,一个叫"共识","共识"这个词我们以前从没有用过。现在我们大家承认了,要有"共识",现在我们希望谈谈,慢慢将来有"共识",不要急于一天办到。40年的事,一天紧着是不容易。大家可以各谈各的意见,我们也要谈我们的意见,你们也可以谈你们的意见。可取得"共识"要经过相当长时间的交流讨论切磋,这是一个例子。又比如有一个词到现在我还扭不过来,叫"策划"。我们很久不用"策划"两个字,"策划"原是讲"阴谋","阴谋策划"是贬义词。可是台湾现在用"策划"这个词不是贬义的,是不是? 我们叫什么? 同义词大概是"商谈",交换意见,或者叫"协商"。但我们的"政治协商"会议改为"政治策划"会议,那就不行了。这样的词很多。两岸之间还有许多科技词语不同。

40多年前,我们的科学语言是一个系统、是一致的,可是40年后呢? 现在有些不一致了。我举几个例子说明。我们的化学元素符号,凡是气体的符号都带有气字头,非金属的都带有石字旁,凡是液体的都带水字,像"汞"就带水字。凡是金属的都带金字旁。这些字很多是原来汉字里没有的,是我们前辈创造的,现在大家通用了。台湾现在还在用。可是有一个字,现在我们改了,就是

Silicon(矽),我们改了,"矽"字,本来一个"石"字旁,一个朝夕的"夕"字,现在我们改了,改成"硅",石字旁,两个土字(音"规")。我们现在说"可控硅"、"二氧化硅"。可是还有一个地方没有改,矽钢片还叫矽钢片,应该叫硅钢片,没有改。科学里、工业里的用字有时跟不上,我们改成"硅"了,可是你们还是"矽"。将来大家要互通有无,不一定我们要求你们改,因为我们觉得这个"矽"很容易和"锡"相混,就是金银铜铁锡的"锡"。还有一个"硒"很容易相混,就是石字旁的"硒",就是稀土元素第二号人物。所以讲话的时候,如讲"二氧化硒",人家很难辨认,不晓得到底是什么?所以干脆改成"硅"字了。这是一个改变而你们没有改的。

第二个不同的呢,抗战以后,世界上出现了许多新的事物,这些新事物的名字很不统一。比如我常提到的一个简单的常用词,台湾、香港人叫"电脑",我们叫"电子计算机"。我觉得"电脑"还不错,不过我们现在都习惯叫"电子计算机",有个别报纸叫"电脑",这是个科学名词。还有,"雷达"是一致的。我们两边都叫作"雷达"。而"镭射"就不一致了,你们叫"镭射"是译音,我们叫"激光"。比如,现在国内发展的"激光打印机"、"激光排版"等,还有许多激光技术。激光是最近发展得较快的一门技术。电脑技术是从1960年以后才发展的,有很多不一致的地方,所以,我们正在要求能跟台湾的同行商量商量。我们不合理的地方我们可以改,你们不合理的地方你们也可以改,将来就有了统一的东西。电脑对我们双方都是非常重要的。科学的名词有很大的不统一性,尤其是新技术方面,就是社会方面的用词也有许多说法是不一样的。有时候很容易引起误会,就像"策划"那两个字。因为从古以来"策划"并不是好事,是贬义词,你们用了,我这里提出来作为一家之言,跟大家商量,并不是非要改不行,没这个意思。交流嘛,交流就是各说各的话,大家把自己心里话拿出来才能交流,这是我的心里话。我们祝贺这次交流是个开始,希望我们要长期交流下去。

交流并不是非要强求别人接受意见不成,并不是这个意思。我的意见也并不强求大家接受,交流要大家点头才能得到"共识",我这里用了台湾用的词。我们希望通过这次会有一个"共识",就是说我们必须要通过交流来简化我们的不同意见。当然,统一的问题必须要意见一致。现在意见不一致的,我们要统一。统一是指双方协商,在共同的问题上,希望大家一致起来,有不同的地方大家再商量。只要是一致了,然后再统一起来。完全一致,那是不可能的。老实说,国内现在对简化字还有一些意见,这个并不影响简化字的执行。我对几个简化字也有意见,我是不愿意写的,可是,我要出版东西还得用这个简化字。对不对?所以,我觉得关系不大。大体上一致了,有了"共识"就能达到统一。当然,我们各方面都是这样,其中,语言文字是太重要了,是反映我们华夏文化的,我们的华夏文化,希望能多努力,早点得到"共识"。

我们的祖先已经有两千多年的历史。汉字是汉朝开始的文字,要不然不叫汉字了。这次我到甘肃去。我在甘肃走了2 000多公里的路。唉呀!甘肃省真大,从一头到另一头有2 000公里。那是真大,地大物博,那个地方物是很博,文化根源在那里很多。比如:我们简化的"马"字。过去我们写的"马"字是太呆板了,这个"马"字很活。甘肃武威的那匹马是真神气。跟我们现在写的马是一样的,完全一样的。这个神情都表现出来了。当年叫"天马行空"啊,现在我懂得"行"的意思了。"行"是什么呢?"行"是左前腿、左后腿,同时往前,右前腿、右后腿,同时在后,以后再变换,这叫"行"。普通马不是那样走路的,它叫"行马"。这是历史上流传下来的。现在这种马,就是武威那儿有,武威就是历史上的凉州。是前凉、后凉、东凉、西凉的首都,后来高昌占领了,变成了高昌的首都。

中国的文化是了不起的,我们必须要努力地来维护这种文化,使它能够长远流传下去,为我们中华民族服务。

我的话完了,希望大家能够通力合作。

承前启后　继往开来
后继有人　求真务实*

　　从40年代到现在，全国性的学陶师陶活动曾有过两次高潮。第一次高潮，是在1946年陶行知逝世之后，首先是在解放区掀起了学陶师陶活动。毛泽东、朱德、董必武、林伯渠、周恩来等老一辈无产阶级革命家都题了词，讲了话，称颂陶行知先生是"伟大的人民教育家"，指出"在人民已经得到解放的中国解放区，陶先生的思想得到广大人民的欢迎，他的理想被实现，被发扬光大"。后来，学陶师陶活动还遍及国统区，这对人民教育事业的发展是起极其重要作用的。第二次高潮，是1978年党的十一届三中全会之后，党的正确路线、方针为顺利开展学陶师陶活动创造了有利条件。1981年，政协全国委员会在北京召开了纪念陶行知诞辰90周年大会，邓颖超、胡愈之同志在会上作了重要讲话。1985年，中国陶行知研究会、基金会在北京成立，李鹏、胡乔木同志在会上作了重要讲话。1986年，中国陶行知研究会、基金会在上海召开了纪念陶行知诞辰95周年暨学术讨论会，江泽民、张劲夫同志在会上作了重要讲话。这些领导同志的讲话，代表了党和政府为陶行知先生恢

---

　　* 1991年10月18日在"纪念伟大的人民教育家陶行知诞辰100周年"大会上的讲话。原载《中国教育学刊》1991年第6期。

复了名誉,并且作了很高的评价。由此,全国陶研工作像雨后春笋,蓬勃地发展起来了。从这十年的陶研历史来看,对陶行知的研究,已经不再是政治性质的"正名平反"问题了,而是学术性的教育科学研究问题了,是联系当前社会主义建设实际,研究、实验、发展生活教育理论的问题了。当今,我看陶研工作的课题应该是:生活教育理论与全国人民社会生活的关系,生活教育与建设具有中国特色的社会主义的关系。我们研究生活教育的学说是要回答:符合不符合我国的国情?符合不符合教育教学改革的客观规律?有利不有利于使教育走上与经济、科技以及社会进步协调发展的健康道路?我们实践生活教育的学说,是要用事实来说明问题,在新的历史时期,生活教育理论是否仍有其生命力,并赋予新的内容和新的发展。现在,全国已有20个省、市、自治区建有实验基地或实验学校,并且已经取得初步成果,开始作出了令人信服的回答。这是件了不起的大事,实在令人兴奋!希望同志们再接再厉,在现有的基础上,做出更大的成绩,把这一份答卷答得更完美、更翔实、更有说服力。

数学、力学与实践的关系*

我们这个 3M 会议,参加者既有数学界的,又有力学界的。这个结合并不是完全没有问题的,还存在着好多不同的看法,这是允许的,也是一个过程,共同的认识是不容易的,而且这种争论在国外也存在,一时也不可能解决。

我今天为什么要讲这个问题,是因为 1980 年以前林家翘先生来过国内七次,他讲的主题就是应用数学,在好多地方讲。在 1980 年那一次来了以后他说:"我努力了七次了,是全部失败了。"他埋怨我,说你在国内为什么不把这样一种观点讲清楚,使现在有这样混乱的局面,他很有意见。而且林家翘先生曾派了一位他的学生去清华讲学两个星期,是在清华大学应用数学系讲的。林家翘觉得应用数学这个词有它特定的含义。去了两个星期以后这个学生讲完了,回去向林家翘汇报,只说了一句话,说:"我在那儿讲学,没有共同语言"。因此他很失望地回去了。这是我们内部的话,不要去外面宣传。原因就是对目前力学上普遍使用的摄动法在国内还有相当大的阻力和争论,他就是讲他的天体演变的学问,很多地方用了摄动法,而且还有不少奇异摄动的问题。所以我在 1983 年到美国去的时候,林家翘亲自对我提出来,说你有责任,要把应用数

---

* 1991 年 8 月 21 日在兰州大学邵逸夫科学馆 3M 会议开幕式上的讲话。

学是什么内涵说清楚。因为他说"你是正规的学应用数学的",而且我的学位也是应用数学博士。在美国也是很早的,属于第一第二的。那时候《应用数学季刊》刚刚创刊,1941年开始的。1941年以前美国也没有应用数学。当然现在美国的应用数学学会有很大的规模。应用数学学会第一任的理事长就是林家翘,他担任了十年的理事长,后来退下来了。可是现在呢,林家翘在美国也孤掌难鸣了,因为大批的对应用数学不理解的人参加了应用数学学会,所以原来的应用数学含义也变了。林家翘还是名誉理事长,可是他不太去了。现在,他们美国的应用数学学会发行了11种杂志,因为里头分歧太大了。每一种人发行一种杂志,有11种。我们现在订得到的翻印的有9种,还有2种没有翻印,因为我们没有人管这2种,这2种谁也不需要。那么究竟应用数学是什么含义呢?林家翘先生1979年在成都有次报告专门讲应用数学,是在成都的中国科学院分院作的报告,这个报告在四川的《科学探索》上发表。这里他明确叙述了应用数学的内涵。他说应用数学与数学应用是不一样的,这是很重要的一句话。应用数学重点是要用数学工具,假如没有这个工具,我们可以创造工具来解决实际问题,叫应用数学。它的目的性很强,要解决实际问题而不是一个假想的问题,不是只研究这一套方法而不去应用。只研究数学方法而不去应用的它就叫数学应用而不叫应用数学。应用数学是面对实际问题而要把它定量化地解决,要用现有的一切数学方法,甚至于这个数学方法现在还不存在,我们可以提出新的方法。这个方法无需要人承认的,只要它能解决问题。就是刚才我们的主席讲的,关于拉普拉斯变换争论里的一句话,我们不管它怎么样,我们只要解决问题。当然这句话还是有个限制,我们还是希望这种方法能取得合乎逻辑的证明和合乎逻辑的发展。可是做应用数学的人重点还是希望解决实际问题。实际问题包括两个方面,一个是物理和工程理论发展所发现的问题,力学、物理甚至工程方面的问题;还有一个就是生产上发生的问题,现在已经包括社会管理上发生的问题,比如人口问题,都是这种类型的问题。就是把过去所谓运筹学现在也包括进去了。

这样一种观点什么时候开始的呢?我们从历史讲起。明确提出这样一个观点的人是个数学家,是德国的斐立克斯·克莱茵。他提出来,数学必须从人类的活动实践里获得题目来解决发展问题,来求得发展。他很重视中小学教育,所以他对德国的中小学数学教育提出了成套的看法。曾为此写过一本有关中小学数学教学的名著,这本书不知国内翻译了没有,叫《数学在中小学教育里的实践》,讲得很详细。这是一个工具的问题,为德国的工业发展创造了基础。因德国的工人都是中学毕业生,以后进了所谓技工学校。由于他这样的训练,使这批工人的数学水平,也就是技术水平提高得很快,因此德国人很崇拜他。同时他建立了一个学派,实际上是从哥廷根学派开始的。哥廷根学派是他建立的,因为他有这样一个影响,他传了几代人,他有一批学生,有的学生是德国的,也有不少是英国的。像拉夫,大家都知道,搞弹性力学的,就是他的学生,像冯·卡门就是他的学生,一大批,大概二三十个人。这二三十个人从他那儿出来以后,在第一次世界大战里分布到各地,就是美国没有。美国有一个不是他的学生的学生,他没有教过,就是周培源的老师贝特曼,贝特曼到哥廷根去时他已经死了。贝特曼在那儿待了三年回去了,我们都晓得他在微分方程方面是有贡献的,他的微分方程若不懂力学是很难念的,是很有名的一本书。美国其他没有人搞应用数学。这个学派后来形成了,叫哥廷根学派,这个学派包括后来苏联在内,他们就叫应用数学。他们四处发行了很多杂志,这些杂志一般都叫应用数学和力学。好几个不同文字的,苏联有,德国有,匈牙利也有,美国、英国也有这样的杂志。这个学派的影响力很大,影响到力学的发展。第二次世界大战开始的时候,美国应用数学很差,没有什么人搞。有个别的极少的人如像翁萨考，他力量很小，在美国是带不起来的。美国的数学是代数倾向，抽象数学的趋向非常浓，力量很强。可是应用数学没有，力学是有的。在第二次世界大战，希特勒占领了欧洲以后，大量的欧洲的哥廷根学派的人都跑到美国去了，中间包括了像冯·密赛斯；包括了写《张量分析》的辛格；也包括了冯·卡门，1935年到美国的；也包括铁木辛柯，1938年到美国的。他们去开垦荒田。我记得曾经有过这么一桩事情，铁木辛柯到了美国找不到事情，后来伊利诺伊大学请他去做教授，他在那儿讲课。我们现在讲铁木辛柯是工程性很强的人，他使用了不少数学道理，可是这个数学方法在那个时候大家还觉得解决不了太多问题，像冯·卡门等也是这么一种思想。他在那个地方讲课的时候整个班上很少人听懂他的课，就是这么一种局面，听不懂。他的学生里，现在有几个很有名的，他还是培养了许多人。以后冯·密赛斯到了美国以后，他也培养了一批人，冯·卡门去了也培养了一批人，还有搞塑性力学的普拉格也培养了一批人，普拉格比冯·卡门厉害，冯·卡门只抓了个航空与宇航，铁木辛柯抓了个结构力学，普拉格把应用数学的名称打出来了。勃朗大学在1940年成立了一个应用数学系，这是开天辟地在美国的第一个应用数学系，还办了一份杂志，1941年开始，叫《应用数学季刊》，一年四期，现在还在办。同时，他们活动之下，在铁木辛柯名下办了"应用力学评论"，就是个摘要索引，这个推动力量很大，从这个时候才承认有这么一个力学，叫应用力学。我记得我在大学读书时候，清华大学工学院里念力学的课程不叫材料力学也不叫理论力学，就叫应用力学。有一本书是非常浅的，比我们现在中专还要浅，是30年代的美国的书。这些人到了美国后，在40年代就起了很大变化，归功于铁木辛柯写了一批书，现在我们叫材料力学、理论力学的书都是铁木辛柯开天辟地把欧洲的水平拿到美国来的，使美国的工程教育起了极大变化，这是一个历史的过程。英国也是如此，拉夫过去了，下面像G.I.泰勒，也在那儿努力,英国一直是欧洲的传统,这方面是重视的。因为我的老师是爱尔兰皇家科学院院长,叫辛格,他也是哥廷根出来的,逃难在加拿大,我是偶然去碰上的。他的观点就是现在的林家翘的观点,就是说搞力学的人应该不怕数学,数学是个汪洋大海,比应用数学范围广得多,我们应该去从海里找宝,这个海是我们的源泉所在,找宝来解决我们的实际问题,要捏着鼻子跳下去,要勇于跳下去,跳下这个海,找宝去解决我们的问题。这一点林家翘在北京哪一个研究所都说过。找不到,我们也得想办法解决。我们的任务就是要解决实际问题,可是千万得记住,你得回来,你得懂得游泳,还能上岸,还是搞你的力学,记得跳下去的目的是寻宝来解决你的力学问题,而不是跳下去出不来了,你变成数学家了。这句话清楚吗?不要掉进去出不来。后来波兰的英菲尔德,他也是这个学派的,他说这句话是客气了,说数学是个泥坑,你掉进去出不来,你自己跟自己过不去,不解决实际问题。他说,可能数学家很多,不好说这句话,所以说汪洋大海。我们在那儿时那个应用数学系是加拿大的第一个应用数学系,他们也站不住,第二次世界大战以后,这些人都回欧洲去了,我们的老师像英菲尔德、辛格、斯蒂文森,都是欧洲去的,是英国和大陆去的,打完仗都跑了,这个系就关闭了。最近我去一问,说这个系没有了,它的数学系还在。加拿大多伦多大学数学系以群论有名,北大段学复教授就是加拿大的多伦多的学生,在多伦多学群论,最近听说在加拿大西部阿尔伯达省的一个城市,叫卡尔伽里,那儿成立了应用数学系,是一个中国人在那儿主持,也写了不少书。我最近也晓得蒙特利尔大学又在开始恢复应用数学系,而多伦多大学没有应用数学系,你若去问的话,说是没有人注册,我走了大概两年后这个系结束了,因为大战结束人都走了。那么现在呢,美国的应用数学系很多的,相当多的,可是各种各样。有的应用数学系只搞运筹学,以运筹学为主,也有的叫工程数学系,美国有本杂志叫《工程数学杂志》,以布法罗大学为主,还有伊利诺斯大学还有普度大学，不同的内容。所以他们的应用数学学会可以发展到有11种杂志，据说现在又增加了一种。那么究竟应用数学跟数学应用应该是怎么样的关系呢，我倒觉得两者都可以。应该有一些人专门去研究数学方法，这是可以的，并不是不能的，我们也不要太局限了，可是也要看到这个大局，就是王仁同志刚才说的，应该逐渐解决问题。解决力学问题实际上就是解决生产问题，重点应该放在这里，而不是说不要专门有人去研究一些数学方面更高层次更大范围的问题。我觉得这里问题还是可以研究的，我跟林家翘不同的是在这一点上面。因为他叮嘱我说应该来说明这一个问题，我今天利用这个机会来说明，就是我们应该有大多数人去响应我们国家的号召，要使我们的数学力学作为生产力，那么我们的目标就应该以解决问题为主，为了解决问题，我们可以去搞数学，捏了鼻子跳下去，不过要记得回来。这和留学一样，我对于留学现在也是这个看法。我并不反对留学生出国留学，因为国外发展比我们快，我们现在人数也不少，可是因为历史太浅，有很多东西需要历史来培养，我们还是应该去看看各方面的东西，应该捏了鼻子去留学，不要高高兴兴去留学，留学不是我们的出路，只是去取宝，拿到了他们的东西要回来，来解决我们自己的问题，所以我对留学也是这么个看法。现在有些同志留学的目的与我们不太一样，我们那时出去的确是有这么一种想法，因为国家太糟了，总得要有批人干点实在的事，那时是国民党时候，所以我们出去留学了。可是一到学成了，我们就回来了，我就是这样的思想，捏着鼻子跳下去还要记得回来。因为我们的目的是建设自己的国家。同样，我们的应用数学，或者叫力学中的数学方法，或者叫数学与力学的结合等等，要记得当前的任务是要解决实际问题。解决实际问题工具不够，我们跳进数学大海去捞宝、找办法，实在这个大海里没有现成的办法，那么我们自己去想办法。

我们力学在发展过程里面自己想了很多办法，后来都是数学里重要的分支。我在想,不妨利用这个机会重复一下我在这本书的序言写的这些,讲得不完备,但我还是愿意重复一下。比如说牛顿,他就是要解决动力学的问题,他的速度、加速度不好定义,牛顿方程不好建立,因此他导出了微积分的最基本的概念。柯西当然在力学上也有贡献的,对数学的贡献比对力学的大。大家只知道柯西是个数学家,谁也不知道他是个力学家。所以为了解决问题,数学家和力学家结合是应该的,他就是很好的例子,他是数学家,可他的贡献是给力学找了一个量,一个能代表在那时还是非常复杂的谁也搞不清楚这个"应力",他搞清楚了,这是第二个例子。第三个例子呢,就是在19世纪中期,连续体力学提出来了,这些问题和概念完全是力学界要解决的问题,中间是圣维南贡献最大,提出连续体概念,以应力为量的平衡方程,动力方程,应力应变关系这一整套理论提出来了。这套理论开始是随着机械工业发展,当然开始还没有强度,只是要找一个可靠的理论计算定量分析的办法。连续体力学被提出来的时候并没有微分方程论,没有这个理论基础。后来提出来了,我们这个偏微分方程组都写出来了,怎么解谁也不晓得。那只能找所谓凑合解。那时候他们没有全套理论,你怎么办呢,所以圣维南提出了凑合解的理论,也就是说这种解能够全部符合这种方程就是"解"了,他就是这么一种思想。那么边界条件他就不满足,他说你原来的边界就是不存在的,就是这么一种思想。当时数学家无法接受,数学家怎么也无法证明圣维南的原理,说远离作用点以外区域代表了这一"解",这个数学家无法证明。当然,现在我们有了很多深入的东西了,像凸函数等等,可以把这个问题更好地论证,这些论证从前没有,数学家想的就是微分方程。那里有没有成绩呢,有,就是解的封闭性等。我们搞振动的有时也用到这些。整个的微分方程写了很多书。也有些力学家完全从解决问题的眼光看,就是周培源的老师贝特曼,写了本微分方程。这本微分方程和数学界的微分方程很不一样,我们看贝特曼的那本书跟工具书一样，这个可以这样解，那个可以那样解，解决问题。可是搞数学的人不太容易看，没头没脑，他都是从实际出发，提出问题，抓住实际要点，想一个办法，解决问题。数学家认为没有系统，的确难看。开始我看的时候也很困难，现在我很习惯，觉得这本书很好，很多问题一查就有。我要的东西都在里头，实际上是一切都在里头。例如我跟胡海昌争论的拉普拉斯乘子的问题也在里头，而且告诉你是怎么回事，清楚着呢。而搞数学的人就不知情，他不去搞这个，不太用。这是两种观点，一种是实用观点，可能是实用主义，我不去戴那个帽子。我认为应用数学与数学应用两者都要，可是重点应该放在应用数学上面。我们国家现在有很多应用数学系，但他的观点是数学应用，所以林家翘说谈了半天谈不下去，没法谈下去。可是真正的用数学方法解决实际问题的应用数学系我们国内现在没有。我这句话对不对？北京大学同志不太接受，你们那儿情况好一些。还是没有，不是那么重点突出，都是在力学系搞一些，这是个问题，应该大量树这些，可是并不是说不要专门研究数学方法、数学方法的理论基础。例如像傅立叶函数、傅立叶级数就是当年傅立叶为解决热传导问题提出来的。很多人批评，有的杂志根本不要他的文章。他当然理论上很不周全，例如不连续函数能不能展开他也不晓得，反正他展开了。他不知道条件，什么样的不连续函数可以展开，什么样的不连续函数不能展开等等都不清楚。展开后函数的值等于多少他也不清楚。因为有争论，就有人去研究。后来经过一些数学家的研究，就得到了所谓傅立叶级数存在性与收敛性。现在证明了傅立叶级数的重要性，到现在为止还是重要的。包括离散数学的发展，也证明了他那个级数的重要性。级数求和到现在还是很重要，因为一些不连续的函数用数字求和，傅立叶级数常要算到几十项，求和的过程一定要注意。数学家、当然也有些力学家、物理学家因为要解决具体问题，他必然要使用这些方法。例如像物理学家搞 X 光，很困难，怎样从这许多光点的位子来求得原子的结构,很困难,到现在还有许多工作要做。这是另外一个例子,就是搞力学的人提出了一个没有人提出来过的办法,解决了问题,可是理论基础不巩固,经过数学家深入的研究,使它理论基础巩固了,扩大了它的使用范围,使大家得到了信心。现在没有人再怀疑傅立叶级数了。可是当年傅立叶文章都发表不了,就是因为数学家当年认为这个东西毫无理论基础,你算什么呢?也不知道究竟对不对,他说我对,我算了5项,算出来基本上对的。那么有人提出你收敛不收敛的问题,就吵,吵之不已,这是又一个例子。我们这个发展过程,例子很多。像柯西提了张量,以后有人就想专门研究这个问题,可是又研究不下去,因为没有目的。黎曼研究的黎曼张量他也不知怎么下手,反正是要协变微分再互换一下次序,必须涉及黎曼张量等等,可是纯数学不了解这个东西的实质。最后是爱因斯坦出来用了相对论,相对论里这个张量非常重要,是一个空间是否平坦的一个标志,可是还局限于一个非常理论的范围。当然爱因斯坦如果后来没有与实际问题相联系,爱因斯坦的相对论也不可能得到大家的重视。相对论得到重视,就是由质量与能量的关系,能量等于质量乘光速的平方。这个关系出来了,原子能用了这个关系。由于这个,再加上量子力学用了一些他的观点得到了很好的结论,解决了原子结构的复杂图像,使爱因斯坦的创造得到了公认,同时张量得到重视。直到30年代,因为航空工业的发展结构力学得到发展。那时候飞机制造,很多薄壳结构要进行计算,很难算,方程式很复杂,哪一种壳搞不清楚。后来有人再把张量用高斯坐标研究壳上的几何问题,把微分几何引进来,得到了很系统的壳的结论。这样,张量在力学上得到第二次的重视。下面当然是到理性力学提出来时,张量又开始起了很大作用。张量开始提出来只是一个设想,经过许多数学家的研究,现在还没有结束。张量的分析研究那是数学工具,一直在进行,没有停止,用它来解决很多实际工程问题还不够用。现在，张量有许多修改，跟从前不太一样了。到了50年代，有了计算机，也是由于力学的需要，搞了有限元。有限元开始很多人不承认，有个很艰苦的阶段，最后由于有一批人用了有限元，解决了很多实际问题，有限元才得到各方面重视，才有数学家去参加这方面的研究。到现在有限元是否收敛的必要条件好像清楚了，充分条件还是不太清楚，这里还有许多工作要做。那么推广有限元，使大家来重视，这个工作是谁做的呢？有个中国人，就是张佑启，把它较早直接用到工程上去了。他胆子也很大，他不管收敛不收敛。他得到辛克维奇支持，辛克维奇晓得里面问题很多，辛克维奇是应用数学学派的，他也是这个观点，解决问题就行了，算出来基本上与实验差不多。张佑启就是这点精神使他得到各方面的重视。当然，从数学家的眼光看是无所谓的，他没有什么贡献；可是从工程界的眼光看，他是有贡献的，这里就是有这么一个区别。所谓工程界就是由实际需要出发来衡量一个工作价值的这样一种人。我们国家现在倡导的就是要解决实际问题，要不然科学不是生产力了。可是，是不是理论问题一概都不必重视？也不是。因为理论是储备的，进一步发展要靠它，进一步完善，使其提高可靠性要靠它。当然，现在已经发展起来，离散数学已建立起来，完全用计算机承担有限元工作。这一方面，我们国家从"四人帮"打倒后有一阵有限元热，现在退下来了，因为各界已经知道用了。可是现在还有一个问题没有解决，真正的问题是非线性，非线性的有限元问题太大。当然计算机能力可以越来越强，可是计算次数多了以后，误差越来越大，迭代越多，累积误差越大，这个问题现在大家正在研究，像奥登他们也在研究。最近有个新的问题我一直在看大家有没有文章发表，叫所谓动力松滞理论的问题。最近发现，解决非线性问题的数值计算用这个方法最快最简单。它的办法是从小变形逐步变成大变形，载荷逐步增加，增加一次算一次，非线性部分总是一个小的增益。这么算很快，每次都是线性的不断重解一次,解一次一个增量。这是所谓离散数学的一个重要问题,并不是很简单的,也没什么理论基础,怎样收敛不收敛也不清楚,可是算出来与实际基本符合,理论上还要深入研究。最后一个我想提的就是摄动。摄动理论不同于一般常规理论。各方面的人都不太理解,尤其搞数学的人,搞力学的人也不太理解,何况后来发展了奇异摄动。这两个工具是现在解决非线性问题最有效的办法,但它的理论基础还不够,因为太有用了,大家都抢着拿它去解决过去无法解决的问题,力量都用到那儿去了,数学家则不太重视。奇异摄动理论,我们中国人在里面起了很大作用的,几个有名的奇异摄动理论都是中国人搞出来的,刚才说的离散数学也是。这种工作我们希望数学家也来参加,使它们得到巩固的基础,那么可以得到更广泛的应用。所以我说数学与力学的结合还是可以提的,主题还是为解决实际问题,符合我们国家的政策,要不然科学不可能是生产力,也不可能是第一生产力。力学尤其是反映这个问题。现在我们不能像林家翘说的那样,说应用数学就是去解决实际问题,不惜用任何办法,办法的研究不是我们的任务。我想应该放得更宽一些,我们应该欢迎更多的人来关心数学方法的基础,而我们力学的主力军还是应该去解决实际问题,很多实际问题有待我们去解决。从历史上讲明白了叫应用数学,我们现在没有办法,叫力学中的数学方法,实际这是应用数学,是经典的应用数学定义,那么专门研究数学方法我们不要去反对,可是我们的主力放在解决实际问题上。眼前我们国家对于这个问题还是不太明白,几次召开国际应用数学会,力学界不清楚,也没通知力学学会。听说最近又要召开国际会议,连其本校力学系也不通知。他实际是数学应用,我们并不反对,我们希望能够通力合作,我们有这个能力。我们的软件都是很好的,就是硬件差一点。这是软件,软件优势要发挥,这是现在眼前已有的局面。也有应用数学杂志,我们这一方面的文章登不上去,他们认为不合格,没有理论基础。应用数学学报,我们还是要不断地联系，不断地互通消息，使有共同的认识，是为了国家的事业。我们并不反对他们，可是没有比解决实际问题更重要的。我们国家的目标就是要解决实际问题。同时，力学界也并不是完全一致，认为你们这批人是搞力学。我就是受过批判，这个批判是带政治性的，说我是理论脱离实际，一张纸一支笔。我要努力做到不光是一张纸一支笔，我正在这么做。所以我到这里搞了一个月，一个字也没写，一张纸也不带。

我对甘肃的建设提出我自己的看法。这些看法，甘肃省领导很重视。我们提出的多民族经济开发区的思想，灌区工程的思想，"一厂二制"的思想等等都得到了这里领导的支持。最近从他们的实践看来，这些思想是正确的，因为甘肃省粮食问题解决了，还有二三百万人的温饱问题没解决。工业的发展翻了两番，靠"一厂二制"的政策，中央也点头了。我实际上用的是应用数学思想。比如灌溉问题，我就跟他们分析，这里搞灌溉，投资几年拿回来，算得很准，财政部长说算得对。甘肃有些得天独厚的条件。土壤肥沃，黄河冲积土，日照充沛，昼夜温差大，便于农作物生长，农作物质量都比国内其他地区好。江苏蚕豆长1尺多高，上面长那么二三十个就算不错了。这里长1米多高，长的全是豆，质量又好。西瓜出名的甜，什么瓜都甜，什么水果都甜，可就是缺水。这儿黄河里有水，可是耕作平原都高于水面几百米，很困难，靠天吃饭，下雨才有收成。1982年旱灾比今年还好一点，从甘肃逃到西安去八九万人，他们没法过，一旱就逃，到外面去。这个区域里没有水灾的，就是只有旱灾。现在黄河上有很多水电站，发了电，用电力来提水灌溉，提高300~500米。本来有些土地无人垦种的，现在一灌溉，第一年就达到800斤，这个投资效益比北大荒高。北大荒今年遭灾，那儿一有水，一涝就不行，而且一年只有一熟。这儿是一熟半，日照时间比较长。那儿投资，亩产四百多，这儿投资，亩产八百多，旱涝保收，差别很大。算下账来，这儿投资的优越性比北大荒大3倍。

财政部长说："对,以后投资应该到这里来。"这许多提灌设备是需要些投资的。中部地区离黄河远,提灌要花很多投资,以后再说。先把群众移到灌区来,今年粮食自给还有余,移民第一年住地窝子,第二年盖房子,第三年买回拖拉机。我去过好多家了,第一年住地窝子是很困难的,以后盖起房子来四五口人七八间房,拖拉机也买来了,树也种起来,本来那儿是一望无际没有人烟,移民去后发展起来了。

这算不算力学,我看不算。提灌计算实际很容易,是用力学的思想,就是思想上考虑都是有目的地去解决实际的生产上的问题,应该是这么一个出发点。可以用很深的数学,需要就用,不怕淹死在里头,也得努力干。没有这个数学方法,我就自己想办法。那时候用摄动,没有理论,你反对,我反正能算出来,基本上差不多。参数大了以后不太好,就多摄动几次。记得1957年有人写文章批评我,说摄动理论在某个条件下不符合,其实很简单,你再摄动几次就符合了么！这个批评促进我们去考虑一些还没有解决的问题。就是有一条,不要害怕批评,只要解决问题就行。现在我们要解决多方面的问题,不怕有批评,只要对国家有好处。对于民族的成长有好处。在当前的国际条件下面,我们一定要显示我们中国人民的智慧。我想我们按现在这样发展下去,在力学的这个范围里面,不需要多长时间,在很多领域可以领先。因为我们有这个条件。我们的软件是真不错,有些想法,我看有些文章真不错,很突出的。可是呢,我们宣传得少,人家不了解,再加上有时认为我们不解决生产上的问题。可是,你要真找问题比比皆是。比如说,我做过两桩事。一是黄河出口老移动,移动的原因是有冰凌,冰凌破堤冲开缺口,黄河就不稳定了。黄河水利委员会认为不会稳定了。我从力学角度看,给流水很好畅道,它就完全稳定了,不给出路,一堵,它就不稳定了。黄河出口有拦门沙,黄河口外有50公里长的拦门沙,冲开就可出去一直到渤海。不能堵,要疏。黄河水要找出路么。中国人治水要疏导。我的建议很简单：用大木船搞一个救火机，从黄河里吸水冲，水翻起来把沙带走，疏导就行了。疏通了，还把拦门沙冲开500米。这谈不上工程，完全是个力学思想。这是七年前的事情，直到现在没有发生过冰凌，黄河出口是稳定的。黄河水利委员会一文没给。现在，在那儿搞了个6 000吨的码头，还想搞万吨的。一共500万亩地，过去因为老不稳定，谁也不要，现在变成棉花和粮食生产基地。我对水利学是外行，可是力学理论上我很内行，我也没有算。各位都可以做很多工作。再一例也是很奇怪。有一次我跑到福建去，福建有个码头在闽江里，叫马尾。1975年那里开港，建了四个泊位，建在闽江往南弯处的靠北岸的尖尖头上。闽江水是黄的，含泥沙，上游砍伐太多。花6亿元人民币，1975年建好码头，以后只用了一个月，沙积到离码头只有1米深处，船靠不上。那个地方是港湾，对岸是急流，对岸冲刷得很干净。我是1981年去的，很好的新设备六年没人用。说为什么不用挖泥船挖，回答说挖过。从上海租了一条挖泥船，挖了一个月，花了800万元，挖好了，接着又沙淹了。不挖了，谁也解决不了。找责任，说是"文革"期间军代表决定的建港位置，军代表撤走了，找不到了，谁也不负责任。有人主张在对岸再修码头，因为对岸不会淹沙，冲刷掉了，只要把堤岸保护起来。可是那时候建同样的码头一算就要9亿。这一下省里也没钱了，没办法。我去了，出了个办法，很简单。从对岸筑一条卵石堤岸到江里，江宽800米，堤长400米，漏水也不要紧。石头扔进去，离开水面有那么半米。用小船，把闽江上游很多炸的山石运来扔下去，挡住一部分江水，让北岸的水流量增加，立刻通航。沙一下就11米深。堤长也不见得就是400米，反正可以了。只花了90万元钱。《汉书》上有，叫"束水冲沙"。从力学界看，完全是常识。现在看这码头很好，是福建的主要的码头，万吨级的四个码头。这样的情况很多，当年设计上有些问题是没有考虑完全，力学工作者用力学的脑袋就可以帮助解决问题。所以现在有人说我是到处游览，其实我还是到处用我的力学的思想为国家在服务。

我现在年纪大了，计算东西要算四五次来保证绝对不错，所以写文章慢了。我现在做的题目是不用克希霍夫假设的板壳理论。板的理论已经完成了，下一步是壳的理论。可是我没有经费哪，苦算。最近申请了科学基金，给不给我都要做下去。板的理论出来了，现在要找个人算一下，估计问题不大。这个理论与现在的理论差不少，我现在初步估计，差15%左右。就是均匀压力，中间有大挠度问题，很有意思，计算并不麻烦。

我讲这许多是告诉大家，我们的天地广阔得很，我们的国家要求我们来完成我们民族的任务，现在是千载难逢的机会。可是我们现在的队伍，意见并不完全一致。我们应该有自己的看法，只要一个目标是共同的，我们要脱离贫穷与落后，只要有这样一种思想，你是无往而不胜的。我开始做这些工作的时候，我的右派帽子还没摘掉。我1978、1979年时想通了，只要你的思想与群众的利益是完全一致的，只要我忠于中国人民、忠于中国人民的利益、忠于党的利益，因为党是代表中国人民的。你们大家，应该想到，你们能有今天这些水平不容易，可以有不同观点，但要团结起来，多做贡献。我的话完了，谢谢大家。

掌握武器,坚定方向,
承担历史任务[*]

同学们,你们来学校已经两个多月了。我们这个学校是上海市领导下的学校,是为上海服务的。上海是我国最大的工业城市,原来也是亚洲最大的城市,也是经济城市、金融中心。在过去 30 年,我们是被帝国主义、资本主义国家包围的,所以我们是关起门来自己搞建设。搞了三十多年,发现这样搞不行,当然,情况已经与解放前大大不一样了,可是失去了市场。我们的国家要上去,要靠两个东西:一个是通过国际贸易集中资金建设国家;第二个,应该把资本主义世界积累了 300 年的各种技术都引进来,为提高我们的生产力服务。这个在上海要以不同的形态出现。本来上海远远比香港要繁荣,可是因为我们 30 年来的封闭,香港赶上来了,现在香港比我们繁荣。所以我们决心要进一步开放。怎么开放?现在已经很清楚。不开放的困难你们也经历了,开放有好处你们都看见了。可是开放也带来很多问题。有很多问题大家还分辨不清。开放根本的好处是发展市场,发展国际贸易,来增加我们的建设资金,引进高技术来提高生产力。坏处也不少,资本主义世界的东西,不良现象一定要随着开放进来的,这情况现在越来越明显

---

[*] 1991 年 10 月 11 日在上海工业大学九一级学生大会上的讲话(根据录音整理)。

了。你们每个人将来要做上海的工业建设者，同时也应该懂得不要让资本主义世界的"传染病"传到我们身上来。

你们现在刚刚来，我急于要见你们，让你们理解有两个任务落在你们身上。一个是好的东西我们都要学，诚心诚意地学，掌握起来，为我们上海，也就是为全国的建设服务。同时还有另一个任务，坏的东西不能让它进来，进来我们国家受不了。我们国家受这种灾难已经二百多年了，我们不能再让它继续下去。解放以后已经把它拒在外头，可是是用关门的方法拒在外头的。有一个时期，我们国家情况是非常好的。30年代、40年代上海有几样东西，一个遍地都是流氓，那时乘三轮车戴着礼帽，人家把你帽子抢走了，我有好多朋友帽子被抢。小偷、妓女多得要死，贫富不均，跳舞场非常繁华，可好多人要饭。这些50年代全部没有了，贫富比较均匀，豪华场所很少，大家穿式样差不多的蓝衣服，这没什么坏处，当然不够兴奋这也是一个缺点。60年代、70年代不用谈，"文化大革命"谁也管不了，乱糟糟的。80年代开放，上海建设很少，按当年的战略地位，上海是不应该建设的地方，因为是海边的第一线，大量建设都到内地去。可是上海是出产品的地方，经济上赚了钱支援国家的其他地方。上海市政建设比较落后，比内地还落后，这点全国人民都会记得。上海人对国家立了功，把全国的经济担子挑得很重，使我们40年过来了。80年代以后开放了，尤其最近四年来搞了浦东开发区，更进一步开放。目前市政建设也想法搞上去，所以上海非常热闹，很有前途。我估计，不需10年、15年，我们可以超过香港。香港也不过13年，从远不如上海到现在只有13年，真正开始是1969年，原来是一塌糊涂的，原来和上海的马路也差不多，可是经过十几年努力，成为比较有名的口岸，转口城市，经济力量很巨大，活力很大。上海需要我们努力，这十几年是我们的机会，失掉这个机会翻过来就不容易了。因为国际上的技术进步太快，生产力提高太快，他们有三百多年的经验跟人才累计在那里。

我们要用短时间超过它，不是很容易的，要靠每一个人的努力。

在这样一个条件下，今天我讲两个问题。你们到学校来受高等教育，什么叫高等教育？是两个方面的教育。第一，要转变你们的人生观，使你们生活有目的。你们在中学里很少谈这些问题，大学里要谈，公开谈，生活是有目的的。第二，你们要获得建设国家的技术和知识。四年里怎么获得知识？以后怎么进一步获得知识？一个人学习是没有止境的。一个是给你们武器，一个是坚定你们的方向。

首先，要讲的是你们生活的目的。我没有进行调查，不过我和青年人接触还是很多、很广泛的。现在，因为开放，你们的情况跟我们不一样。我在你们这样年龄的时候很单纯。因为我们有长期受帝国主义压迫的知识分子的心理状态，所以我们一心想把国家搞好。有各种各样的想法，有的是科学救国，我就是持科学救国想法的人，也有的是革命救国，我的同学一半到延安去了。他们原来都在大城市里生活，而且很多人属于剥削阶级出身。那时能进大学的90%以上是剥削阶级出身，一般人进不了大学，连中学也上不了，那时全国中小学也很少。全国大学只有37所，学生总共6万人。最大的是清华大学，学生1 700人，现在清华是24 000人。现在全国有10 075所大学，学生总人数200万上下，每年五六十万新生入学。所以还是发展很快的，也有很大提高。过去工学院、医学院很少，现在有大量的工学院、医学院，还有农学院。文法科比较少，过去是大量的文法科。在共产党领导下，晓得我们建设国家需要人才，才这样搞的。当然有缺点，可总的是成功的。中小学数量也大大增加，其中有很好的学校。

国家拿那么多钱办学校，才使你们有机会进大学，受高等教育，有人想：我受高等教育是我有能力，我分数好；我父母给钱，让我有机会上大学。听说现在学生消费力量很强，买名牌货，球鞋一双一百多元。我想这是少数的，希望它不是那么多。我做学生时，一年五六万人进大学,不是地主的儿子,就是买办的儿子、资本家的儿子,加上知识分子家庭的,总的讲来是剥削阶级的。学校条件也不是很好。现在,像我们这样的学校在全国是属于中小型的,上万人的学校多得很,设备也大大增加,国家投资很大。所以不要以为是靠家庭、靠父母上学,支持你的是全国的劳动人民,从他们缴的税里、上交的利润里国家转来给你们用。告诉你们个数字,你们应该记得:国家每年在你们每一个人身上花2 100元钱,这比一个一般干部收入多一点。是这样的人养你们的。养你们的人现在还在很艰苦的条件下生活,在劳动,农民生活很不容易,沿海一带农民是富了,内地有大量人仍然很贫困。为什么办大学?希望你们学成后解救他们的困难,比如说提高生产力。科学技术是第一生产力,所以让你学科学技术。就算人民借钱给你们的,不收利钱,学完了你们应该还回去。当然这样想也不恰当,应该想现在是全国劳苦大众出钱培养你们。你们的行为应该对得起上千万、上亿的劳动人民。我们上海高教局根据国家规定拨钱办这个学校,我们国家还不富裕,教师的工资是不多的,平均150元左右,最高的教授250元,有人说是"两百五教授",助教是108元,他们很艰苦。花那么多钱培养今后的建设者,是人民在培养,你要满足人民的需要。应该理解不可能所有的人都进高等学校,你们是代表贫苦人民进高等学校。我给你们泼点冷水这有好处。按说我应该鼓励你们,说你们不容易啊,考取工大分数不低,没个四百二三十分根本考不取的。这对你们没用,因为你们应该学好的。

你们是很幸福的,上大学只考一次,按志愿分配。我考大学在1931年夏天,黄梅天来到上海。我是在苏州上中学的。我很穷,母亲给我5块大洋,我住在一个远房叔叔家白吃他一个月,在上海考了一个月。考试日期互相冲突,你考了唐山交大,就不能考上海交大,因为它考试时间只差一天。不知道能不能考取,我就尽可能多考,我考了五个大学。可是我不是太行,在中学分数不是太好,很困难,我一点把握也没有。那时考试不分科系只看总分。一个学校考三天,考了15天。报名在交大,要排队,交大远得很。叔父是工人,家中没什么好吃的,蚊子多得要死。出去时自己带烧饼吃,弄点凉水,真苦。考完我赶紧回去,因为没钱。

结果五个学校都考取了,我挑了清华大学,带着仅有的一件长衫就去了。到了北京,语言不通,清华离城20公里,城外荒凉,我乘黄包车去,一拉拉到田沟里去了,天黑不认识路,怕得要死。1931年9月16日晚7点我到了清华。体格检查我的身高不合格。现在我也不高,因为我从小营养失调。体重也不合格,篮球怎么也扔不进筐子,从来我也没搞过运动。讲我自己,你们对比一下就晓得你们的幸福了。我们这一级新生99人,全校学生总数只有500人。

到校后隔两天发生了一桩大事:"九一八"事变。那天晚上传说东北出了事,第二天早上报纸来了,日本一个晚上占了东三省。东三省离北京很近,对我们是极大的冲击,是国家的这种形势教育我,那时没人给讲近代史,讲形势,我们是同学之间互相教育。去的时候我是诚心诚意要学中文的,第二志愿是学历史,因为我中文、历史考了两个满分。可化学、物理一团糟,都是二三十分。加起来总分能取,因为两个100不得了。我记东西很行,历史题只有一个,中国二十四史的名字、卷数、作者、注者。你们几个人能回答? 我拿了100分! 因为我在家里整理过这些东西。作文题目是《梦游清华园记》,我还没去过清华园,只能做梦去游。我写了一篇"赋",老师大为嘉奖,给了100分。可是不行,我思想变了。我说我不能念这些,念了国家救不了,我非念理科不行。那时清华没工科,有文、理、法三个学院。我打听哪个理科最有名,人家说物理系最有名,我就非念物理不可。物理系门可关得紧了,不让我去。科学院副院长吴有训当时是系主任,他怎么也不让进,说你考得太差,朱自清正在找你,你找他去。我说我非找你不行,国家成了这样就是技术不如人,人家枪炮比我们厉害,我非学这个不行,要改变国家落后面貌,不然人家欺负我们,我们没办法。我下定决心,我说我明知我功课不好,我可以改变,我物理考了22分,将来不是22分,我有信心,因为我会背书我不怕。我缠了他一个星期,他早上一出门我在等他,一路谈到系里,上课我等他,一下课我又纠缠他,弄得他一点办法没有。最后他屈服了,说有决心就试试吧,但有条件每门课都要过70分,不然,第二年转系。我答应了,当然我要努力。告诉你们我怎么学,我那时念书只懂得背,哪背得下来?两个星期下来我垮了。清华所有的课每星期最后一堂是测验,我测验下来一塌糊涂。我找吴老师说怎么办?我是拼了命了,实在过不了关。我是决心要学,你说有什么办法?他说光背不行,得弄懂它。他讲课不带书只带支笔,只讲最重要的东西,次要的学生自己看,那讲得头头是道,的确吴老师讲得很清楚用不着背。用历史的、发展的观点讲,假如过去有些东西是错的,正确的是什么?为什么纠正?有些无定论的是什么?都讲得清清楚楚,他说要有联系地、系统地想问题,要改变学中文的办法不能死记。懂得自然记得,用一辈子不会忘,只背一定会忘。可是要懂得谈何容易,我中学就没学好。他就有个办法:你好好听不要抄黑板,讲一段记一两句话,一堂下来不过五六句话,但这很重要,是你动脑筋写下来的,是你自己的东西。我这么做大有进步。原则都懂得,可具体不行。数学最麻烦,我从来没系统学过数学。平面几何我没学过,可它又要用,怎么办?数学老师说,你自己读,告诉我找哪本书看,自己解决。不要全懂,只晓得概貌,最基本的是什么,推演出什么,骨干是什么。我学微积分时没学过平面几何,三角晓得一点点,那是很惨的。我就一边学一边补。他也教我不要记,要懂,懂得推导过程,忘记也不要紧,遇问题可以推导。最讨厌的是物理题目、数学题目,测验题目我连他问的什么都弄不清楚,我是学古文出身的,我没这种科学性。一位助教教给我:要清楚求的东西和给的条件关系是什么,公式不要记,要晓得道理,电阻小了电流大,这要晓得,把道理和联系搞清。所有物理公式都很简单,都是线性的,不是乘法就是除法。我的学习方法后来慢慢改了。他劝我不只听讲还要自己看参考书,因为有些东西课堂上不讲。这一年我非常努力,早晨6点起床晚上10点半熄灯,没办法,我去厕所在马桶上念。我以为我很用功。有一天我一起来就跑到图书馆看书,看见一个人从门里出来,是华罗庚。华罗庚是著名的数学家,他很用功,和我同一年进清华,是数学系的文书。他中学毕业后在药材铺做售货员,后来写了一篇《关于中学数学教育的意见》,在《中学生》上登出来,被数学系主任看见了,说这人有前途就把他弄来了。可他没进过大学,就让他做文书,发讲义收习题,同时允许他听课。微积分我们是一个班念的。他3点起床,到我6点起来时他已经念完3个钟头,出去散散步再来。这一下把我比住了:还有比我用功的!他比我快,我毕业时他已经做助教了,在国外发表论文,很有名。他没上过大学,只跟班听课。人,必须非常努力,不要浪费了青春。求知是艰苦的,何况还要越出前人范围开创知识的领域,必须比一般人还要艰苦才行。这形成了学风,我们都很用功。可是并不是不闻天下事。不然不会有那么多党员,清华出来的党员多着呢。现在有名的科技人员大部分是清华出来的,最有名的原子能方面的领导王淦昌、钱三强都是物理系的,我们前后同学。还有很多人在我国原子能计划中都立了大功的,解放以后到山里去住,待了十几年,不简单。不是聪明,是艰苦努力出来的,因为外国对我们一切保密,这样一批人对国家有贡献。所谓有贡献是自己尽了责任,作为民族的一分子对民族前途作出贡献,国家给他们荣誉,完全应该。

  所有的努力都建立在一个目标上。这目标,我那时只晓得科学进步,就是我们的科技不能那样下去,必须要掌握在自己手里,才可以建设这个国家。科技靠买是买不进来的,军事不行,工业也不行。当然,我们买也行,把技术买进来,省得自己辛辛苦苦在黑暗中摸索,那太困难了。但是还是要摸索,人家的东西可能只告诉你一半,机器给你,道理不给你。进口的东西好多软件不给。你从事生产不知里头是怎么回事。谁来解决这个问题?我们!换句话说是你们!你毕业后要有这能力,要不然我们不可能爬到人家头里去,永远跟在人家后头,所以要求你们很好地学习知识。不要问知识值多少,你们现在学的都是基本东西,将来的发展都建立在这基础上。有了这基础才能看得见现在引进的软件是什么软件,才能正确分析,得到正确结论,自己消化。没有这个基础很难消化,不能老引进,到2050年还靠引进,那国家起不来的,引进只是个过程,希望快点靠谁?靠你们。我们这辈人没做好。有的地方做得不错,可总的讲没做好。原子能、导弹做得不错,我们自己搞了很多东西。可整个工业不行,重工业、轻工业,尤其是前30年轻工业不行,不能满足人民的要求,而且不能在国际市场上立足。你们要好好学习,最重要的是要消化,要懂得,不能死背。我告诉你,普通物理只有13个公式,每个公式只有三个量。背也很容易,但背了没用。比如电流、电压之间,电阻不变,电压越高,电流越大;假如电压不变,电阻越大,电流越少。很简单,要懂。懂得的办法是实践。两种实践,一种是课堂习题,思想根据现实去实践,不要凑答数。还有一种,到学校实验室去实践,最基本的是到工业生产中去实践。当然到具体专业中因素多了,但总有主要有次要,这个辩证唯物主义都告诉你了。事物的因素是很多的,我们只要先控制主要因素。主要因素不只有一个,有时有两个。不同条件下主要因素不一样。我刚才讲的实际上是自然辩证法,我是结合学习来讲。我们当时得到这样一个启发是经过艰苦努力的,没人给讲是自己摸索的,同学互相聊天,共同提高。现在我们学校有人给你们讲这一套的。我们政治学习就这一套东西,把它用到业务上也是一样的。

提高学习能力最重要,因为一辈子要学。我一辈子永远在学。不要把专业强调得太厉害,我改过不知多少专业。中学里学文科,后来学物理,出去到加拿大留学念应用数学,这和物理差了一大段。学完了到美国工作搞导弹,完全是工程。我没学过工程,连图都不会画,那也只好学画图。回来以后学校缺力学教师,让我教力学。我从来没念过力学,理论力学学过,材料力学没学过,就让我讲材料力学。解放以后我变成了力学专家,我自己也不知道哪天变的。有人叫我"力学之父",台湾人这么叫,其实我没学过力学。因为需要我就学。"文化大革命"中把我弄到钢铁厂做车工。我的螺丝车出来很好,我很有操作能力。后来把我调出来,说要到美国去,五天之内离开国家。总理让我研究一样东西,是环保,那时国内没有环保,我就去了。我为了把环保问题研究透彻,回来写了厚厚一本报告,根据这个,国家建立了环保局、环保研究所。在访问时,有位"计算机专家",是"四人帮"的人,对计算机一窍不通,打了计算机专家招牌。人家问他计算机问题,他什么也说不出来,假的!他也不会外文,人家考他他没办法,让我当他的翻译。到后来我就不给他翻了,我和他一起看慢慢懂得了,人家问问题,我用自己的话回答,我假装翻译实际上是我讲的话。我从这里学了计算机。我没学过计算机,见也没见过。我是个右派,不让我接触计算机,那是保密的。你看我改行多厉害。后来回来了,珍宝岛事件爆发了。我跟坦克兵有点联系,让我进到坦克里,那启动电瓶不行,只能启动15次就没电了,停下来。打仗一会停一会打怎么行?于是,我决心搞电池,我从来没学过这个,可搞成功了,还给我奖呢。我改了不知多少行,改行有什么关系?国家需要我就干。我有一条,样样东西要懂得。实际情况要懂。今后你们要不断学,我每改一行就学,学了一辈子。我现在还在学。现在让我搞统战,这个我也不懂。怎么统战?学问深得很,我也只好学了干。关于台湾情况,我看了很多材料,台湾有几种政治思想、政治潮流,为什么不愿统一,是真的还是假的,哪个人怎么想,都要晓得。不晓得怎么跟人家谈?台湾56个小党派都来过,有各种各样的意见。就是台独那个民进党没接触过,我不跟它接触。现在这些小党派联合起来反对台独,那势力很大,最近已有63个小党派了。

你们会学是根本,不是背,为用而学。现在你们不讲为用而学,学校安排好了物理、微积分,你不知它用来干什么,就老老实实学,这是基础,都要用的。将来还有化学、制图,还学些计算机,都是基础。学习方法共同的一点是学懂,会分析哪主要哪次要,这是很关键的事,四年中应该学会。用最短时间掌握一套东西,这有一套办法,以后有机会另谈,现在只把目标给你。要会学习,时间有限,四年一晃就过去,要学很多东西,会学、学好了,功课不重;不会学、学不好,功课就重。会学,还有余力学更多的东西。世界上的知识非常广,将来用时,肯定有许多东西没学过,临时还要学,这是我今天强调的一个方面。

第二个方面,是你们要立下志愿,为什么学?这问题一定要解决,不解决你们动力不够。这是责任感问题。你们为什么进大学?这问题很重要。我要给你们几次三番讲,你们要建立一种责任感。你们有个任务:使国家脱离现在这种落后状态,这是你们的责任。这个责任感不是从你们也不是从我开始的,这从两百年前就开始了。最有名的清朝有个梁启超,他去日本学政治、法律,回来鼓吹新政,让皇帝搞宪政,最后差点把他抓起来杀了。但也杀了一批人,跟他一起搞的不止一个。这是真正的开始,在那个时代谈不上马列主义,差不多一百四五十年前,他没这样的思想,很落后的社会中不可能存在马列主义。接下来是孙中山,孙中山也是个知识分子,他领导的资产阶级革命是知识分子做主体的。他拿改变我们国家落后面貌为己任,但道路不对。现在看不对,那时可能还是对的,要历史地看问题,所以我们国家很尊重孙中山。孙中山以后才是又一批知识分子,接受了苏联十月革命的旗帜,想到走社会主义道路。这个人数多了，牺牲的人也很多，大量牺牲的都是知识分子。革命队伍中有很多老前辈是知识分子，出身于各种阶层，他可以扔掉自己的出身背景干革命，我的同学一半是这样。这都是有责任感的人。很多人牺牲了，可在人民中间建立了光辉形象。另外一批是为个人的，走了叛变道路。对他个人不利他就叛变，叛变的人很多，最有名的是汪精卫。汪精卫是个大作家，文章写得很好，也是留学生，可最后是汉奸，现在谁也不提他了。我们走哪条路？就是要走负起责任的路，负起民族革命责任的路。我们这个民族不能永远这么下去的，我们已牺牲了六七代人了，不能再牺牲下去。改造一个社会是很难的，走这条路应该有牺牲精神。我们的牺牲是为更多的人，不是为个人。为个人一定会走上叛变道路，为人所不齿。汪精卫就是这样的下场，这下场不好，遗臭万年。也有一批人是独善其身的，到美国去了，香港去了，变成大财主了。这样的人能成为大财主是极少的，多数人是倒霉的，因为美国是个白人社会，他们的社会问题很多，给你一点甜头，只不过是他们吃剩的东西，有志的人在那里也不舒服。所以现在许多在美华人经常回来帮助国家，他们还是有责任感的。民族问题不解决，无法解决个人问题。比如杨振宁、李政道获得诺贝尔奖，名气很大，他完全可以不管我们国家。可是杨振宁现在定居香港，经常回来。李政道对国家热心得没法说。不能想象一个入了美国籍的学者对国家那么关心。我国有对撞机，现在我们国家的加速器是世界最高水平的，是他努力推动在我国搞起来的。他还能做统战工作，统战了全美国的物理学家帮助我们培养人，一年200名（最近停了）。因为他懂得，中国富强了他才有出路，不然他是二等公民。最近来了个诺贝尔奖获得者丁肇中，丁肇中是山东人，他非常热心，帮助我们搞很多东西。可这些人是极少数，多数人在美国倒霉。现在很多人想去美国，我告诉大家在美国能出人头地的人很少。我们上海有位某大学的系主任，在国内很有地位，跑到美国去七年了，不回来,结果他干什么?没法生活,找不到职业,开个小饭铺。不要以为是锦江饭店那样的,只有三张桌子,自己炒菜、端菜,在那儿过活。为什么不回来做系主任?也没人把他怎么样,这就是丧失了目标,他无脸回来。还有个学部委员,到了美国变成一个某大学教授,做了两年人家不聘了。学部委员还是有学问的,可他英语不太好,他是受俄文教育的。后来换了个小一点的学校,又搞了两年又不聘了。现在在中专当教师,能糊口吧。堂堂中华人民共和国学部委员,搞到中专里当教师太不像话了。我是想他回来,我们国家需要人,何必自外于人民!也没人叫你出国不回来。就是"民主英雄"也不少人是这样,开始跑去,美国电视里宣传,两个月里他们大讲,人家有人听,讲一次500美元。搞了个"民阵",美国人对这有什么兴趣?时间长了,没人听,现在就没人听了,召开一个演讲会,一个人也没有。他们又没别的本事,现在穷得要死。有人想回来,问能不能宽恕。我们说无所谓什么宽恕,你作个检查就回来嘛!你们很有前途,只要真正爱国家,所以不要盲目追求,我们不反对留学,我就是留学回来的。可要晓得我们留学的目的是回来干工作,不是为本人,是为国家。你提高能力,可以为国家建设服务,有什么不行的?所以我不反对留学,可是我反对为个人目的留学。给人磕头,人家给你一份吃剩的东西有什么光荣?我们应该有民族自尊心。我们的国家,在我们手里应该把它建设好,现在的缺点应该能克服。

我青年时代,正是"九一八"事变、"一二·九"运动等,老百姓实在没办法。我是在运动里过来的人。我没参加共产党,我是科学救国论者,我拼命读书。可我现在晓得是得有批人干革命,要不然国家不可能得到振兴。那时我们一边搞运动,一边念书,一边骂人。骂的是谁?骂我们老师辈、父母辈那批人,说你们太不争气,把国家弄成这样。我就那么骂的。朱自清最怕见我,我是公开说这个话的:你们太不成话了,怎么一点也没有自尊心呢?当时不理解他们的困难,后来懂得了。现在是不是有年轻人骂我们呢?我想有的是。你们要骂我承认,我们没有尽我们百分之一百的责任,国家还没搞好,希望你们的儿女将来不要骂你们。你们有个责任,要把国家搞好,把民族搞好。现在是个很好的机会,90年代,2000年前后15年是我们民族最好的机会。改革开放十年来已经变化很大了,可远远不够,因为落后得太厉害。全国人民都在努力,这一点你们要了解。你们不太晓得上海人在外地工作得很努力,上海人是不错的。

我告诉你们,我碰见的一些上海人的事。今年七八月份在甘肃,我到了一个地方叫金昌,是我们国家最大的镍矿,也是世界上第二大镍矿。镍矿是共生矿,里头有各种元素,镍占30%。我们国家要镍,镍是战略物资,人家不卖给我们。怎么提炼?加拿大是镍矿最大的国家,我们去求援,他们不告诉。1973年,我们从全国有色金属矿调了8 000名工程技术人员,都是大学毕业生,有的地位很高,都去了。搞了11年成功了,把镍分离了出来。1982年以后建厂,1984年建成,年产30万吨镍。那里有不少上海人。1985年我去时,他们嚷嚷说:这个地方要命,我牺牲在这里愿意,可把我孩子牺牲在这里我不愿意。他们厂是国家的大厂,国家给了钱的,这批人生活还可以,就是太荒凉,在戈壁滩上,方圆几百公里内没一个城市。很穷,没小学、中学。他们厂自己搞个小学,中学就困难了。小孩要上中学,他们自己也办了一个,厂办个中学多难哪,学生都考不取大学。他们都动摇了,说不能把儿子贴进去。我们中国人有个特点,叫"望子成龙"。那时国家正开发深圳,大批的人要到深圳,他们来个口号叫"孔雀东南飞",他们这批"孔雀"要飞向东南。后来这局面改变了,这次我去那里,有一批人飞掉了,也有一批留下来了。现在改变了办法,那矿里镍以外还有许多金属,有14种,他们都把它分离出来了,建立了一个一个的厂,最富的厂是黄金厂,一天产12公斤,不得了啊!同时可以提炼银、铜、铂、铑、钯，还有锌、铅，什么都有。铑是非常贵的，钯也很贵，钯比黄金贵8倍。镍矿年产30万吨，他们自己多生产几万吨，把这几万吨做镍的深加工，加工成镍焊条。这在全世界没有生产，我们能生产，现在出口了。他们搞三个厂，做餐具，也出口，又做炊具等等。这三个厂有12 000人，这下富了。那里有大量上海人，有的人回了上海又去了。中学也办好了，92%学生考取大学，因为有了钱。他们叫"一厂两制"，镍厂是国营的大厂，其他是集体和地方合办的，现在那里是大城市，叫金昌，比上海舒服，都是新房子，很宽的马路，电视什么的都有，就是四年中变的。现在我问他们怎么样，他们说现在不回去了，这里很有前途。现在地方年收入42亿元，这是靠人的努力克服了困难取得的。

我到过克拉玛依，现在也是现代化城市，30万人口，说上海话。上海人很厉害。四川有个城市叫绵阳，过去只有七八万人口，一个乡镇小城市。现在绵阳建成为一个科学城，25万人，七十几个研究所，搞高精尖技术，里头有很多上海人。所以上海人在全国生根，起很大作用，不要小看了。我还到过甘肃的一个灌渠，从黄河把水用电提起来，提高到500米，灌溉一个平原，一灌溉100万亩，每年灌溉4次、8次，解决了甘肃的粮食问题。设计这灌渠，现在还在管这灌渠的是个上海人，清华1952年毕业，在那里搞了三十多年。我问他怎么样，他说他们让我退休我不退，一定要把这灌渠搞好，现在国务院给他奖，叫杰出贡献者。现在附近老百姓对他佩服得五体投地，因为那地方原来很穷，现在很富。我们要做这样的人。国家现在正大量发展，有些地方比上海快，四年从零开始，到42亿，是了不起的事。甘肃就靠这过了关，本来"七五"计划完不成，现在完成了。金昌现在城里人口40万人，整个区90万人，铁路也修了。我们国家的发展，靠什么？靠的是一代一代的人上去，所以国家有希望。我经常在外面走，晓得我们国家建设速度很快。珠江三角洲有17个县是最富的区域，现在有一个县人均收入2 000

美金,已达到小康水平。很多县超过1 000美金,也不过就四年达到的。其中最有名的是顺德、中山,这几个县满地都是工厂,还有个东莞,下面是惠州,建立一个很大的汽车厂,大亚湾电站也在那里。珠江三角洲九年内建了3 000座桥,都是1公里以上的,最长的4公里,够快的。是不是还能比这快?我相信还会更快,可是需要我们努力,一代一代的人马上去。你们是下一代,四年以后,你们肩膀上的担子很重,上海那时和现在不一样了,不再是这种老式工业了。上海要努力,可要工程技术干部呀,希望你们好好干,你们应该把建设上海、国家和使民族富强作为自己的责任。假如做到这样,我们学校的教育就成功了;假如做不到这样,我们学校的教育不算成功。

我的话完了,谢谢大家。

1992

《电机强度设计计算的基础理论》* 序

由于我国今后20年内能源建设的需要,大容量的热能发电机、水轮机、水力发电机的设计制造,将越来越显得重要。在国际上,如瑞士、美国诸制造商,在设计制造中都各有自己的设计资料和设计公式甚或有自己的强度设计计算软件,互不公开。在国内,现在拥有的资料公式大部分是50年代的苏联资料,有不少适用于中型设备,也有不少采用经验公式,还有些虽有理论基础,但出处、根据不明,不能随便使用。

本书的目的是为开拓大电机强度设计计算提供必要的理论基础。这些理论基础既不曾在工程基础课程材料力学中讲述,也不曾在电机强度设计这样的专业课中讲述。其实,在利用了本书提供的基础后,现有的电机强度设计还能进一步改进。对于新的电机模式型号而言,可以根据本书提供的理论基础,提出自己的强度计算程序和制成这种新型电机的计算软件。

本书的内容分三部分。第一部分包括第一章至第四章,是电

---

* 该书1992年由安徽科学技术出版社出版。

机零件的材料静力学,即杆、曲杆、圆环、轮子、厚壁筒、圆盘、薄壁筒的应力和变形的静力学关系;第二部分用换向片或整流片(第五章)和热套配合(第六章)为例,讲述如何利用第一部分零件或元件的静力学的成果来处理零件组合的某一部件的强度设计的;第三部分为动力学(第七、八、九章),主要介绍了转轴的回转临界频率、单轮的轴的扭转振动,和多轮系统的轴的扭转振动,特别是并联电网时扭振问题等。

为了适应工程技术人员的条件,讲述中极力避免使用高深的数学工具,也避免使用弹性力学。本书以卡氏定理摩尔法为基础,广泛使用影响系数来研究各种变形协调条件,从而简化了计算,数学工具也只限于微积分和常微分方程。

本书的内容有一部分取材于60年代在清华大学电机系为电机设计专业学生开设的高等材料力学的讲义。该讲义曾增、删过一次。此次成稿时,又增修了不少内容,特别是第四、五、六、九章的材料,很多是新添的。本书中还修正了在我国流行的克赖苏伏斯基著的《电机强度问题》,和柯兹斯尼克著的《转动电机力学》这两本著作中的错误。

本书共有132幅插图。这些插图都经高级工程师钱元凯同志按国家制图规范修正绘制,特此致谢。希望通过本书的出版,对于我国自行设计大电机的工作和电机教学事业有所裨益。

《新科学技术革命》丛书代前言[*]

国家科委和新华出版社的同志们决定编写、出版这套《新科学技术革命》丛书,把它当作一项重要任务,很对,是做了一件很有意义的好事。要把经济搞上去,实现社会主义现代化,就必须深入宣传和贯彻执行邓小平同志提出的"科学技术是第一生产力"的科学论断。邓小平同志反复强调要抓教育和科技,意义重大。的确,这两者有密切联系。要发展科学技术,需要新思想,培养新生力量,提高科技工作者和广大劳动者的素质。而要提高教育质量,又离不开科学技术的发展。教师只用现成的教材照本宣科,就不成其为教育,教不出真正的知识。真正的知识离不开科学技术研究的实践。更何况一门新技术刚出现时还形不成一门学科,教材跟不上。怎样解决科技与教育相结合的问题?我在全国各地到处讲,这是一个大问题。

从高层领导到基层领导,各级决策人都要把科学技术是第一生产力这个道理认识透。从党的十一届三中全会以来,经过十来年工夫,现在大家认识到要以经济建设为中心,要发展生产力。但是怎样发展生产力?许多人还是不真懂。有的人一说要发展生产,就想"捞一票",向中央伸手要钱,或者企图完全依赖外资和引

---

[*] 1992年2月20日在《新科学技术革命》丛书编委会上的讲话。

进设备。引进是必要的,但有的人只想引进成套设备,图省事,引进后不消化。别人让我们引进的设备本来已不是最先进的了,我们引进来,过两年就落后了,又要再引进。有的还搞重复引进,造成浪费。引进,应该是引进关键设备,其余的自己配套,把引进的东西加以消化,在这一基础上,再自己加以发展、创新。就是要站在别人肩膀上求发展,高出一筹。不这样做,我们自己将永远落后。日本人是这样做的,现在他们已经在一些领域领先了。

怎样发展生产力？邓小平同志指出科学技术是第一生产力,这一论断非常精辟,又易于领会。就是要首先发展科学技术,科学技术上去了,生产力才能上去。现在我们各级领导班子中,对科学技术有发言权的人有一些了,但是还不多,必须让各级领导干部都掌握一定的科技知识,又有胆有识,能带领广大群众向新科学技术进军。这样才能把生产力发展上去,把经济建设搞上去。

这一套《新科学技术革命》丛书,读者面广,不仅包括各级领导干部,还包括各条战线上的广大职工和青年学生,科技工作者也要掌握新科技知识,了解科学技术的新发展,否则仅仅依靠他们原有的知识是不行的。

这套丛书,除了第一册阐述"科学技术是第一生产力"这一总的思想以外,分三册介绍三个最重要的高科技领域,是可以的。

首先,介绍信息技术,这很重要,但是信息技术在我国的推广应用还差得很远,对其作用也发挥得很不够。西方国家的电子计算机七分之六用于信息,仅七分之一用于计算,而我们还是一半对一半,网络化不够。国外在搞第五代计算机、光电计算机。我们的硬件和软件都还落后,管理部门利用信息技术更不够,办公室也应该充分利用信息技术。

其次,介绍生物技术。对生物技术,现在人们谈医学上的运用比较多,但是结合我国的实际,还要多强调农业上的运用,尤其是怎样利用生物技术发展干旱地区的农业,包括作物栽培和畜牧业等各个方面。我国人口多，人均耕地又少，寸土如寸金，而且水资源有限，不解决干旱地区的农业发展问题，将来日子会不好过。还有生物加工，是一个重要问题，不要漏掉。在谈生物技术时，一定要结合国情，特别要重视生物技术与发展农业的关系。

第三，新材料技术的介绍，也要结合国情。现在国外许多新材料，我们还没有，要介绍。但是我们有许多材料，国外却没有，或者很少，稀土材料就是一个例子。世界上90%的稀土资源在中国，是我们的了不起的财富，据说可以把它比作中东的石油。再一个例子是硼，我国硼资源很丰富。

以后还可以继续介绍其他的领域。介绍新科技发展，要密切结合我们的国情。内容要准确，保证丛书的高层次、高质量，要有权威性、政策性，又有普及性，但不是科普读物。

总之，我们建设有中国特色的社会主义，就要发展有中国特色的高科技。希望这一套《新科学技术革命》丛书为宣传和落实"科学技术是第一生产力"的思想，为发展有中国特色的高科技作出应有贡献。

《开发大西南》丛书评介*

中国共产党十三届七中全会通过的《关于制定国民经济和社会发展十年规划和"八五"计划的建议》和七届全国人大四次会议批准的《中华人民共和国国民经济和社会发展十年规划和第八个五年计划纲要》描绘出了90年代中国经济发展的宏伟蓝图,即到本世纪末实现国民生产总值在1980年基础上翻两番;人民生活达到小康水平的第二步战略目标,并为21世纪中叶达到中等发达国家水平;基本实现社会主义现代化的第三步战略目标打下良好的基础。在实现这一宏伟目标中,大西南地区应处于什么地位?应当采取什么发展战略?以调动一切积极因素,使与全国经济发展总格局相协调,这是一个十分重要的战略性课题。由九三学社牵头,周培源作序,林华、徐采栋、赵伟之、罗西北作顾问,中央有关部委,西南各省、市、区领导和各有关科研机构专家学者组成的编委会,田方、林发棠、方蒙为主编,所编辑的《开发大西南》丛书,收集了近年来关于大西南开发的论文、研究报告,以及丰富的资料,是目前为大西南开发研究成果的总汇集。这套丛书对于认识大西南,开发建设大西南,使大西南在实现我国十年规划和"八五"计划期间发挥其应有的战略作用,从理论上和实践上为国家的宏观决

---

* 原载《群言》1992年第3期。

策提供了重要依据。

一、开发大西南是关系国民经济持续稳定协调发展的一个重大战略性问题

这里所说的大西南包括四川、云南、贵州、西藏、广西和成都、重庆五省、区七方,土地面积达256万平方公里,占全国总面积的27%。水土资源、生物资源和矿产资源十分丰富,是具有巨大的开发潜力的宝地。大西南地区是我国最有希望和发展前景的农业、林业和畜牧业以及能源与多种矿产资源的重要基地,其水能资源居全国之冠,许多重要金属和非金属矿藏居全国前列,特别是能源与矿产资源匹配天成,在已有工业建设基础上加快开发步伐,使之成为我国富有特色的能源、原材料基地,对振兴我国基础产业,增强我国自力更生的实力和后劲,实现东西互补,促进东、中、西部经济的协调发展,对整个国民经济持续稳定协调发展等都具有重要的战略意义。丛书对以上各方面进行了广泛而深刻、多层次、多角度的科学分析。它既有整个大西南全面的综合论述,分地区、按产业的专题考察报告,又有各省、区、市的具体设计方案,还有新闻记者实地采访、生动的纪实报道。这套丛书的问世,拓宽人们对大西南的开发建设战略眼界,规划和实施大西南的开发就更具科学性了。

二、《开发大西南》丛书是一套科学的系统工程的丛书

这套丛书是编者们在占有丰富的科研调查资料基础上,精选出具有代表性、理论与实际紧密结合的文章编辑而成的。这套丛书就是关心大西南开发的各级广大理论工作者、专家学者和各级党政领导对大西南的开发所投入的精湛智慧和辛勤劳动的结晶。现已编辑出版的《开发大西南》五卷丛书,即"综合卷"、"地区、产业卷"、"四川、云南卷"、"贵州、广西、西藏卷"和

"纪实卷"。"综合卷"辑入了关于开发大西南的综合研究与论证性文章40余篇,包括中央及有关部门领导同志、专家学者及九三学社和开发大西南战略研究协作中心、国家计委、西南山区经济发展战略研究组、西南地区高等院校开发组、中科院西南资源开发考察队等单位,对包括自然及水能地矿资源及其在全国的战略地位,开发大西南同逐步缩小东、西部经济发展差距及实现我国经济社会发展第二步战略目标的相互关系,以及对周边国家实行开放等重大政策问题所作的综合考察与论证,具有较强的指导意义。

"地区、产业卷"辑入的50多篇文章,重点论及大西南五省、区七方的地区特点、产业结构及分布,农业、水能、地矿资源的开发,人口与生态环境,交通运输建设,"三线"企业的调整改造等,特别是西南地区纳入全国国土规划纲要中的五个重点开发区,包括攀西—六盘水资源开发区,乌江干流沿岸地区,澜沧江中游水电有色金属基地、红水河水电矿产开发区,重庆至宜昌长江沿岸地区的综合开发等,提供了科学的依据和政策导向的建议。

"四川、云南卷"辑入50多篇文章,包括两省党政领导及有关专家学者对两省经济、社会发展的战略思考,着重指明以水电开发为先导,带动矿产及各种资源的综合性开发。如四川"三江"(金沙江、雅砻江、大渡河)水能资源开发与经济发展战略,粮食生产与扶贫开发,成都、重庆中心城市的发展方针;云南省发展边疆民族经济的战略思考,澜沧江水能资源开发,磷化工及其他优势产业的发展战略,开发澜沧江—湄公河国际航运对大西南对外开放等,都具有现实的意义。

"贵州、广西、西藏卷"辑入的50多篇文章,包括三省、区党政领导人及有关专家学者对本省、区经济、社会发展的重要论述。如贵州省40年发展的启示,乌江流域资源的综合开发,水能及磷、锰矿产的综合开发,煤炭工业及煤化工的发展,少数民族贫困地区的经济发展;广西能源政策的思考,红水河的水能开发;大农业及生态林业的发展,特别是利用防城、北海和梧州的口岸优势;扩大广西沿海开放,发展西南与港澳及东南亚各国经贸往来,以及桂林旅游业的发展战略;"西藏卷"辑入了西藏自治区党政领导就西藏和平解放40周年和十年规划"八五"计划纲要发表了重要的讲话和报告,尤其是展示了西藏"一江两河"流域的农业综合开发、电力工业、地方工业、林业和畜牧业的发展前景。

"纪实卷"辑入的是各新闻单位的记者们跑遍大西南的山山水水,目睹了这块世界少有的水能富矿带和有色金属王国、动植物王国……之后,对大西南所作的纪实性报道。形象而生动地报道了大西南特有的旖旎风光、人文景观,西南"金三角",南方丝绸之路,被誉为小太阳的澜沧江,跳跃奔腾的金沙江,资源丰富的雅砻江,泱泱千里的嘉陵江,昌都沧桑,西双版纳的风俗民情以及各民族团结和睦共处、团结建设边疆,发展与友好邻邦的边境贸易往来等方方面面的实况。"纪实卷"还全文辑入了电视系列片《开发大西南》的散文诗一般的解说词。从中使我们看到了、听到了大西南的呼唤,它将唤起人们对大西南的向往、热爱和渴望,并唤起人们对开发大西南的热情、智慧和力量,鼓舞人们树立起开发大西南的信心和决心。

三、经济开发建设要与社会安定团结相结合是这套丛书揭示的一个重要观点

大西南的开发建设应当立足于大西南各族人民的经济繁荣和社会进步,经济发展是各民族安定团结的基础。因此,丛书对于这一观点的理论阐述无疑是大西南开发建设的一个带根本性的指导思想。这不仅对大西南的开发建设有重大意义,而且对于整个西部地区以及全国经济的发展都有重大意义。大西南现有人口22 100多万人,占全国总人口的19%多;其中少数民族人口4 709

万人,则占全国少数民族总人口的51.6%;广西壮族自治区是全国少数民族人口最多的壮族集居区;云南则是全国聚居各民族最多的省份,其中与邻国同一民族相邻而居的少数民族就有十多个。由于历史的原因,解放后,虽然各民族都跃过了一个或两个以上的社会形态进入了社会主义社会,但几千年遗留下来的封闭落后状态是难于在短时间内得到改变的;再加上过去的开发建设对带动社会发展和各民族共同繁荣重视不够,因而西南少数民族地区的贫困落后问题至今还很突出。这不只是个突出的经济问题,也是突出的政治问题和社会问题。解决好这一问题,直接关系到大西南各民族的团结、祖国南大门的巩固和社会主义制度的发展。

四、大西南的开发建设和生态保护、计划生育相结合,是这套丛书所强调的一个重要的战略思想

大西南地处世界屋脊,是我国南方各大江河的发源地。长江、珠江、澜沧江、怒江、雅鲁藏布江都发源于大西南。所以,大西南的生态环境直接维系着中国大地的安全运转。大西南生态环境的恶化,就意味着几大江河生态环境的恶化。丛书总结了以往建设中的经验教训,提出了开发大西南要与生态保护相结合。这是荫及子孙后代的战略大计。

丛书还提出了大西南的开发建设要与计划生育相结合的问题。实行计划生育是我国的基本国策。但是以往由于工作上的失误带来的人口增长与生态环境的严重失调,成为西南地区开发建设的一个沉重包袱。随着改革开放的不断深化和两个文明建设的深入开展,各级党政机关和各族人民越来越感到开发建设与计划生育相结合的重要性。丛书对此也作了必要的论述。

从总体上来看,这套丛书对于大西南的开发建设既具有理论指导意义,也具有重要的现实价值,是奉献给大西南各族人民的一束鲜艳的报春花。由于时间所限,这套丛书尚有一些不足之处,一

是由于丛书的资料丰富,又从多方面、多层次进行论述,卷帙浩繁,篇幅较大;二是有些文章由于作者从不同角度进行阐述,这样既可使读者作多方面的了解,也难免使读者有重复之感。

希望各级综合经济研究与决策部门的领导同志和专家学者以及广大读者,都来关心大西南的开发建设,并为开发大西南献计献策,为加快大西南的开发建设作出应有的贡献。

关于我国社会主义建设问题[*]

今天主要讲三个问题：

第一个问题是我国社会主义经济建设能不能在2000年前达到预定目标的问题。这个问题在二号文件中业已谈到，总的说来是时间紧迫，应该努力争取，但对这一问题，不少人有看法，乐观与不乐观的都有，国内的人对此比较乐观，港澳台不太乐观，尤其美国更不乐观。我看是能够赶上的，还会超过一点。

第二个问题是在东欧、前苏联经历了剧变以后，对于我国的影响问题。东欧、前苏联出了一些问题，在怎样看待这个问题上，有善意的，有不善意的，或是幸灾乐祸的，有人认为我们也会像骨牌似的，有同样的危险。我只是讲我个人的意见，认为我国和东欧、前苏联基本情况不同，对我国不会发生东欧、前苏联的情况这一结论而言，我是有充分信心的。

第三个问题是乡镇企业问题，邓小平同志谈到姓资还是姓社的问题，这主要是指对现在经济做法上的不同意见，尤其对特区和乡镇企业问题。乡镇企业究竟姓什么？乡镇企业对避免不走前苏联的路能起很大的作用。这几年我走过几乎全国的所有省区，看到了不同区域的不同做法和不同发展情况，我将用我见到的事实

---

* 1992年3月16日在欧美同学会报告会上的讲话。

来说明这一问题。

一、能否在一定时间内(2000年以前)实现我们的目标

对此我要根据我所亲自见到的实际情况来申述我的道理,最近一两年来,我曾到过全国很多省区,特别是山东、辽宁、吉林、广东、福建、甘肃、宁夏、江苏、浙江、湖北以及四川,我看到的是干部、农民、工人和广大知识分子都在日以继夜地为社会主义经济建设操劳、服务的一片欣欣向荣的情况。在辽宁丹东,见到的是一个盛开杜鹃花的、蓬勃发展着的、鸭绿江口的一个新兴轻工业城市,主人引我去看江口的东大港,它是大连和葫芦岛以外的第三个东北出口港口。在沈阳,主人陪我去看了沈阳大连间新建的高速公路,据说是我国第一条长度超过378公里的完全封闭立交的高速公路,比台北至高雄的高速公路还长5公里。在长春,参观了我国最老的汽车厂,但看到的是全新的引擎车间和轿车装配线。

在广东梅州,参加了世界客族联谊大会,世界各地回归梅州参加大会的达2 000余人,一天就参加了新工厂、新大学、新大桥、新公路等的落成或开幕典礼十多起。在汕头,主人给我讲怎样改造港口,建立汕头大学和开发区的近期宏伟计划。在惠州,人们看到推土机隆隆活动着的建筑工地,好像整个城市都在建工厂。在汕尾,人们全民动员,在修建港口和工厂的同时,彻底改建整个汕尾市,计划着把整个山区建起速生林,六年后兴建一个全国最大的造纸工厂,在珠江三角洲十几个县里,乡镇企业、合资企业,遍地开花。工业需要交通,这几年内三角洲内建造了三千多座公路大桥,不少是1 000米以上的,过去那种三步一小渡,五步一大渡,车辆候轮渡的局面一去不复返了。

在四川,有三百多位农学界老教授在民盟省委和四川中共省委组织支持下,在整个川中丘陵地区遂宁市各县推广农业科学技术,如快速养猪技术,塑料地热大棚种植优质品种蔬菜技术,推广

一年五熟的间作技术,建立生态农业区等,给几百万农民带来了繁荣的农村经济。在绵阳,参观了宏大的尚未完工的科学城,建成后,将有20万科技人员、全国最大的风洞群和其他重要科技设施在这里落户。主人们在城中一座山头上,给我讲解这样一个拥有几十个研究所的宏伟计划。据说,我们座谈的地方,正是当年刘备进四川时会见刘璋的地方。在西昌,见到一批重庆的退休教授,自愿组织起来,通过捐款办起了一个具有采矿、地质、机电、土木和纺织等系种的凉山大学,专门培养凉山彝族自治州的建设人才。在攀枝花,见到我国首创的钒钛铁矿为基础的钢铁工业,不仅生产钢,而且生产钛和钒。在金沙江渡口上建立起一个人口达到50万人的现代化工业城市,主人带着我去看雅砻江上二滩大型水电站的施工现场。不到这些地方,很难真正认识到祖国的富饶,也很难认识到祖国各族人民团结奋斗建设祖国的决心和成就,从东海之滨到黄土高原,人们都在不同的条件下发展生产、繁荣经济。自连云港、日照、青岛、威海、烟台、蓬莱,到黄河三角洲,以及长岛列岛,大量地开发海产养殖业,貂、兔饲养业,以及各种适合当地条件的乡镇企业,使当地生产得到了很大的发展。潍坊的养貂业使一个乡变成了富裕之乡。长岛青年渔民们成功地攻克了鲍鱼人工饲养技术,以及其他海产养殖技术,使长期贫困的海岛渔民进入了小康生活。对虾养殖业亦在苏北和山东大量展开,使许多沿海渔民在经济上得到翻身。黄河三角洲得到胜利油田的后勤干部和东营市领导的精心治理,固定了黄河入海口的河道,打开了拦门沙,使入海水流畅通,从而结束了年年春凌溃决改道的局面,已经连续八年无灾,三角洲的荒滩成为华北新开发的巨大农区,去年棉花粮食得到大丰收,而且在黄河口修建了5 000吨级位的码头,这是许多港口专家料想不到的。

在我到过的这些地方里面,特区深圳的起飞和农村经济的改革实际是从1982年开始的,以后相当长的一段时间中,人们有顾虑，采取观望态度，这种观望是不利的，1982～1992年十年间逐步得到发展，沿海地区广东、福建从1984年开始起飞，引进外资，珠江三角洲主要引进港资，到现在人均年收入达3 000元。总产值几乎翻了四番，是外向型经济。江南起步于1980年或更早一些，但其主要成分不是外向型经济，是乡镇集体型经济，内销为主。现在人均年收入约2 000元，总产值约翻了四番，在北方的辽东和胶东两个区域起步更晚一些，现在人均年收入在1 200～1 400元，总产值约翻了两三番。

不仅沿海这样，内地各省也有较明显的发展。以甘肃为例，1988年还靠国家补贴，而且是缺粮省。从1991年起粮食外调，国家不再补贴了。1985年时那里的科技人员都想"孔雀东南飞"，大学毕业生不愿去"新、西、兰"，即新疆、西藏、兰州，那时该省工业大多数是原材料工业（如石油、煤炭、镍、钼、铝、铅、锌等矿业和冶炼工业），军转民搞得又晚，原材料国家统购，体制是单一体制，都由中央各部集中管理。该省企业内部经济情况还过得去，但企业外的邻近城镇及农村都很穷，许多人因子女教育问题不安心在矿区或企业内工作。有时一两百公里的范围内连一所过得去的中学都没有。在戈壁滩上的厂矿可以自办小学，但无法自办中学，尤其是高中。金川镍矿和白银铜矿等都曾为祖国做出了贡献，所产镍锭、铜锭由国家统调全国，厂内生活还不差，但厂外城镇农村的老百姓并没脱贫。甘肃省政府也无力发展甘肃的经济。当时甘肃的河西、陇西、定西这"三西"地区，水源匮乏，寸草不长。尤其定西地区共有17个县，是黄土高原的中心地带，经过一两千年的过程，所有山岭都变成像馒头似的黄土光头，常年干旱，只有山沟中有微量的水源，不少水源还是苦的。老百姓住在土窑洞里，衣不蔽体，靠救济粮度日，是赤贫区域。上述局面一直维持到1986年，国家规定厂矿的超额产品，可以由厂矿议价出售，职工工资有所改善，但邻近农村城镇的贫困情况，无法改变。以后国家特许超产留成，允许厂矿和地方合资,并以这些留成原材料为基础,办理深加工,允许利用厂矿选矿后剩下的矿渣,将共生矿物进行分离,提炼各种共生的成分。如金川镍矿的矿渣中还有20％的钼,以及不少贵重金属如金、铂、铑、钯、钌、铱等11种金属材料。国家没有投资,四年来金川公司建立了镍焊条厂(产品出口),三家不锈钢厂(一家做炊具、一家做餐具、一家做各种不锈钢日用品),两家炼铜厂,一家硫酸厂,两家电缆厂,还有炼金、银、钯、铑、铱等的贵重金属厂,还生产海绵钯,供应全国炼油厂作裂化催化剂,替代了进口货。另外,为建厂和扩建新城区提供建筑材料而建立了水泥厂、砖厂、预制构件厂等,有不少是二三千人的大厂。现在把金川改称金昌市,40万人口,是戈壁滩上的一个新城市,周围几百公里内的许多农民变成了工人。农业有了投入,修了水库、电厂、公路、铁路、电话,只差航空,什么都有了。修起几所中学和职工大学,孔雀也开始从东南飞回来了。这些集体企业一年的产值已达四十多亿元。白银铜矿也有相同的变化,现在已改称为白银市,甘肃人称这种企业为"一厂两制"的企业(即既有国家全民所有制,也有地方集体所有制)。由于这种所有制的改革,以原材料生产厂为中心的整个地区富了起来,农业有了工业的支持,有了投入,发展很快。甘肃省由于发展了一厂两制的企业,税收剧增,全省经济也翻了两番,完成了"七五"规划的指标,已可以不要中央给予财政补贴了。

在粮食问题上,甘肃省闯出了一条新路。甘肃省中部黄土高原地区以干旱闻名,年降雨量很少,但土质肥沃,日照很强,而且无霜期也不短,比东北长约一个月,只要有水灌溉,都是丰产田;不幸黄河自青海入境,通过中部西侧,进入宁夏地区,共长约300公里,经长期冲刷,在黄土高原中冲成一条500米深的深沟,使灌溉两岸黄土荒原或戈壁滩非常困难。最近有人指出,黄河上游,已建成若干电站,甘肃电能富有,建议用分级建泵站的方法,提水建大型灌区来开发荒原。500米高程可以分17～18级提水,泵机等在技术上兰州可以大量生产，投资不大，可以灌溉黄河两岸若干荒原。这几年来陆续建成11个灌区，每个灌区30万亩到100万亩不等，用"调庄"的方法，从"三西"地区调来一部分贫困农民，每人分配两亩地，每年引黄河灌溉七次，每次两天。老百姓的做法是水来了，先浇地，多余的水存在各家的水窖内，供日用。老百姓来了之后第一件事先种树（一般是钻天杨），灌溉一次，树长高约一尺，四年即可成材，变成防护林带，也是当地的建筑材料。三年之内，老百姓全都盖起了砖房，一般五口之家有十一二间房，有很好的水窖，还配有厢房存粮。每户平均在纳完公粮后存粮1 500~2 500千克。此外还存有瓜、蔬菜、豆类、土豆等。调庄户第三年大多数由赤贫变成富裕农民，家中有了电视机、缝纫机，有的还有冰箱和洗衣机。富裕的还有组合家具和手扶拖拉机。用水按量计费，每方水收几分钱，这是灌区泵站和管理费用，现在平均亩产400千克，解决了甘肃省的粮食问题。原来甘肃省缺粮，每年要中央调入粮食。1991年苏皖特大水灾，甘肃省还调运粮食支援灾区。灌区目前还没有投入化肥，靠黄土层原有肥力和日照获得这些产量，将来荒地变成熟地，用上肥力和引用高产种子，肯定还能大大增产。他们也有种植瓜果的，所得白兰瓜和哈密瓜，比原种还甜，他们称"黄河密"，业已出口香港。与此同时，乡镇企业也发展起来了，如服装业（牛仔裤、夹克等）多是江南青年闯开的，也引用了苏南的技术和设备。产品销到大西北，也有出口到独联体中亚共和国的。

  将来国家农垦投资是东北还是西北，需慎重考虑，西北无霜期比东北长30天，且土质好，日照好，只要有水，就能保证年年丰产（东北的北大荒垦区有时有水灾）。西北黄河两岸，甘肃、宁夏两省区有500公里长、20公里宽的地区可以建成商品粮基地。现在国家正在考虑是否在北疆也搞这种提水灌溉。用额斯菲尔河水灌溉，只需把水提高200米即可。从发展的速度看，中国农村的发展和变化的是振奋人心的。人们懂得了，要想过好的生活，必须发展大农业和乡镇企业。江苏的乡镇企业,主要依靠上海和南京的科技力量。浙江主要靠浙江大学的科技力量。他们的发展已经证明了要达到2000年的奋斗目标,很有希望。真是万众一心,人们谈的、想的和做的,都是发展经济这件事,这就是实现2000年的目标的保证。

二、乡镇企业的重要性不应忽视

乡镇企业的兴起,是我国经济改革中的一件大事。在两三年前的一段时间内,国内曾有一股力量,认为乡镇企业浪费了原材料,生产产品质量低,扰乱了市场,破坏了我国的社会主义经济格局,主张取缔。但是,乡镇企业在最近三年来,在治理整顿的压力下,仍表现出了强大的生命力,飞速发展前进。根据国家最近统计,乡镇企业的产值几及全国工业产值的一半。我国企业现有国营企业、三资企业和乡镇企业三种形式。国营工业由国家投资,三资企业由港澳资本、台湾资本和其他外资投资,唯独乡镇企业没有依靠谁来投资,是从无到有,从小到大,以农民为主体,通过十二三年的艰苦努力,以劳力为积累,惨淡经营而建立起来的。

下面我想就江苏苏州市管辖下的一个小县、穷县沙洲县的乡镇企业的发展来说明这个问题。沙洲县是在长江南岸沙滩上建立起来的小县,只有60万人口,60万亩沙地。那时正在搞人民公社,搞以粮为纲的大跃进。人们希望在全国有几个平均亩产两千斤的县作为全国标兵。江阴、无锡和常熟苦于在靠近长江沿岸都有一片低产沙地,平均亩产只有四百多斤。如果这个区划出去,则上述三县略加努力都是两千斤县了,就在1959年决定把这片地划出作为一个新建县。还划了无锡杨舍和常熟两个小镇给沙洲县,县政府设立在杨舍。这个县在建立以来,一直是缺粮的贫困县。每年还要由江苏省补助行政经费2亿元人民币。全县很少有瓦房,只有一条从江阴到常熟的土公路通过杨舍镇,全县一个工厂都没有。

一个农业劳动力一年收入不足100元。有三十多所小学和两所中学。农村大量剩余劳动力流入上海和江南各城市,江南妇女很少愿意嫁到沙洲去。住的是茅屋,吃的是白薯和杂粮,贫病交加,生活困难。自1978年起在中央的农村经济政策和农村承包责任制推行以后,就逐步得到改善。时值上海工人大量退休,不少原是沙洲出去的退休老工人返乡探亲,就出主意办乡镇小型工厂。这些老工人亲自和上海的工厂商量,无偿地把闲置的退役机器设备转让给他们,运回沙洲,经过老工人修理安装后,办起了第一批乡镇企业。同时上海十年动乱以后,到处都积压了大批工业废品垃圾,该县组织农民把这些废金属、废橡胶、废纤维都拉到沙洲,逐步办起了小型轧钢厂(第一年只生产建筑钢筋2 000吨)、小型橡胶制品厂、小型塑料制品厂、灯具厂、砖瓦厂、玻璃厂和各种小型纺织厂等。这些近十年来都发展成为一两千人的大厂,如沙洲钢厂现已发展为年产20万吨钢材的、现代化的、能轧制各种建筑钢材的规模不小的厂。该县也成立了由上海退休回乡的老建筑工人带领的,以青年劳动力为主体的建筑队,走向全国,承包了大庆、克拉玛依等油田城市的建设。像深圳国贸大厦,创造三天一层楼的所谓深圳速度的就是沙洲的建筑队。到现在,还有约3万人的建筑劳务输出队在国外接受施工承包合同。他们把劳务交换所得的资金一部分用以提高农村家属的生活水平,一部分充任乡镇企业发展资金的需要。经过十几年农民的努力,在江南的贫困的纯农业地区,出现了一个以工业化的新农村为主要模式的县区。其工业是以轻工业为主体,内容繁复,活力充沛的乡镇企业。大的企业有上万的工人,小的只有几百人,甚或几十人。总产值从零开始,1990年达到127亿人民币,据说1991年达到160亿左右,今年将超过200亿元。人均年收入从十几年前的几十元增长到现在的3 000元。一家以五口计算,每家年收入达到1.5万元。这些奇迹般的变化主要靠乡镇企业的突起。现在沙洲的村镇的界限消失了,约

5 000家乡镇企业,星罗棋布地分布在60万亩原野上,柏油路面的公路像一张巨网,把农舍、工厂、稻田、运河、公路、学校交织在一起,已经分不清哪里是农村,哪里是市镇。农民在富有以后,首先解决住房问题。1980年前后,农民住房进行了第一拨的改造,农村长期存在的大量茅草屋不见了,一片片砖瓦平房出现了。但是到了1983年,第二拨的住房改造接着发生,平房推倒,改为两层的楼房,有供水和供电。到1990年附近,农民的住房又进行第三拨的改进,更多样化了,有些地区出现了三层四层和别墅式的结构,普遍地有抽水马桶和浴室设备,室内有了装饰,家具也成了热门,彩色电视、音响电器、洗衣机、冰箱、缝纫机、摩托车等都出现在农家。有不少富裕农民的生活,超过了城市一般居民。他们"以工支农"的政策,以乡镇企业的一部分资金投入农业改造,农业现已普遍实现了机械化。农田水利和施肥选种等有了很大改进,平均亩产现已超过千斤。去年水灾,全县曾一片汪洋,杨舍街上水深1米。但在调集全县抽水机日夜排水后,在两日后,即全部排除洪水,由于洪水把全县表土肥泥全部带入农田,反而获得了超产30%的粮食丰收。

  由于农民富裕了,带来了学习文化的高潮。全县所有乡和村都修建了新的中小学校校舍,有些学校的设备超过上海的一般中小学。1985年一年就从上海、苏州、无锡等城市引进了三千多名中小学教师,工资都略高于这些城市的工资,还供应(无偿)住宅,家属都可以就业,现在适龄青少年,全都入学了,真正做到了普及义务教育。青年学习都很积极,中小学生也没有逃学流失现象。为了满足乡镇企业的工业技术人才的要求,县内各乡(共48个乡)集资新建了一个"沙洲工学院",1985年只用五个月就建成了一个总面积为25 000平方米的校舍。教师是向全国的沙洲出身的各大学教授中号召建设家乡而回归沙洲的,院长原是长春地质学院的副院长。学校每年招生250~300人,是由各乡按集资比例分配名额招收，毕业后全部返回原乡镇企业。现在设立五个系，即机械、纺织、电子和计算机、土木、管理。现在已经有了五个班的毕业生，他们成为乡镇企业的技术骨干。去年在中国共产党70周年大会上分发给出席会议代表的纪念影集画册上只表扬了一个高等学校，这个学校就是沙洲工学院，纪念册上的标题是"农民办大学"。

沙洲有了自办的电厂，乡间普遍接通了电话线，不少农民家里有了私用电话。在乡镇企业发展的同时，原材料和商品运输有了很大的发展。农民在张家港地区的长江南岸发现了少见的25公里长的深水港岸区。农民在这十年内修建了12个深水泊位万吨级码头，其中有4个集装箱码头。据说，这个港区一共可以建48个万吨级深水泊位，全部修建完成后能抵半个上海的吞吐量。目前的张家港除了满足沙洲本身的运输需要外，也有不少常州市、无锡市和苏州市各县的商品由此进出。现在正在修建张家港到无锡市的高速公路。由于张家港的出现，国家决定把沙洲县改名为张家港市。它是县级市，直辖于苏州市。

我国长期以来在实现社会主义的过程中遇到的最大困难是难以克服现存的三大差别，即城乡差别、工农差别、脑力劳动和体力劳动的差别。我们从沙洲乡镇企业的发展看，他们已经基本上克服了城乡差别和工农差别，假以时日，只要教育的发达和普及成功，脑体差别也是能克服的。我们可以这样说，在乡镇企业的发展下，我们看到了实现社会主义的前景。

三、我国是否会走苏联解体的道路

我认为依我国国情看，和前苏联的国情有很大差别，我国是从几千年的封建制度下演变而来的，前苏联是从沙俄帝国主义的制度下演变而来的，两者基础很不一样。我国的知识分子队伍是在帝国主义长达150年侵略压迫的艰难道路上成长起来的，对民族兴亡都有使命感，爱国是共同的基础，留学生大多爱国，回国的多数。前苏联的知识分子在革命前是在资产阶级社会中成长起来的，有不少资产阶级的传统意识，前苏联在这次解体中有不少知识分子到外国去了。两者的传统不同，是两种不同历史条件下成长起来的知识分子。我们受到杨家将式的社会教育，深恶"汉奸"，是半封建半殖民地社会中成长的，有要使国家富强的民族感情。另外，中国有很长的历史文化传统，民族思想意识在中国很深。知识分子是最敏感的阶层，尤其对政治非常敏感。所以，我们党一贯重视知识分子的思想意识问题，我认为是很对的。

国际上有人公开叫喊要我们撕裂成许多部分，要把西藏地区拉出去，把东北三省拉出去，在广东福建搞南中国海经济共荣圈，在新疆地区搞什么东土耳其斯坦等等。

我认为由于十年来搞的改革开放和农村经济改革，而且长期来重视执行正确的宗教政策和民族政策，使我国比前苏联处于更有利的地位。总之，在社会主义建设几个关键问题上，我们都处于更加有利的地位。

有代表性的科学论文简介

有关板壳内禀理论的 5 篇论文

论文(一) THE INTRINSIC THEORY OF ELASTIC SHELLS AND PLATES (弹性板壳的内禀理论)

与辛格(J. L. Synge)教授合作。发表于《应用力学,冯·卡门教授 60 岁祝寿纪念刊》(1941),第 103~120 页。

早期的薄板薄壳平衡理论所用的各种近似是很混乱的。该论文的目的是企图从理论上发展一种系统的精确理论,从这一基本理论出发,可以根据不同的实际条件,进行不同的近似。该论文成功地用张量符号建立了薄板薄壳应力内力素张量所应满足的六个静力宏观平衡方程,并把微观弹性平衡及变形协调方程写成一种合适的形式。所有纯经验的假设都避免了,所以,它是精确理论。

在 1940 年以前,弹性薄板和弹性薄壳一般都是分开来处理的。薄壳一般按柱壳、锥壳、球壳、环壳、旋转壳等不同形状,采用不同坐标,写出不同的平衡方程和应变协调方程来处理。而且一般都是按板或壳的二维单元为基础,用宏观的应力内力素的平衡方程为出发点,再根据:① 厚度变化可以略去不计,即设 $e_z = 0$;

② 中面的法线在变形中继续维持为法线,即 $e_{xz}=e_{yz}=0$;③ 横向正应力略去不计,即 $\sigma_z=0$ 等三种众所周知的 Kirchhoff-Love 假定来决定应力内力素和中面应变位移的关系,从而求出用三个中面位移分量 (u,v,w) 为待定量的三个平衡微分方程式。钱伟长对于这种近似的板壳理论深感不满,曾在昆明西南联大读研究生期间内(1938～1940 年)对本题进行过研究,提出了以三维的微观平衡方程为基础,引进三维的微观应力应变关系,代入该平衡方程,化为用微观应变分量所表示的微观单元平衡方程。同时,采用以中面为基础的拖带坐标(comoving coordinates) (x^0,x^1,x^2):在变形前,中面为 $x^0=0$,(x^1,x^2) 为中面上的坐标,中面以外各点的坐标,用 x^0 和垂直于中面的法线交于中面的交点的坐标 x^1,x^2 为坐标,称为以中面为基础的高斯坐标系。这个坐标系在变形前的基本张量为 $g'_{ij}(x^0,x^1,x^2)$,其中

$$g'_{01}=g'_{02}=0$$

在变形中,各点的坐标 (x^0,x^1,x^2) 标称不变,亦即在变形中坐标系的框架随着板壳变形的质点位移而被拖带着变形。所以,变形后的坐标系的基本张量不再是 $g'_{ij}(x^0,x^1,x^2)$,而变为 $g_{ij}(x^0,x^1,x^2)$,应变张量定义为

$$e_{ij}=\frac{1}{2}(g_{ij}-g'_{ij})$$

因为变形前和变形后的坐标空间都是平坦空间,所以,它们的曲率张量 R'_{ijkl} 和 R_{ijkl} 都恒等于零,采用 e_{ij} 的定义就可以求得六个应变分量必须满足的六个协调方程。

然后,可以在中面上,即 $x^0=0$ 上,引进中面张量 p_{ij} 和 q_{ij},而

$$p_{ij}=(e_{ij})_{x^0=0},\quad q_{ij}=\left(\frac{\partial e_{ij}}{\partial x^0}\right)_{x^0=0}\quad (i,j=1,2,3)$$

其中 $p_{\alpha\beta}(\alpha,\beta=1,2)$ 为中面拉伸张量，$q_{\alpha\beta}(\alpha,\beta=1,2)$ 为中面弯曲张量。最后，在中面上，可以求得用 $p_{\alpha\beta}$，$q_{\alpha\beta}$ 表示的三个平衡方程和三个协调方程。

钱伟长在1940年9月17日到达加拿大多伦多大学，谒见了辛格教授。辛格教授原来是英国皇家学会会员，是英国有名的应用数学家，由于1939年爆发第二次世界大战，在德军大规模空袭伦敦时疏散到加拿大。他在多伦多大学创建了北美第一个应用数学系，系内有英菲尔德(L. Infeld)、万因斯坦(A. Weinstein)、斯蒂文森(A. F. Stevenson)等著名教授。英菲尔德教授是爱因斯坦的大弟子，著有《物理学的演化》等名著，战争胜利后返回波兰，任波兰科学院副院长和理论物理研究所所长。钱伟长在和辛格教授第一次面谈时，发现两人同时在研究同一问题。辛格教授用宏观的应力内力素张量求得了这些张量在板壳外力作用下的张量平衡方程组，辛格教授称之为宏观方程组，而把钱伟长的平衡及协调方程组称为微观方程组。辛格教授认为虽然两种理论所用数学量符号有所不同，但都把薄板看作为薄壳的中面曲率张量为零时的特例。两者不约而同称变形后的中面基本张量为 $a_{\alpha\beta}$，变形后的中面曲率张量为 $b_{\alpha\beta}$，

$$a_{\alpha\beta}=(g_{\alpha\beta})_{x^0=0},\ b_{\alpha\beta}=\left(\frac{\partial g_{\alpha\beta}}{\partial x^0}\right)_{x^0=0},\ (\alpha,\beta=1,2)$$

当 $b_{\alpha\beta}=0$ 时，所研究的变形后中面是一个平面，所研究的对象为板。辛格教授认为这两种理论在实质上应该是等同的，只是当时没有证明罢了（后来在博士论文中得到了证明）。辛格教授提出可以把本题的两种理论合在一起，写成一篇"内禀理论"的论文，送交美国加州理工大学，供冯·卡门(Th. von Kármán)教授60岁祝寿纪念文集之用。该文于10月底寄出，翌年1941年5月11日出版发表，也是辛格教授和钱伟长合作在国外发表的第一篇论文。

该论文集一共只发表了21篇论文,作者都是当时(第二次世界大战时)在美国的各行权威科学家,其中有爱因斯坦(A. Einstein,普林斯顿大学高级研究院院长)、冯·密赛斯(R. von Mises,哈佛大学教授)、冯·诺伊曼(von Neumann,电子计算机发明者)、那达埃(A. Nadai,塑性力学权威)、贝特曼(H. Bateman,加州理工大学应用数学权威教授)、柯朗(R. Courant,应用数学权威教授,原籍德国)、爱泼斯坦(Paul S. Epstein,加州理工大学统计力学权威教授)、杜朗特(W. F. Durand,空气动力学权威)、特莱登(W. F. Dryden,空气动力学权威)、铁木辛柯(S. Timoshenko,板壳弹性力学权威)、唐纳尔(L. N. Donnell,弹性力学权威)、老赖斯纳(Hans Reissner,麻省理工学院弹性力学教授,E. Reissner教授之父)等,只有钱伟长是一个名不见经传的中国青年,这对于钱伟长是一次很大的鼓励和鞭策。

这篇文章发表以后,很受弹性力学、应用数学,以及纯数学界的重视,钱伟长先后在多伦多大学应用数学系和数学系、加拿大数学学会1941届年会、加州理工大学航空系、美国数学学会西部1943届年会等场合做过学术报告。他在英国和澳洲还出过书,进一步研究这个问题。40年后,在1982年8月2日上海国际有限元会议上,担任执行主席的美国葛拉戛教授(R. H. Gallagher)在向大会介绍钱伟长时说:"钱教授有关板壳统一内禀理论的论文,曾是美国应用力学界研究生在40、50年代必读的材料,他的贡献对以后的工作很有影响。"迟至1973年,荷兰爱特霍文(Eindhoven)工业大学工程力学教授鲁登博士(Harry S. Rutten)在他的名著《以渐近近似为基础的壳的理论和设计》中多次推崇该论文。他在第14页上说:"辛格和钱的工作,继承了19世纪早期柯西(A. Cauchy)和泊松(S. D. Poisson)的工作,在西方文献中重新注入了新的生命力。"他又指出,板壳理论由于成功地采用了先验的克希霍夫(G. Kirchhoff)和拉夫(A. E. H. Love)假设,人们已经长期没有研究板壳的三维理论了。他又指出"辛格和钱的工作是三维理论的基本工作。仅用力学状态的内禀变量应力和应变,严格地从三维理论中导出了任意形状的薄壳都适用的非线性方程,这里在各向同性的假定下,把应力和应变分量按厚度方向的坐标展开为泰勒级数,近似的二维方程只有六个基本待定量,三个代表中面拉伸应变,三个代表中面变曲变形分量,这是辛格和钱工作最重要的特点"。

其他如美国赖爱斯(E. L. Reiss)和前苏联莫许它里(X. M. Муштари)、伏耳米尔(A. C. Вольмир)都曾在50、60年代研究和引用过这些工作。

该论文引起了60年代不少有关三维理论的边界效应的文章,其中有名的有格林(A. E. Green)、赖斯纳(E. Reissner)、赖爱斯(E. L. Reiss)、薛卡拉(P. Cicala)等人的工作。

论文(二)　THE INTRINSIC THEORY OF THIN SHELLS AND PLATES (PART Ⅰ.— GENERAL THEORY)(薄壳薄板的内禀理论,第一部分)

论文(三)　THE INTRINSIC THEORY OF THIN SHELLS AND PLATES (PART Ⅱ.— APPLICATION TO THIN PLATES)(薄壳薄板的内禀理论,第二部分)

论文(四)　THE INTRINSIC THEORY OF THIN SHELLS AND PLATES (PART Ⅲ.— APPLICATION TO THIN SHELLS)(薄壳薄板的内禀理论,第三部分)

论文(二)见《应用数学季刊》第1卷第4期(1944),第297～327页。论文(三)见《应用数学季刊》第2卷第1期(1944),第43～59页。论文(四)见《应用数学季刊》第2卷第2期(1944),第120～135页。

这三篇论文的目的,在于对一般薄壳问题给予系统的研究,而薄板问题被看作为薄壳问题的特例。该工作从三维的弹性应力平衡方程出发,配合着三维的应力应变关系,并把板壳材料看作是均匀的和各向同性的,工作中把应力应变分量展开为厚度方向坐标 x^0 的泰勒级数,最后在论文(二)中得到用六个待定量 $p_{\alpha\beta}$,$q_{\alpha\beta}(\alpha,\beta=1,2)$ 表示的三个平衡方程式和三个协调方程式,其中 $p_{\alpha\beta}$ 和 $q_{\alpha\beta}$ 分别为中面拉伸张量和中面弯曲张量。当 $p_{\alpha\beta}$,$q_{\alpha\beta}$ 找到后,就能计算壳内各点的应力和应变,也可以计算壳的中面各点上的应力内力素。论文中并未采用位移为未知量,所以和常见的板壳理论在形式上有很大区别。在论文中,采用应力、应变、曲率来描写问题,它们都是张量,因为用张量符号来进行工作特别自然和方便。

这三篇论文是论文(一)的微观理论的继续,把论文(一)的思路贯彻到底所得到的成果。

论文(三)、(四)中,利用了板壳的厚度和曲率的量级(包括曲率为零)来进行各种近似,当然,应变永远是小量,得到了板壳全部问题的详尽分类,找到 12 类薄板和 35 类薄壳问题。对于每类板壳问题而言,都有从论文(二)中简化所得的六个方程。在这些方程中,业已略去了一些量级较小的项,包括剩余项,这样求得的方程包括了常见的小挠度方程,和一些已知的大挠度方程。但是,有不少有限挠度的方程是新的,以前并未见于任何文献。

必须指出,这三篇论文是在论文(一)的基础上写就的,是钱伟长在多伦多大学博士论文的一部分。另一部分是有关边界效应的,迄今尚未发表。还有一部分是有关从微观三维应力平衡方程导出宏观应力内力素平衡方程的证明,这一推导证明见论文(五)。

这三篇论文首次对薄板薄壳问题,根据 $p_{\alpha\beta}$,$q_{\alpha\beta}$,$b_{\alpha\beta}$ 相对于 h 的量级差别进行了分类。这样分类所得的一级近似方程有很多是已知的,但也有不少是过去未曾研究过的,而且是很有实用价值的,其中尤以浅壳 SS12 型的方程最为重要。浅壳是一个新的数学概念,当壳中面区域的平均尺寸 L 和最小曲率半径 R_m 之比相当于厚度 h 和 L 之比时,亦即 $\dfrac{L}{R_m} \Big/ \dfrac{h}{L} = \dfrac{L^2}{R_m h} \approx 1$ 时,称为浅壳,有时亦称为扁壳,有时浅壳亦理解为 h 和 $b_{\alpha\beta}$ 的无量纲量是同量级小量的壳。在有些情况下,浅壳在外加载荷下,中面在局部区域发生棱形皱纹失稳,如果把这种局部区域的尺寸看作有效的壳的平均尺寸,则对于这种局部区域而言,也可以看成是浅壳。冯·卡门和钱学森在1939、1941年所研究的柱壳在轴向力下的局部失稳现象和球壳在外压作用下的局部失稳现象,都可以看作为浅壳的大挠度问题,即 SS12 型的问题。对于浅壳 SS12 型大挠度问题而言,通用的一级近似平衡方程为论文中的(12.2a,b),协调方程为论文中的(12.2c,d)。这组方程在均匀厚度和小曲率的条件下可以简化为用 Airy 应力函数 $x_{(3)}$ 和挠度 $w_{(1)}$ 所表示的两个方程,即论文中的(12.11a)、(12.11b)。对圆柱浅壳而言,论文中的方程(12.11a,b)可以化为(12.16a,b);对浅球壳而言,论文中的方程(12.11a,b)可以化为(12.29a,b)或(12.31a,b)。这里很容易看到,当圆柱壳的半径扩大至无穷大时,圆柱壳渐近为平板,而论文中的浅圆柱壳大挠度方程(12.16a,b)渐近为板的大挠度卡门方程,所以 SS12 是卡门大挠度方程在浅壳中的推广。

1958 年 8 月 11～14 日美国在斯坦福大学召开了海军结构力学第一届研讨会,会后发表了有关研讨会的论文集《结构力学》,由哥地尔(J. Norman Goodier)和霍夫(Niehslas J. Hoff)主编。论文集发表了冯元桢(Y. C. Fung)和萨革劳(E. E. Schler)教授的报告"弹性薄壳的失稳"一文,文中称钱伟长在论文(四)中的方程(12.13a,b)为"钱伟长一般方程",而方程(12.16a,b)为"圆柱壳的钱伟长方程",并指出:这组方程和唐纳尔(Donnell,1934)是有区别的。从此以后,方程(12.13a,b)和(12.16a,b)都被称为"钱伟长方程"。上述论文从 1944 年起曾被广泛引用,到 1989 年为止,引用这些论文者约有 100 余人次。

论文(五) DERIVATION OF THE EQUATIONS OF EQUILIBRIUM OF AN ELASTIC SHELL FROM THE GENERAL THEORY OF ELASTICITY(从一般弹性理论推导弹性壳的平衡方程)

见《国立清华大学理科报告》甲种第五卷(1948),240～251 页。

该论文从一般的三维微观弹性力学张量平衡方程导出了壳的应力内力素的宏观平衡方程。推导过程中,只将三维微观平衡方程从壳的一表面顺着厚度积分至另一表面就得到了。当然,论文中还使用了表面受力条件。

该论文是钱伟长博士论文的一部分,这样就把辛格教授和钱伟长在"弹性板壳的内禀理论"一文中宏观理论和微观理论统一起来了。这一部分本来不准备发表,但在 1946 年钱伟长返国后,不断得到国外读者来信,询问宏观和微观理论的统一问题,才决定在清华理科报告中发表。发表的时间为 1948 年 12 月,那时清华大学已解放,北京被围,该学报是在北京解放后的 1949 年 3 月寄往国外订户的,7 月就得到美国屈鲁斯台尔(C. Truesdell)来信,说钱伟长抄袭了他发表在《美国数学学会汇刊》1948 年初的一篇文章,只不过他是用一般数学符号写的,而钱改用张量写的罢了。他还写信给美国《应用力学评论》的主编,提出发明权的申诉。主编把该信转到北京,一时闹得乌烟瘴气。钱伟长写了复信,一式两份,一份寄给屈鲁斯台尔,一份寄给美国《应用力学评论》。信中主要申明两点:① 1948 年前后,北京处于解放战争的前线,兵荒马乱,邮路极不正常,屈鲁斯台尔的论文,迄未见到;② 该文全部内容是多伦多大学应用数学博士论文的一部分,该论文在答辩后,有一份存于多伦多大学图书馆,另有一份存于美国数学学会图书馆,请屈鲁斯台尔先生就近调阅即可证明。以后钱接屈复信,说查阅博士论文后,业已证实,特道歉,并说他的导师老赖斯纳批评了他,并告诉他,他的博士论文在《美国数学学会汇刊》发表前是经钱伟长审查的。那是在1946年,钱正乘海轮自洛杉矶返国,用22天的时间审阅这篇文章,提出了近50条审查意见。屈氏除了一条意见不接受外,其余都接受了,并在发表前作了修改。屈氏那时并不知道是谁审查的,现在知道了,特此感谢。屈氏这时还知道,他在1947年经《美国数学学会汇刊》上发表的有关轴对称壳的论文也是钱伟长审查的,同时也提出了许多建设性的意见,他在这封信里一起表示感谢。从此以后,钱和屈关系很好,常常相互问候,但一直未能见面。直到1985年上海国际非线性力学会议上,他们才初次见面,一见如故,并在北京访问了钱宅。以后几年来,屈氏一直邀请钱伟长访美,由他和 Johns Hopkins 大学接待,并邀请在访美时住在他的家内。屈太太那次也一同访问了上海、北京和西安,夫妇俩对中国文化有很深的感受。钱和屈的交往,使钱接触了理性力学。屈氏为发展理性力学,曾和许多学者发生争辩,甚至于关系不好,但钱和屈的关系则相反,虽曾有争辩,而关系还是很好。不过钱迄今还未接受屈氏的邀请去美访问他的大学。

有关圆薄板大挠度问题的3篇论文

论文(六) LARGE DEFLECTION OF A CIRCULAR CLAMPED PLATE UNDER UNIFORM PRESSURE(固定圆板在均布外压下的大挠度问题)

见《中国物理学报》第7卷第2期(1947),第102～113页。

该论文用中心挠度对板厚之比作为参数的逐步渐近法,研究了固定圆板在均布外压下的大挠度问题,这样就避免了韦氏(S. Way)幂级数解法所引起的繁复计算。边界屈服条件所得理论结果和麦克弗逊(Mcpherson)、隆堡(Rumberg)和李维(Levy)的1942年实验结果完全相符。该法常用来处理其他边界条件和其他载荷下的大挠度问题的解。

该论文所处理的问题是冯·卡门方程在20世纪初期提出来后,最典型而又是最简单的例子。由于方程的非线性性质,推算其具体解是很困难的,长期以来未能解决。1934年,韦氏提出了圆板的幂级数解,但计算繁复,以至于冯·卡门在1940年进一步提出这个问题需要一种工程师能够运用的解法。该论文就满足了这一号召,并得到国际上的重视。论文中的解法在实质上是用最大中心挠度对板厚之比作为参数的参数摄动法,摄动次数越多,结果越准确。摄动过程与摄动参数的大小有关。当摄动参数在1附近时,只要摄动1次就足够准确了。若摄动参数大于1,如3~5,则需要摄动2次以上。如果此时只摄动1次,则参数大于1时(即4~5时),最大挠度对压力的宏观关系还有一定的准确度,与实验相差无几,但微观的挠度分布渐渐和实际有差别了。这只能通过进一步摄动来得到修正。前苏联科学院院士伏尔米耳(А. С. Вольмир,1956)指出了这一问题,但并不知道是摄动次数不足所造成的。前苏联学者曾广泛引用这篇论文,如伏尔米耳的《板和壳的弯曲》(1956)等,他们称这种方法为摄动法,或钱氏摄动法,或钱伟长法。新中国成立后,钱伟长、叶开沅等曾在北京清华大学召开了薄板大挠度问题的研讨会,主要就是以钱氏摄动法为主体的一次研讨会,其成果见1954年以《弹性薄板大挠度问题》为名的论文集,由中国科学院出版。后来又用钱伟长摄动法处理了均布和中心集中载荷下圆板在6种不同边界条件大挠度问题(见钱伟长、叶开沅著《圆薄板大挠度问题》,《中国物理学报》第19卷第3期(1954),第

209~239页〕和矩形板的大挠度〔见钱伟长、叶开沅著《矩形板大挠度问题》,国际应用力学第四届布鲁塞尔大会宣读(1956)〕,所有这些都由莫斯科译文出版社译成俄文出版(1957)。此后美国 Nash 教授(1958)也用该法求解均布载荷的固定椭圆板大挠度问题。

有关圆薄板大挠度问题的工作,曾在 1955 年获得国家自然科学二等奖。

论文(七) ASYMPTOTIC BEHAVIOR OF A THIN CLAMPED CIRCULAR PLATE UNDER UNIFORM NORMAL PRESSURE AT VERY LARGE DEFLECTION(固定圆薄板在均布载荷下发生很大挠度时的渐近特性)

见《国立清华大学理科报告》甲种第 5 卷第 1 期(1948),第 1~21 页。

该论文讨论了固定圆薄板在很大均布载荷下求渐近解的问题。其解是以多年前汉盖(Hencky)所得的薄膜解为基础的。论文中指出,汉盖解原文有约 4% 的计算误差,而本论文的理论结果和麦克弗逊(Mcpherson)、隆保(Rumberg)及李维(Levy)在 1942 年的结果,有很好的符合。

圆板的汉盖薄膜解很久以来都被认为是圆板挠度很大时的一级近似解,这个解只能满足一个位移为零的边界条件,而边上转角为零的边界条件是不满足的。实际上本题有边界效应,即边界附近区域内,位移 $w(r)$ 的变率很大,$w(r)$ 和 $\frac{\partial w}{\partial r}$ 不再是同一量级,要弄明白这个区域内的变化,必须用"放大镜"或"显微镜"。从数学上看,如果用 w/h 即 W 来代表挠度的无量纲,用该论文(31)式的大参数 τ 时,可以引用新的放大坐标 β〔见论文中的

(49)式〕,再以 τ, 1, τ^{-1}, τ^{-2} … 级数展开即得逐级近似解,而且 $\frac{\partial w}{\partial r}$ 在边界上等于零的解,亦能跨级求得。该法不是正规的摄动法。周焕文在 1982 年曾指出,这是文献中第一篇用合成展开法来求解边界效应问题的论文。他也指出这可能是国际上有关奇异摄动理论的最早的少数著作之一〔见科学出版社《奇异摄动理论及其在力学中的应用》(1982),310～339 页〕。这里必须指出,在那个时代还没有奇异摄动理论这个名词,有人甚至认为收敛性有问题,是邪门歪道而不予承认。在 1950 年以后,由于郭永怀的边界层匹配法获得成功,林家翘不动点理论、钱学森的爆炸波处理确立后,才受到重视,认为是摄动法的新领域,统称为奇异摄动理论,成为力学上非线性问题求解的重要途径。该论文由于是在新中国成立前后发表的,在国外未能正常传播。晚至 1956 年,勃隆堡〔E. Bromberg, Communication on Pure and Applied Mathematics, 9(1956), 633～656 页〕,以及在 1961 年斯留别许克等〔Срыщик, A. C, Uюдсвич, B, u., Д АН СССР, T139 (1961), 110.2〕,他们用与该论文类似的合成展开法求解了相同的问题。

论文(八)　合成展开法求解圆薄板大挠度问题

与陈山林合作。见《应用数学和力学》第 6 卷第 2 期(1985),第 103～118 页。

该论文是合成展开法求解圆薄板大挠度问题的新尝试。文中有下列改进:

(1) 用中心最大无量纲位移替代了无量纲载荷为展开参数,这样就大大提高了收敛速度。

(2) 所有边界条件都在各级近似中跨级满足,并改进了结果的可靠性。

有关环壳理论及其应用的4篇论文

论文(九) 轴对称圆环壳的复变量方程和轴对称细环壳的一般解

与郑思梁合作。见《清华大学学报》第19卷第1期(1979),第27～47页。

在该论文发表以前,环壳有三种不同量的方程,即托尔克(F. Tölke,1938)、克拉克(R. A. Clark,1950)和诺伏齐洛夫(B. B. НОВОЖИЛОВ,1951)的复变量方程。该论文统一了它们的推导过程。这三种方程除了有一些渐近解外,并没有任何精确解。

该论文提出了细环壳的极限方程。当环壳的截面半径 a 和环壳的整体半径 R 的比率 α 比 1 小很多时,即 $\alpha \ll 1$ 时称为细环壳;当 $\alpha \to 0$ 的极限时,环壳的极限方程称为细环壳的极限方程,即论文中的(38)式。该论文求得了这个方程的齐次解,它和诺伏齐洛夫(1951)非齐次解合在一起就可求解环壳的各种问题。必须指出,诺伏齐洛夫只求得了环壳方程的渐近解。这里所提出的极限方程的齐次解收敛得很快。这个解是新发现的,前人未曾研究过。该论文和一般环壳方程的齐次解曾在1978年12月在上海召开的第六届弹性元件学术会议上宣读,受到与会者的称誉。大会总结时,认为该解是我国在这一方面的突出贡献。该论文亦曾在1984年春在美国伯克莱的加州大学机械系的研讨会上报告过,会上有人认为和圆薄板大挠度问题一样,是弹性元件方面的重要贡献。

论文(十) 细环壳极限方程非齐次解及其在仪器仪表上的应用

见《仪器仪表学报》第1卷第1期(1980),第89～112页。

该论文把细环壳方程非齐次解应用到许多仪器仪表的实用问题上去,并证明这些纯理论结果和几十年来的各种实验结果都是相符合的,所以它完全适用于工程计算。文中还给出了若干实用的设计公式。

这里亦应指出,细环壳非齐次解还适用于许多其他工程问题的计算,它的应用领域远未被充分开发。

论文(十一)　半圆弧波纹管的计算——细环壳理论的应用

见《清华大学学报》第 19 卷第 1 期(1979),84～99 页。

半圆弧波纹管是波纹管中最简单的一种,但长期以来只有工程近似计算,如前苏联费奥多谢夫(феодосоев,B,И)著的《精密仪器弹性元件的理论和计算》(科学出版社,1963),又如脱诺(Turner,C. E)和福特(Ford,H)在《英国机械工程学会会刊》〔Proceedings of the Institute of Mechanical Engineers,171,第 526～552 页(1957)〕发表的有关热膨胀接头的文章等。他们都用认真的实验工作作为设计根据,这是既费钱又费力的工作,长期以来一直是机械工程学界的沉重负担。而该论文用非齐次解和齐次解求得了与实验很接近的结果,而且指出了细度 α 在 0.3 以下都是和极限方程解是很接近的,这证明极限方程解还可以用来处理很多工程实际问题,潜力尚未充分发掘。

论文(十二)　轴对称圆环壳的一般解

与郑思梁合作。见《应用数学和力学》第 1 卷第 3 期(1980),第 287～299 页。

该论文是一般环壳解的推广,它不限于 $\alpha=a/R\ll 1$,提出了 α 的任意值的一般解。这个解是前人几十年来从未求得过的圆环壳的一般解,并列表把解的一般系数提供给工程计算的应用。该论文为圆环壳理论开辟了广阔的应用领域。

在该论文之后,钱伟长和他的同事发表了有关半圆弧波纹管的计算〔《应用数学和力学》第2卷第1期(1981),第97~111页〕,U形波纹管的非线性特性摄动法〔《应用数学和力学》第4卷第5期(1983),595~602页〕,环壳理论与直交异性板理论在计算三圆弧波纹膜片上的比较〔《应用数学和力学》第5卷第1期(1984),第41~48页〕等许多工作,但还有大量工程应用问题尚待展开。

有关广义变分原理的5篇论文

论文(十三) 关于弹性力学的广义变分原理及其在板壳问题上的应用

论文(十四) 弹性理论中广义变分原理的研究及其在有限元计算中的应用

论文(十三)写于1964年,因故未发表。论文(十四)见《机械工程学报》第12卷第2期(1979),1~23页。

在这两篇论文发表以前,建立广义变分原理都用先验的方法,或可称之为凑合法。先列出泛函,变分后在驻值条件中证明本题所应满足的场方程和边界条件,不论赖斯纳(E. Reissner,1950)、佛培克(F. Veubeke,1951)、胡海昌(1954),以及海林格(E. Hellinger,1914)、鹫津久一郎(K. Washizu,1954)都是这样。论文(十三)提出了从最小位能原理或最小余能原理出发,由于这些原理都有变分约束条件,为了把约束条件化为变分,采用拉格朗日乘子法,在变分中可以把待定的拉氏乘子唯一地决定。这是对建立广义变分原理的泛函提出了合乎逻辑的严格的数学方法,无疑是广义变分原理方法的一个重要飞跃。可惜在1964年将论文(十三)投给《力学学报》后,该报的编委却武断地退稿。从审查意见中可以看到,审查者对拉氏乘子法一窍不通，连经典的柯朗（Courant）和希尔伯特（Hilbert）的名著《数学物理方程》（德文版，1924；英文版，1952）都没有读过，并不知道待定拉氏乘子是一定要参加变分的。编委中不乏变分原理的"权威名人"，竟闹出了这样的笑话。钱伟长虽按常理作了申诉，该报却很遗憾没有再理睬。这是1964年的事件。日本鹫津久一郎在1968年出版的《弹塑性力学的变分原理》一书中，才比较明确地提出了拉氏乘子法，但还有许多不很明确的要点。一直到1977年由辛克维奇（O. C. Zienkieurcz）在他的"有限元法"中才明确讲解了柯朗、希尔伯特所讲的变分约束条件、待定拉氏乘子法和它们被使用的例子，不过比1964年晚了15年。

自1977年以后，钱伟长重新获得了从事科学工作的权利，又拾起了本题。1978年写出了论文（十四），它与论文（十三）的有关拉氏乘子法导出广义变分原理的内容基本相同，应用范围着重在有限元计算，但时间损失了15年。该文得到全国力学工作者的欢迎。该文在《清华大学科学报告》TH78011（1978年11月）刊出，又在大连召开的全国高等院校的计算结构力学会议（1978年9月）宣读，在机械工程学会、航空工程学会、造船工程学会在蚌埠联合召开的全国有限元会议上作主旨宣读（1978年11月）。会后，先后由《机械工程学报》15(2)，1～23(1979)，和《力学与实践》1(1)，16～24；1(2)，16～27(1979)全文发表。后来为了更有利于变分原理、广义变分原理以及有限元在我国"四化"建设中发挥作用，钱伟长特在清华大学（1979）为北京高校和有关结构计算部门开设了变分法及有限元的讲课，并写了讲义。这个讲座深受全国各方的欢迎，又曾在重庆、绵阳、昆明、无锡、武昌（华中工学院）等讲过多次，听讲者总计3 000余人次，讲义也印发了约5 000份。

1982年论文（十四）获得了该年的国家自然科学奖二等奖。

论文(十五)　高价拉氏乘子法和弹性理论中更一般的广义变分原理

论文(十六)　大位移非线性弹性理论的变分原理和广义变分原理

论文(十五)见《应用数学和力学》第 4 卷第 2 期(1983),第 137～149 页。论文(十六)见《应用数学和力学》第 9 卷第 1 期 (1988),第1～10 页。

在过去,人们把 Hellinger-Reissner 变分原理或是胡鹫原理看作是两种不同的弹性力学广义变分原理,其实它们的区别在于胡鹫原理已经在建立变分泛函中使用了应力应变关系 $\sigma_{ij} = a_{ijkl}e_{kl}$,而 H-R 变分原理则在建立变分泛函中,由于待定的拉氏乘子恒等于零,而未能消除应力应变关系 $e_{ij} = b_{ijkl}\sigma_{kl}$ 的约束。

为了消除 H-R 变分原理的应力应变关系的约束,这两篇论文引进了高阶拉氏乘子法,建立了新的泛函 $\Pi_{G\lambda}, \Pi_{G\lambda'}$ 等。当 $\lambda' - \lambda + 1 = 0$ 时,两种泛函等价,λ'、λ 取不同值时 $\Pi_{G\lambda}, \Pi_{G\lambda'}$ 化归为已知的不同变分原理的泛函。

这是拉氏乘子法的重要推广,解决了待定拉氏乘子法中用变分驻值求待定乘子时所遇到的临界变分条件的困难,即待定乘子为零时的困难。

论文(十六)把广义变分原理推广到大位移和非线性弹性体的非线性平衡问题的范畴,这对现代材料的弹性力学问题很有用处,对这些问题的有限元计算,将会有很大的帮助。

论文(十七)　**INCOMPATIBLE ELEMENTS AND GENERALIZED VARIATIONAL PRINCIPLES**(非协调有限元和广义变分原理)

见美国《应用力学进展》第 24 卷(1984),93～153 页。

卞学鐄、董平曾详细研究了用修正的变分原理（即广义变分原理）处理非协调元问题，但其相邻有限元间的界面上的连续条件是待定的拉氏乘子表示的。在变分中，拉氏乘子是待定变量，这样就增加了有关有限元计算的自由度，从而增加了刚度矩阵的复杂性。钱伟长曾指出有条件变分可以用拉氏乘子化为无条件变分的广义变分，而且通过变分驻值原理可以决定这些待定的拉氏乘子，即用原有变分中的变量来表示它们，从而减少和这个变分原理有关的有限元的自由度，使它和原来的有限元自由度相等，这样就可以简化非协调元的计算。在该论文中只限于用弹性静力学问题来说明这个方法，当然不难推广到其他问题。

这篇论文是1981年5月18～24日中国机械工程学会和中国力学学会在合肥召开的国际有限元邀请报告会上的邀请报告之一。参加者有美国的渥登（J. T. Oden）、葛拉夏（R. H. Gallagher）、卞学鐄，英国的辛克维奇（O. C. Zienkiewicz）等。文中有关板的非协调元问题与在1981年4月8～10日参加的美国乔治州大西洋城祝贺卞学鐄教授60寿辰的国际混合杂交元会议上宣读的"以广义变分原理为基础的非协调薄板有限元"报告内容相同。该论文最后由美国《应用力学进展》选入1984年的24卷发表。该卷一共只有6篇文章，其中有比渥脱（M. A. Biot）的不可逆热力学和林家翘的星云动力学和引力等离子体等文，都是当代在力学方面的重要进展和贡献。

有关汉字计算机输入编码的1篇论文

论文（十八） 汉字宏观字形编码（钱码）

见《中文信息处理国际会议（北京）论文集》卷2（1987），第24～31页。

钱码是于 1986 年提出的。在钱码出现之前，全国已有约 500 种汉字输入计算机的编码法，但都有两个缺点：其一是力图不出现重码，其二是单字输入，一字一码。钱码首先提出要易学易用，不怕重码。一般宏观字形编码是以字形中单元来识别的，而且只要宏观相似，就为一码，如"木"、"扌"、"忄"、"禾"、"衤"、"礻"等编为一码。在一定的字形分配下，单字重码并不很多，而且 6 000 余汉字中重码至多只有 5 字一码，有 100 余码是 2 字一码，同码汉字按常用字频排列，同码字中字频最多的字直接输入文本，同时屏幕也显示同码字中的其他汉字（按字频多少排列）。如文本上不是字频最多的汉字，则可用"选择键"进行变换。"选择键"是个发明，这样不必为了避免重码，使码字增加，从而增加击键次数。不少字只需要击键 3 次，这较通常编码法一般需要击键 4～5 次省时很多，所以是个很大的进步。自从钱码出现后，很多新的编码法都采用了这个方法。

其次，钱码首先引进了词组输入法，如中华人民共和国，只以中华 2 字的两个首码和国字首码组成词码（3 个数码）输入，如有重码，也可以用"选择键"法选用。从此以后，也为许多的编码采用。

钱码出现后，中文计算机的输入速度大大提高，业已出现每分钟输 250 字的纪录。

钱码在 1986 年的全国汉字输入方法评测工作会上被评为甲级奖，1986 年获得上海市科技进步一等奖。

"人立大江头"*
——深切怀念高崇民同志

伟大的爱国主义者、著名的社会活动家、原中国民主同盟副主席、全国政协副主席高崇民同志出生于辽宁省开原县,早年参加过孙中山先生领导的同盟会,从事推翻清王朝的革命活动和反对袁世凯称帝的倒袁斗争。后东渡扶桑,毕业于日本明治大学。1924年孙中山先生制定"联俄、联共、扶助农工"三大政策,高崇民同志加入了国民党。

1931年"九一八"事变后,日本帝国主义侵占我东北三省,蒋介石采取不抵抗主义,致使东北地区尽陷于日寇铁蹄之下。高崇民同志率领东北各界代表赴南京请愿,在戒备森严、机枪林立的中央军校礼堂前,面对蒋介石慷慨陈词:"东北人民对促成统一,保卫国土做的努力,自问对得起'中央',而'中央'在敌寇入侵以来,不发一兵一卒,不作明确抗日表态,一味依赖'国联',使敌人得寸进尺,侵略无有止境,'中央'何以对得起东北人民?!"这番义正辞严、激切沉痛的斥责,代表了东北民众要求抗日、反对卖国的心声。

东北沦陷后,高崇民同志四处奔走,积极投身抗日救亡,参与组织"东北民众抗日救国会"、"复东会",策应东北抗日义勇军,反

---

* 原载《人民日报》1992年4月26日。

对蒋介石的不抵抗主义和"先安内后攘外"的卖国政策,宣传抗日主张,做了大量的工作。1935年,高崇民同志开始接受马克思列宁主义,他毅然将国民党党证焚毁,决心跟着共产党走。

1936年12月,高崇民同志参与张学良、杨虎城两将军发起的震惊中外的西安事变,任张、杨的政治参议机构"设计委员会"的主任委员,参与起草了张、杨联署的关于停止内战、抗日救国的八项主张,通电全国。在周恩来同志的领导下,他对团结东北军、西北军逼蒋抗日,和平解决西安事变,做了大量的工作。叶剑英同志曾说:"崇民同志对西安事变是有功的啊!"在抗日战争期间,高崇民同志在党的领导下,担任东北救亡总会的领导工作,动员和组织抗日力量,积极宣传抗日主张。他曾写过《东北魂》,并出版了《活路》、《反攻》刊物。在遭到蒋介石通缉和软禁的情况下,高崇民同志向特务头子戴笠写信提出抗议,信中轻蔑地说:"余一寒士,流亡无依,有何可畏,防之若敌?"他就是这样不畏艰险,与反动当局针锋相对地进行斗争。

1941年,高崇民同志在重庆加入中国民主政团同盟,并秘密组织了"东北民主政治协会",坚决贯彻党的统一战线政策,积极参加反蒋抗日的民主运动。抗战胜利后,他进入东北解放区,受民盟总部委派,担任东北解放区盟务特派员,主持东北地区的盟务工作。他曾任安东省人民政府主席、东北行政委员会副主席和东北人民政府副主席兼司法部长等职务。他对待工作严肃认真,办事公正,决不徇私。他曾给哈尔滨市司法部门的负责人写过这样一封信:"哈埠有我的亲戚故旧,难免有人假借我的名义或口气唬事,倘遇此种人,不论男妇,你们不但不应为他们所唬,而且要严格处治。因为我们是革命者,事无大小,均不能离开政治原则。"他的一个熟人,原系伪国防部武装绥靖大队上校副大队长,作恶多端,民愤极大,高崇民同志毫不犹豫地在其死刑判决书上签了字。

新中国成立后,高崇民同志历任中央人民政府委员、最高人民法院东北分院院长,全国政协第一届代表,第二、三届常务委员、副主席,全国人大第一、二、三届常务委员,民盟中央副主席等职务。高崇民同志热爱中国共产党,热爱社会主义祖国,积极参加社会主义革命和建设。他工作勤勤恳恳,深入群众,积极认真地提出了许多利国利民的意见和建议。他多次出国访问,为增进中国人民和各国人民之间的友谊贡献力量。他始终坚定不移地贯彻执行中国共产党的统一战线政策和知识分子政策,关心在台湾的故旧,为巩固和发展革命统一战线,促进祖国统一大业,做出了积极的贡献。他不愧为中国民主同盟的一位杰出领导人。

十年浩劫中,康生和"四人帮"一伙,怀着罪恶的目的,炮制了所谓"东北叛党集团"假案,将高崇民等一批同国民党反动派进行长期斗争,对革命有贡献的老同志,诬蔑为"反革命"、"特务",押入秦城监狱,长期残酷迫害。高崇民同志立场坚定,爱憎分明,大义凛然,刚直不阿。1971年7月29日,终因长期受到迫害,在狱中含冤去世。

高崇民同志生前在一首题为《咏秋》的五言绝句中写道:"满目青山在,烽烟渡碧流。阴寒酷于冷,人立大江头。"这正是对他自己高尚品质的最好写照。高崇民同志离开我们快21年了。这些年来,我们的国家已经发生了巨大变化。让我们紧密地团结在以江泽民同志为核心的中共中央周围,为实现社会主义现代化建设的第二步战略目标不断作出新成绩。这是我们对高崇民同志最好的纪念。

对开发黄河三角洲的几点思考*

近几年来,我和费孝通同志及民盟中央的其他成员多次到黄河三角洲。在这个过程中,我们了解了很多东西,并与当地政府举办过黄河三角洲经济与社会发展战略研讨会,对如何开发黄河三角洲提出了许多建议。现在,山东省又成立了黄河三角洲经济与社会开发研究会,这标志着黄河三角洲全面开发的条件已经具备,时机已经成熟。

黄河三角洲的开发是一项复杂的系统工程。许多新的课题需要咨询论证。这里提供几点我们对开发黄河三角洲的思考,供大家参考。

开发一个地区,首先,要研究这个地区开发的可能性。黄河三角洲地区是一个很大的地区,山东省统计的面积为1.8万平方公里。实际上不止这些,还可以结合到山东东部地区。黄河三角洲是一个可以开发的沿海地区,有广阔的土地,还有丰富的石油、天然气和盐矿资源。这个地区没有全面开发的一个主要原因,就是这里大部分土地盐碱化了,这是黄河三角洲的一个特点。第二个特点,是这个地区的土地不断地生长,黄河泥沙平均每年为这里造

---

* 在黄河三角洲经济与社会发展研究会成立大会暨首次学术研讨会上的讲话摘要。原载《中央盟讯》1992年8-9合刊(228期)。

地4万亩,这在全世界是很少见的。要研究黄河三角洲的开发,必须考虑这样几点:

第一,黄河河口能不能治。黄河三角洲之所以长期没有全面开发,黄河河口不稳定是一个原因。这个问题历来有争论,很多人认为黄河口没法治,这个思想实际上与事实不符。为什么黄河河口老是不稳定,是因为黄河泥沙含量太大,在黄河口形成拦门沙,造成黄河入海口出水流通不畅,特别是在水少的时候,再加上冬季结冰,所以在开冻时,冰凌堆积起来,造成河口决堤改道。过去一直认为黄河泥沙为害,河口不能治理。是不是完全不可以治呢?现在看来是可以治的,假如我们把拦门沙冲开,河水流畅了,问题也就解决了。实际上现在已经这么做了。胜利油田和东营市用自制的水枪把拦门沙冲开,河口地区到现在已经连续八年没有发生冰冻。1991年冬天气特别寒冷,但黄河河口仍没有堵。所以,我们可以肯定,按照现在的方法,黄河50年不会改道。过去认为河口永远变化,现在看来河口可以50年不变,因此这里可以也必须发展成为一个粮食生产基地,一个经济作物生产基地。

同时,河口新生长的土地向什么方向发展,也要特别研究一下。现在是河口往哪个地方流,土地就往哪个地方成长,最好的结果应该是对准一个最有价值的地区让土地成长。黄河三角洲近海地区是石油储藏量很大的地区,如果我们将土地成长方向对准藏油区,使海底油田开发变成陆地油田开发,就容易开发了,所以陆地向什么方向成长是很重要的,这是一个值得注意的问题。第二条是生长的陆地怎样使用。长江三角洲崇明岛的做法,是在新成长的地方发展芦苇,芦苇既可以使泥沙更快地沉积,同时还可以用来造纸,做纤维板,几年以后,开始大量植树造林,既可以挡风,又可以生产木材,同时,还可以敛聚资金。

第二,交通问题。要开发一个地区,需要畅通的交通。黄河三角洲的公路已经超前发展,东营市的公路密度已达到发达国家水平,但铁路还远不够。山东已经把德龙铁路列入"八五"计划,这条铁路从德州到滨州,过黄河,然后到东营,最后到龙口。我觉得到了那里以后还不够。我们国家现在向南的铁路太少,山东还有沂蒙山区缺少铁路。如果让这条铁路延伸到扬州、江阴,一直到无锡,这条路就可以把江苏、山东和河北三省都串联起来,既可以发展黄河三角洲地区,也开发了鲁南地区和江苏北部。

第三,黄河口能不能建港。现在已经有一个5 000吨左右的黄河海港码头,但是远远不够。那个地方没有一个大型港口是很不利的。发展这个地区,要兴办轻工业、化学工业等,都需要运输,完全通过铁路是不够的,必须建立港口。这里建港的条件是有的,并不是所有排沙的河口都不能建港。现在胜利油田建的这个码头,就是一个很好的建港位置。这个码头现在作为应急还可以用,但是规划工农业社会发展时,这个码头是很不够的,还应该扩大。

最后,黄河三角洲开发的过程。不同的阶段应该有不同的重点。首先,应该放在农业、畜牧业、渔业。渔业要包括养殖业。要搞貂的养殖,那里咸水鱼和淡水鱼都很多,貂的养殖可以大规模地搞。应该想办法引进比较先进的貂皮加工生产线,搞貂皮加工,这样价格可以提高10倍。发展畜牧业可以有相当大的规模,这个地方气候和荷兰差不多,可以搞畜牧业发展。从牛的品种一直到皮革加工、奶制品加工,荷兰、丹麦等都有比较好的设备和做法,可以引进全新的东西搞得更现代化一些,加工的利润就更高一些。其次,工业应该两步走。一个是以石油产品加工为主的工业。黄河三角洲上拥有中国的第二大油田——胜利油田,是一个重要的石油基地。可是,单打一的工业,规模太大了会造成包袱,同时也不能帮助地方发展。所以我主张应该在单纯的原材料行业基础上发展加工工业,光发展石油化工工业还不够,还应该在发展石油化工的基础上发展轻工业,这样才能带动地方经济的起飞。第二步是尽可能地发展乡镇企业。这是富裕地方最根本的方针,只有乡镇企业发展了,才能有条件累积资金把农业基本建设搞深入。因为农业产量提高的前提是农业基本建设的深入发展。所以,要自力更生,依靠大城市的学校、工业来发展乡镇企业。乡镇企业发展了,才能使这个地方真正富起来,光是大的国营企业,不能富裕地方,有了乡镇企业,国营企业才如虎添翼。

在自力更生的基础上,有条件的话,黄河三角洲也可以引进外资,但黄河三角洲和珠江三角洲不一样,那里跟香港有着千丝万缕的联系,这里条件不一样,所以,这里不能照搬那里的做法。

黄河三角洲是中国最后一个开发的大的三角洲,虽然刚刚有所发展,但是大有可为。应该是南有珠江三角洲,中有长江三角洲,北有黄河三角洲。现在黄河三角洲开发得还很不够,所以我们希望能够在各方面协助下,把黄河三角洲开发出来,开发到它应该有的地位。

高科技与社会发展*

同学们,我现在和大家见面不多,但我总是把大家看作是未来的希望。国家正在发展,最近两年发展特别快,快得超出了我的想象。我这个人思路比较开阔,愿意看见新东西,上海这几年有所发展,但全国比上海发展快的地方很多,希望上海市能够后来居上,上海不发展就会落后。上海的基础比其他地方好,假如继续落后下去,不出两三年其他地方要超过上海,这不是夸大。我举个例子,上海浦东开发宣传已好多时候,可是我最近到大连(我有七年没有到过大连),我就发现大连发展很快。大连以前是小城市,现在发展成很大很大的城市,就是七年的时间。大连港在大连湾里,原来只有2 500万吨吞吐量,是为东北重工业服务的。这一次去我发现大连城市老区全面经过改造,我第一、第二天住在老区,第三天到新区,新区20平方公里开发区,再加上6平方公里保税区,还有很大规模新的港口,这个地区叫大遥湾。在前两次去的时候,根本没有多少人,是农村。现在20平方公里,房子已全部盖完,有481个工厂,保税区刚建立已经有两个工厂动工,而港口不是2 500万吨,是7 500万吨,加起来超过上海,是非常大的港口,将来是北方的大港口。他们要求变成特区,去年修了一条公路,因为港口运

---

* 1992年9月7日在上海工业大学全体研究生大会上的讲话(根据录音整理)。

输量很大，现在正在修铁路。

最近国家公布100个县，乡镇企业的产值都在100亿以上，其中最高的是无锡县（除掉无锡市），第二是武进，不是常州，武进县是常州的郊区，第三是常熟，第四是吴县，第五是广东顺德，第六是张家港，第七是浙江萧山，第八是浙江绍兴，第九是珠江三角洲的南海，第十是江苏的吴江县，这是前十名。听说无锡年产值可超过300亿，现在产值是240亿，他们的产品没有积压的，没有三角债，而且有三分之一产品出口，不是伪劣产品。前十位江苏有五个，100个县中占最多的是山东省，有23个县，江苏占22个县，广东省是第三，浙江第四，大体是这样。这个发展不得了，这个发展已经远远超过了很多人的估计，而且健康发展。当然乡镇企业也有不诚实的，尤其是有些搞伪劣产品的，但是主流是好的。这样的发展对我们国家提出一个要求，要求是什么呢？现在这些乡镇企业都是劳动密集型的，许多国营企业没有办法跟它比，规模都很大。不要讲乡镇企业规模小，像无锡地区前州印染机械厂是大型企业，光职工就有三千多人。前天我碰到人大常委会副委员长彭冲同志，他讲一个情况，他原在沙洲，1959年成立县时，他任第一任县委书记，对沙洲是很有感情的，他曾向江苏省建议要搞钢铁厂，江苏没有钢铁厂，他离开江苏省到北京以来，什么也没办成。可是就是这些县的农民，经过努力办了沙洲钢铁厂，年产40万吨，轧钢与宝钢是同一类型的，完全是用计算机控制的自动设备。所以我们乡镇企业是健康的，是先进的，是农民干的。（费孝通写了一本书叫《行行，再行行》，费孝通每年到各地去，换一个地方写一篇报告，书中共有四十几篇报告，都是讲乡镇企业发展的，他去参加了首发式，我也去了。他就跟我说，看来我们国家得靠农民，工业建设也得靠农民。这次奥运会我们得了16块金牌，得到了政府几次奖励，各行各业都奖励，估计他们奖金收入很高，有人估计每人100万。）我说，我们的科技人员也要重奖。现在农民企业的资本已占了国家工业产值的三分之一多点，大概是五分之二，40％左右，他们的发展，两三年就会超过50％，这是我们发展中很大的事情。开始，得不到各方面的支持，因为大家不理解，现在已经有很多科技人员进入到乡镇企业中去了。他们在发展，首先需要逐步从劳动密集型转化为技术密集型，他们的转化比国营企业要快，他们的资金比国营企业用得好，发展的机会更大。现在全国最好的地方是胶东半岛，他们快到"小康"水平了，第二，才是江苏，第三，珠江三角洲。山东省胶东半岛，在解放战争中立了功，这个功到这么个地步，在50年代初期，男的很少，都当兵去了，抗美援朝要靠他们的力量，打蒋介石也靠他们的力量，淮海战役主要靠他们，这次又尽了全力。现在我们国家发展很迅速，很有希望，跟过去不一样。过去遗留问题不少，撇开遗留问题，我们只有充分利用国家安定、国际和平这个有利条件来建设，才能把近200年的耻辱洗雪。200年是够惨的，从我们祖父辈开始，推翻了满清的统治，建立中华民国，是孙中山做的好事。可是帝国主义列强试图维持地方势力，搞中法战争，美帝国主义搞对峙，蒋介石搞内战，日本侵略，把半个中国践踏在他们的铁蹄之下。人家工业革命走在我们前面，我们光搞内战，人家卖飞机大炮给我们，让我们自己打自己。解放以后，在大陆上这个问题解决了，可敌对势力贼心不死，继续反对我们。现在，我们得到这样一个机会的时候，他们又用各种压力压我们，用他们的模式来限制我们。我们国家的发展模式要我们自己来定，不能让他们定。在我们改革开放的过程中，他们非常先进的东西，是绝对不会让给我们的，我们得靠自己。我们不是要搞高科技吗？一个国家非搞高科技不行，高科技落后是要挨打的。高科技引不进，这点我是清楚的，他卡就是卡这些，所以要靠自己搞原子弹，搞宇航。还有许多信息技术，虽然我们不掌握，但理论我们全掌握，关键在于解决具体的技术问题。有的技术问题解决了，是靠自己的力量解决的，前苏联没帮我们，美、日也没帮我们，我们解决了。现在信息技术、生物技术还没有解决,竞争的就是这个,压我们的也是这个,因此现在要搞。

国内十多年前恢复了研究生制度,就是让我们大学教育进一步提高,培养一批有开发力量的人出来,接替老一辈的工作。老一辈的科学家是尽了责的,他们关了门搞两弹不容易,很多人是终身投入的,这些人是解放前毕业的,像朱光亚同志等。那么现在我们要接班,要不这个民族就完了,技术上通不过,工业也不能通过,那么国家经济就薄弱,国力就损失。邓小平不是讲了三条标准吗,中间第二条国力提高,这是指什么,就是对你们的希望,看你们能不能承担责任,能否满足民族的愿望,为民族振兴服务。事实证明,你们很容易解决自己的问题。

大学毕业以后,接受现成的知识是不够的,要启发大家自学,不一定要有先生。到了研究生的阶段,要求有一个快速地获得知识的能力,并能分析这些知识,把它们能用上去,使它们进一步得到开发,这是我们培养的要求。刚才,黄老师跟大家谈,就是希望要掌握资料。什么叫资料,资料就是全世界劳动人民创造的技能,要会找资料,这是要教的,不教不行。很多资料是不上书的,在普通杂志报告里,要自己寻找,理解以后,再开发我们的东西。这些,我们学校的博士生很重视,这是基础训练。我们学校有很多资料,全国最好的资料我们都具备,对此,学校是花了很多钱的。你们大约没去过图书馆的文献资料室,那里都是原版资料,很费钱,是通过各种关系买来的,这一种培养是很有用的。你们有的非要留学,我并不反对留学,我们反对留学忘掉祖国的人,现在美国有不少教授也很惊叹,我们研究生从国内出去,美国教授手中有不少国家级课题,要求研究生帮做工作,我们的研究生去了很短时间,就能提出很多看法,教授感到很奇怪,他怎么晓得这些东西?很简单,他在国内学会了查资料。能在很短时间里掌握资料,提出观点,这就是我们的培养目标。时间很紧迫,所以希望大家以国家利益为重,假如服从国家利益的话，你得到的收获就更大，国家会承认你，连外国也会承认你，所以不要轻视这些训练。因为现在很多事情都在发展，你不可能所有资料都看，你所关心的问题，是全世界在这个问题上的看法、他们的做法以及已经获得的进步。大学生这方面的训练可能少些。大学生有教材，有本本。我是反对照本宣读的，假如我们教师都能经过你们这样训练的话，我们的教学水平无形中就上去了。因为材料都在变，要不断地搜集新的情况，补充教材，当然我们现在还没能做到。从来没有人从零开始的，就连牛顿也承认，自己是站在人家的肩膀上往上爬的。我希望你们能努力，在全世界劳动人民智慧创造的基础上前进，做一个顶天立地的人，立在人民大众的智慧基础上，上面这是天，你站在最高看问题，要学会这一套。不要轻视查资料，查资料里头有方法，假如你不会，将来我们找人教一下，行不行？黄老师也说过，教你们怎么查，这种能力一定要有，要有创造性。你们应了解中国8亿农民多么需要人，需要有智慧的人，来提高他们的生活水平，他们对科学技术的企盼是很急迫和热烈的。我们需要一批人能够独立自主地发展我们的科学技术，发展我们的工业，发展我们的经济，这批人是谁？是你们。你们敢于接受这个任务吗？

忆旧事　祝周老师 90 寿辰[*]

在 30 年代初期,清华园内莘莘学子所尊敬的三位学校的核心人物是叶企孙、陈岱孙和冯友兰教授,他们分任理、法、文三个学院的院长。他们敢于抗拒北洋军阀和南京国民党政府的压力,团结全校师生,以"教授治校"来摆脱官僚统治,迎来了梅贻琦校长比较开明的大学管理时期,使清华大学能保持着较好的教学条件,陆续培养出一大批在解放后为建设祖国、振兴中华尽力工作的学者、科学家和工程科技队伍。其中有胡乔木、钱钟书、曹禺、曹宝华、张骏祥、费孝通、吴晗、王淦昌、赵九章、华罗庚、彭桓武、钱三强、王大珩等达数百人之多。

在全校百余名教授中,有三位 30 岁上下的青年教授,他们的才华学识、风度气质,深受同学们的爱慕,尊称为清华的"三剑客",其中之一就是物理学系的周培源教授。

当时清华大学的物理学系,以教授阵容整齐、学风严格活泼、学生中人才辈出而闻名于世。吴有训教授任系主任,和萨本栋教授(后任厦门大学校长)分年轮流担任大学普通物理的讲课,在全国首次编写出中文的大学普通物理学教本,曾在国内长期使用。吴教授还在高年级开设量子力学、近代物理、X 光学等课程,并和

---

[*] 原载《科学巨匠　师表流芳》,该书 1992 年 5 月由中国科学技术出版社出版。

同学们、助手们日夜在实验室中进行X射线衍射研究。萨本栋教授在高年级中开设电磁学和并矢分析等课,并矢分析是萨教授首先发展并用以解决电路分析的。赵忠尧教授开设了电磁学、光学和原子物理等课,同时进行伽马射线的实验研究工作。不论什么时候,即使在深夜,我们都能看到赵教授在铅砖堆里工作着。当时清华物理系有50毫克放射性源,这是国内独一无二的宝贝了。所有的实验室,不论X光实验室、近代物理实验室和赵教授的实验室设备都很简陋,许多设备是自制的,而用这些设备做出了国际公认的成绩。叶企孙教授是清华物理系的创始人,那时虽已任命理学院院长,但还兼任了热学热力学和光学的讲课工作。

周培源教授是当年物理系中最年轻的教授,他主讲理论力学,还担任着高年级的相对论、电动力学、统计力学等理论物理的课程。在讲课中鼓励同学随时提问,甚至展开热烈辩论。我记得在讲滑轮时,曾展开了猴子爬滑轮问题的辩论,一连两堂没有讲课只是展开辩论。这样用一个普通的有趣问题,使每一个学生深入理解了动力学和静力学的本质差别,从而缩短了其他章节的讲解时间,这种讲课方法,很受学生们的欢迎,使学生们感受到这种讲授过程贯彻了民主精神,增强了学生学习的自尊心和自信心。学生们普遍认为这样启发引导学生主动钻研问题是好的。当然,有时师生为一个问题,在课堂上争得面红耳赤相持不下的情况也是有的,但从未损害过师生感情。周教授平常生活中也是平等对待学生的,不论是在校园里还是周府客厅里,都可以平等地敞开议论各种问题。在周培源教授的影响下,物理系有许多学生如王竹溪、彭桓武、林家翘等,走上了理论物理的研究道路。

周培源教授在1935年到"七七"事变期间,也是清华大学教授会秘书,他和梅贻琦校长等人团结全校教授,极力主张在日寇入榆关后,把学校主要的图书、设备南运长沙。后来运到后方的图书设备在四川北陪遭敌机轰炸被毁。就是在这样艰苦的条件下北大、清华、南开三所大学合并成西南联合大学,抗日战争期间在昆明仍然培养造就了一大批优秀人才。

周培源教授在30年代初期研究相对论,中期以后研究湍流,不断有论文在国内外科学杂志上发表。林家翘先生就是在周教授的直接指导下,从事研究流体力学的稳定理论而闻名国际力学界的。

1939年,我和林家翘、郭永怀三个西南联大物理系的研究生、助教,以同等成绩破格同榜考取中英庚款留英公费生力学专业(原定只录取一名),后因第二次世界大战欧洲战场展开,改派到英属加拿大留学。我们三人是周培源教授推荐给加拿大多伦多大学应用数学系辛教授(Prof. J. L. Synge)攻读有关力学方面的应用数学硕士、博士学位的,因而使我们走上了从事应用数学和力学研究的道路。以后,我们又相继(1941~1942年)到了美国加州理工学院,在冯·卡门教授领导下工作。周培源教授也在同时以清华休假教授的名义,在加州理工学院做研究,周教授原是该学院的博士。那时,我们(林家翘、郭永怀、傅承义等)和钱学森(中美庚款留美公费生)都在一起,不到一年,清华大学孟昭英教授也休假到加州理工学院,周府就成为我们周末聚会的地点。那时对国内战局、苏德战局、北非沙漠战局、地中海战局都是关注的,以及国内外政治、文化艺术、音乐电影、生活小节等也无所不谈,当然也有争论。周教授仍旧是那样平易近人,周夫人非常好客,总备有丰盛便餐,只是烧菜煮饭洗碗刷盘得大家动手。这样的周末聚会长达两年半之久,相互理解,更加深入。

1946~1947年我和周培源教授先后归国。1948年秋,周教授出国参加国际力学会议,所讲物理系的理论力学课由我暂代。在解放前后,我们都参加了护校工作,使清华大学毫无破坏地回归人民。1949年初北平解放,军管会接管清华,军代表是随解放军返校的原清华历史系吴晗教授。继而成立了校务委员会,叶企孙教授是主任委员，周培源教授是常委兼教务长，我和费孝通是常委兼副教务长，陈新民是常委兼总务长。在吴晗同志和叶企孙教授的领导下，我们通力合作，度过三年的过渡时期。1952年院系调整后，周培源教授调任北京大学教务长，清华大学以工科为主，把我留下任教务长。两校在教学改革中，经常协商和学习、交流教改经验，接触很多。周培源教授以其丰富的教育经验，统筹兼顾文法理科的教务工作，深得北京各高校的崇敬。

1957年后，久疏问候，偶从报章杂志上得知周教授光荣参加中国共产党、荣任北大校长和中国科协主席，传闻在繁忙的领导工作之余，仍努力从事科研工作，对学生们鼓励甚大。1981年为祝周老师80寿辰，像我这样的学生也已年近70，为表示对老师的敬慕，写出了一篇《柱形弹性体撞击塑性变形的G. I. 泰勒理论的分析解及其改进》，投送王竹溪教授主编为周老师祝寿的《理论物理和力学论文集》。G. I. 泰勒原是英国力学界的泰斗，当年我考取中英庚款公费生时，周老师曾亲自介绍我到英后找泰勒教授学习连续体力学，后因战争影响未到英国。我写上述文章祝寿，一方面表示不忘教诲，一方面又表示仍遵命向泰勒教授学习。

今又欣逢周老师90寿辰，学生亦已年近80，谨书此短文，以表区区心意。

《湍流理论》序*

本书作者蔡树棠教授是国内知名的湍流理论专家,50年代初期,他在周培源教授指导下开始研究湍流理论。如今,他积40余年之研究经验,写成了《湍流理论》这一专著。我认为这是一本好书,愿在此推荐给广大读者。

目前,似乎有一种流行的看法,认为在科学技术方面中国人样样不如洋人,依我之见,这是一种要不得的妄自菲薄的认识。这本《湍流理论》就是一个例证。翻开本书,有四分之一以上的篇幅是介绍国内学者的工作,特别是我尊敬的老师周培源教授的开创性的工作。他研究湍流60余年,他提出的先解方程后平均的思想和著名的17方程模式早已举世瞩目,这本书里作了详尽的介绍。我们国内学者比国外学者差吗?决不!湍流研究方面如此,其他许多方面也是如此。事实足以使数典忘祖者清醒。当然,我们也应该承认,在不少研究领域中我们还相对的落后,但这只是暂时的,只要矢志不渝地努力,局面一定会改变。

我平时了解到,蔡树棠教授师承周培源教授,治学严谨,学识丰富,处理问题强调物理直观,科学研究注意联系实际。正因为如此,四十多年来他在湍流理论及其应用方面发表了数十篇论文,发

---

* 写于1992年10月8日,《湍流理论》1993年3月由上海交通大学出版社出版。

展和开拓了他导师的工作,尤其在涡旋分析、模式理论、含沙水流湍流研究等方面有重要贡献,他的"湍流理论及其应用"研究项目曾荣获1986年国家教委科技进步二等奖,对此,我认为他是当之无愧的,而他的学术贡献在这本专著里已有所反映。刘宇陆同志协助蔡树棠教授为完成此专著付出了艰苦的劳动。

本书作为"应用数学和力学"丛书之一出版。感谢出版社组编这套丛书,使国内学者的研究成果和著述得以逐一问世。

肝胆相照　共展宏图[*]

举世瞩目的中国共产党第十四次全国代表大会不负众望,完成了中国现代史上一次伟大的历史使命。她向世界宣告:中国将继续加快改革开放和现代化建设步伐,夺取有中国特色社会主义的更大胜利。改革也是革命,而且是内涵更加丰富和深刻的革命。从其引起社会变革的广度和深度这个意义上来说,如果党的第七次全国代表大会为了解放全中国,划时代地造就了中华人民共和国,那么党的第十四次全国代表大会为了从根本上解放我国生产力,也将划时代地造就一个民主、富足、强大的具有中国特色社会主义的现代化国家,巍巍屹立于21世纪的世界东方!

现在全世界人民都说中国共产党了不起,这是因为这次代表大会以邓小平同志建设有中国特色社会主义的理论为指导,总结了14年来改革开放的实践经验,确定了今后一个时期以建立社会主义市场经济体制和落实完善社会主义民主政治体制为目标的战略部署。每一位与共和国同命运的"过来人",都会深切地体会和理解到党的这一战略思想和一系列政策主张的产生,经过了多少风风雨雨,经历了多少曲折磨难,需要多大的勇气和决心,凝聚了多少智慧和心血!因此,当代表大会作出这一合乎时代潮流、顺乎

---

[*] 原载《群言》1992年第12期。

党心民心的决策，党内外鼓舞，海内外欣慰，所有的中国人都高兴，因为中国的现代化有了指望。全世界向往社会主义或者热爱和平的人民也都放了心，因为社会主义仍在继续！因为本不该在一些社会主义国家发生的分裂和战争的悲剧，不会再在中国重演。可以这样说，十四大确定的路线，把海内外的中国人都团结起来了，因此，这是一次真正的团结的大会、胜利的大会！

党的十四大向全党、全国人民提出了围绕社会主义市场经济体制的建立，加快经济改革的步伐；进一步扩大对外开放；调整和优化产业结构；加速科技进步，大力发展教育，充分发挥知识分子的作用；充分发挥各地优势，加快地区经济发展；积极推进政治体制改革，使社会主义民主和法制建设有一个较大的发展；下决心进行行政管理体制和机构改革；坚持两手抓，两手都要硬，把社会主义精神文明提高到新水平；不断改善人民生活；加强军队建设等十大任务。中国民主同盟是中国共产党领导的多党合作制度中的参政党，将一如既往，发扬民盟和中国共产党50年来风雨同舟、肝胆相照、亲密合作的光荣传统，在党的领导下，遵循"一个中心，两个基本点"的基本路线，进一步动员全盟成员，认真学习和贯彻党的十四大路线，解放思想，转换观念，为完成十四大提出的各项任务，为继续加快改革开放和现代化建设步伐，夺取有中国特色社会主义的更大胜利，共展宏图。

邓小平同志建设有中国特色社会主义的理论，是马克思主义同中国实际相结合的最新成果，是指引我们实现新的历史任务的强大思想武器。为了贯彻好十四大路线，我们民盟同志不仅要学习小平同志的战略思想和理论观点，还要学习他运用马克思主义的立场、观点和方法研究新情况、解决新问题的科学态度和创造精神，把解放思想、实事求是这一建设有中国特色社会主义理论的精髓学懂学通，用建设有中国特色社会主义的理论武装我们的头脑。这是民盟当前第一位的任务。

在继续加快改革开放和经济建设步伐的新阶段,中国共产党重任在肩,我们民主党派也大有可为。我们要牢固地树立为经济建设服务的指导思想,发挥民盟在文教科技战线人才荟萃的优势,积极参与国是协商,就区域性和专业性的经济和社会发展战略进行考察论证,提出建议;广泛开展科技、管理、法制、信息等方面的咨询服务,积极开展智力支边、扶贫工作;认真协助做好知识分子工作,努力促进科学技术转化为现实生产力。

我们要进一步认真学习和贯彻中共中央《关于坚持和完善中国共产党领导的多党合作和政治协商制度的意见》,落实参政议政和民主监督的各项规定,在参政议政和民主监督中,更好地发挥参政党的作用,为推进政治体制改革,完善社会主义民主和法制建设作出贡献。

90年代对我们来说是一个充满着挑战和机遇的关键时期。中国共产党第十四次全国代表大会为我国在本世纪末实现小康、下世纪中叶进入发达国家开辟了宽阔的航道。特别是在这次大会上确定的我国经济体制改革的目标是建立社会主义市场经济体制,这是一个重大的突破,具有极其深远的历史意义,必将推动人们的思想进一步解放,促进经济建设和各方面建设的进一步发展。为此,我们要认真学习,做好充分的思想准备,积极投入到改革开放和现代化建设中去,努力维护团结稳定的政治局面。没有政治稳定,社会动荡不安,改革开放和经济建设是绝对搞不成的。我们要充分认识,基本路线不变,社会政治稳定,这是我们胜利前进的保证。

"万鼓雷殷地,千旗火生风。"党的十四大给神州大地带来勃勃生机。我们要把握时机,振奋精神,艰苦奋斗,为夺取社会主义事业的更大胜利而奋勇前进!

后　记

《钱伟长文选》(1—6卷),在上海大学出版社2004年出版的《钱伟长文选》(1—5卷)175篇的基础上,增补了钱伟长院士从1949年到2008年六十多年间的重要文章和讲话稿105篇,共计280篇。这些文章和讲话稿绝大部分都曾经公开发表或出版过。

文选里的著作集中反映了钱伟长院士对祖国的科学教育事业、国家现代化建设事业的真知灼见和热诚实践,对国家和民族在社会、经济、科技、文化发展乃至于祖国的和平统一等诸方面的专注和投入,其中有许多文章是他前瞻性的思考与探索的结晶。文章的字里行间洋溢着他和中国共产党肝胆相照之情,充分体现了他的拳拳爱国之心以及丰富的学识和坦荡的胸怀。这些文章或讲话,涉及到哲学、历史学、文学、自然科学、工程技术、区域经济、城市建设、管理学、中文信息学以及教育学等方方面面,尤其是他和青年学子谈人生观、价值观,谈治学方法,谈成才,谈开拓创新的不少文章,值得广大读者慢慢品味和学习。

当前,在坚持以马列主义、毛泽东思想、邓小平理论、"三个代表"重要思想和科学发展观以及党的路线、方针、政策为主要内容的伟大实践中,在纪念钱伟长院士诞辰一百周年的日子里,出版和学习钱伟长院士的文选,对于上海大学乃至全国的广大科技、教育工作者来说,具有很强的借鉴意义和现实指导价值。

为便于广大读者阅读,我们按时间顺序对这些文章和讲话稿作了编排,本卷收录了1987—1992年间的54篇文章和讲话稿。对于个别文章和讲话稿,我们作了少量的文字修改。由于时间仓促,难免漏收一些重要的文章,敬请广大读者谅解。

本书编委会
2012年9月5日